社会科教科内容構成学の探求

教科専門からの発信

[監修]
松田愼也

[編著]
畔上直樹　小島伸之　中平一義
橋本暁子　吉田昌幸

風間書房

はじめに

　本書は，たえず時代の変化の影響を受けている子どもたちの日常的現実に向き合いつつ，21世紀のグローバル化時代における知識基盤社会の構築という国民的課題を踏まえ，社会科にかかわる人文・社会系専門諸科学の最新の成果と方法に立脚して，教員養成課程における教科専門と教科教育を架橋するための社会科の教科内容の構成の在り方を探求した共同研究の成果である。
　本書の学術的特徴を，ひとことでいえば，従来，主として教科教育の側から研究されてきた「社会科」の教科内容を，教科専門の研究者たちが教科教育の専門家たちと対話的に協働しつつ，それぞれの専門性に立脚して，いわばメタ次元で分析・総合し，教科専門と教科教育とを架橋することのできる構成原理を，学術的基盤のうえに体系的に再構築しようという方向性を打ち出している点にある。本書の副題「教科専門からの発信」にはそのような意味が込められている。したがって，本書の執筆者たちの共通の基盤は，学術的な基盤に立脚した教科内容であり，その教科内容が学術的専門性と教育実践に即してたえまなく有機的に構成されるべき対象であるという理解である。それゆえ，本書は，専門性に立脚した力ある知識をベースにしつつ，それらを有機的に構成しながら持続的に成長することができる教員の力量の育成という課題に応えようとするものである。そもそも「力＝power」とは，自ら動き，また他者を動かす働きのことであり，自由な自発性として発揮される動的なものであり，何らかの行為やその結果を引き起こすことができる未完の努力のことである。それゆえ，「力ある知識」とは，断片化された化石のような知識ではなく，生きる力に寄与する有機的な知識であり，主体が設定した目標や課題を「遂行できる知識」である。このような知識観への移行こそ，21世紀のグローバル化時代の知識基盤社会の構築にとって不可欠な方向

性である．それゆえ，本書は，「平和で民主的な国家・社会の形成者」を育むという社会科の目標に立脚して，現代社会に生き，未来を担うべき子どもたちに〈有機的な社会知〉，つまり，社会の中で「よりよく生きる」ための知識，そのための持続的に成長できる「力ある知識」を提供するために，新しい学的アプローチの可能性を切り開き，同時に，具体的な教員養成大学の新カリキュラム編成のための基礎的研究としての役割をはたすことができるのではないかと期待している．

　本書の構成は次のとおりである．第1章「社会科の教科内容の体系的構成にむけて」（下里俊行）では，従来，地理・歴史・公民の3分野で成り立っていた社会科を，どのような構成原理によって体系化したらよいのかについて一つの構想を提示している．そこでの要点は，教科内容を「存在」の次元と「価値」の次元とに区別し，存在の次元における「空間系」と「時間系」とを区別したうえで，それらの相互関係のうえに教科の内容の体系性を構成するという構想であり，それら存在および価値の次元の概念的認識を基盤にして，教科内容を深く理解し，子どもの「よりよく生きる」力を育み，社会参加への実践を促すという基本的方向性を示している．

　第2章「空間系の社会科——地理的領域の教科内容構成——」は，空間を軸に社会科の内容を構成するという意味で次の3つの節が配置されている．第1節「教員養成系大学・学部におけるGIS教育の分析——教科内容学の視点を用いて——」（矢部直人）は，教員養成系大学・学部におけるGIS教育の内容について分析を行っている．シラバスの分析からは，教員養成系においては過半数の大学・学部でGIS教育が行われているものの，GIS教育に割く授業時間数が少ないという現状が明らかになっており，また，教員養成系大学における授業実践の分析からは，GISソフトで主題図を作製することにより，社会系各分野の概念を総合的に用いた思考を促す可能性が示唆されている．社会科的思考は，言葉（概念）や図表を通して，複雑な社会現象を「空間的に視覚化する」ことで，対象化・相対化するという特徴をもって

いる。その意味で GIS の設計思想は，地理教育を超えて活用できる可能性を秘めている。第 2 節「防災教育における地理教育の役割」（山縣耕太郎）は，2011 年に発生した想定を超えた規模の東日本大震災を経て，自然災害による被害を完全に封じ込めることの限界が明らかになり，被害を最小化するためのソフト対策として防災教育の重要性が改めて認識されているという状況をふまえて，減災を実現するためには災害についてよく知ることが重要であることを指摘している。災害に関する知識や情報は様々な対象に様々な方法で提供されている現状のなかで，学校教育は広範にかつ系統的に知識や情報を提供できる場として極めて重要である。防災・減災において重要となる知識・理解の内容構成として，人と自然のかかわりとしての災害の科学的な理解，地域の特徴としての災害の理解，災害の歴史性の認識を指摘し，これらの内容を学習するうえで，社会科・地理の役割が大きいことを力説している。つまり，災害という非日常的状況とそれへの対応は，人間社会が自然環境を前提として成り立っており，両者のあいだには深い相互作用の関係があることを理解するためにも，社会科にとって重要な教科内容なのである。第 3 節「地域的観点を育成する授業案」（橋本暁子）は，地理学における地域的観点を整理したうえで，上越教育大学・学校教育学部での授業例を紹介し，それらを踏まえて，どのように社会科教員養成において地域的観点を身につけさせるかの一例を示している。地理学の重要な研究枠組みでもある地域的なものの見方・考え方（地域的観点）は，学習指導要領においても重視されており，本節で示されている授業実践からは，地域的観点の理解につながると思われるコメントが履修学生から得られ，地域的観点の育成の成果の一端を確認している。社会科の主たる対象のひとつである空間系は，地域を媒介にして自然と社会が一体化している次元である。そこでは，一方で，計量化可能な事象にたいする定量的分析と，他方で，計量化になじまない質的な定性的分析あるいは個性記述的な手法の結合によって人間社会にとって意味ある認識が明らかにされる。こうした空間系での認識を土台にして，自然現象と社

会・文化現象は，社会科のもうひとつの対象次元である時間系のうえで変容するものとして理解されることになるのである。

　第3章「時間系の社会科——歴史的領域の教科内容構成——」では，時間を軸に社会科の内容を構成するという意味で次の3つの節が配置されている。第1節「寛延4（1751）年（宝暦元年）高田地震を素材とした授業内容案——日本史学からのアプローチ——」（浅倉有子）では，日本列島では大きな地震が頻発しており人々の地震に関する関心も高いという現状をふまえて，寛延4年（宝暦元年）の高田地震を素材に，矢田・卜部両氏の論考にもとづいた授業案を論述している。この授業案では，日本史を専攻していない学生にも比較的容易に理解できるように，家屋倒壊率を示した史料をベースに展開している。歴史学の特徴は時間系を重視する点にあるが，同時に，歴史的な出来事は特定の空間で生起することを忘れてはならない。とりわけ，災害史という分野は，人間社会が歴史的な意味での自然環境によって制約されていることを改めて思い起こさせるとともに，過去のそれぞれの時代の社会の特徴を浮き彫りにしてくれることを通じて，現代社会の特徴をも逆照射してくれる。というのも，そもそも時間とは，それを意識する「いま，ここ」で生きている「私」の存在ぬきには意味をつくりだすことができない次元だからである。第2節「『社会科的思考力』と歴史学研究者——『私』の研究体験を教科内容構成学的に記述する——」（畔上直樹）は，21世紀型の思考力を教員養成系大学という場でいかに育成すべきかという課題について，個別専門の研究者としての教員が，自己言及的に研究体験記述を教科内容学的に学知化して提示する作業が必要ではないかという視点から，筆者の個別専門である日本近現代史・地域社会史での「鎮守の森」をめぐる自身の研究体験について，歴史的思考力の発動を軸に，それを社会科的思考力の体系性・理論性のもとで記述する試みを示している。その結果，思考力の育成のためには内容知を授業に反映させるだけでは完結せず，そのうえでの定着過程としての「実習」的な過程が不可欠ではないかと示唆している。つまり，時間系の出来事

は，その認識および実践の主体の身体的経験と不可分の関係にあるといえるのである。同時に，社会科的・歴史的思考力を考えるとき，歴史的出来事を認識し理解する主体自身が，時間系の内部にあることをもっと意識化する必要があるだろう。第3節「『世界史』の教科内容の構成の視座」(下里俊行)では，教員養成課程における社会科の教科内容の構成を研究するという課題を，教科専門の教員自身，教科専門を学ぶ学生自身，その学生が将来教えることになる子ども自身という三者関係を前提として，それぞれの世代の時代的・地域的制約を考慮しつつ，学びつつ教える主体の自己組織化への動機を喚起するという課題として逆照射したうえで，筆者がたどった世界史像の形成過程を，さらに筆者が担当する教科専門科目「世界史研究入門」の授業構成および教材研究の内容を概念的・反省的に把握することを試みている。このことは，知ることの本質が自己認識と不可分であり，その場合の「自己」とは時間・空間的に全人類の存在史と不可分の関係にあることと関連している。その意味で，世界史を学ぶということは，自己を通して世界存在を把握することと同義なのであり，世界史像とは，人類の自画像のことでもあるといえよう。

第4章「価値次元の社会科——公民諸領域の教科内容構成——」では，価値の次元を土台にして社会科の内容を構成するために次の3つの節が配置されている。第1節「童話『泣いた赤おに』から宗教を読み解く」(松田愼也)では，私たち日本人にとって難問であるといわれている「宗教とは何か」という，よく解っているようでいて，子細に考えると解らなくなってしまう問いを主題にして，この難問が，浜田広介の有名な童話『泣いた赤おに』によって簡単に読み解くことができることを示し，その読み解きを足場にして宗教への視点を広げることにより，社会科の内容に深みが加えられる可能性について述べている。宗教が社会科の内容の一部を構成するということは，社会科は目に見え感じることができる世界だけでなく，宗教の内実を形づくっている超越的な世界をも扱うということを意味している。そしてその世界は

ごく身近な世界でもある。第2節「教員養成における経済・経済学教育——その目的・内容・方法に関する検討——」(吉田昌幸)では，教員養成大学における経済・経済学教育の目的を，経済学的な見方・考え方にもとづいた責任ある市民を育てるための能力を育成することであるとし，そのためには市場経済社会の仕組みの理解や合理的意思決定というスキルだけでなく，公民的資質としての価値判断や倫理的問題を扱うとともに，隣接する学問分野のもつ固有の価値や考え方を比較的にとらえることが必要であるという観点から，上越教育大学での実践を通じて，これら内容を扱う方法としてゲーミング・シミュレーションに焦点をあてて論じている。そもそも，社会科は，客観的な認識，合理的な態度だけなく，一義的に決定することができない多様な価値とその選択の自由を扱う教科である。ゲーミングは価値選択の重要性を体験的に習得することができる重要な教育的ツールである。第3節「憲法学と必修科目『日本国憲法』——教員養成における教科専門の役割——」(小島伸之)では，教員免許取得における必修科目とされている「日本国憲法」の講義に，教科や教職に関する観点だけでなく，「思考力」を育成する一般教育・リベラルアーツ(学芸)教育の観点を導入する試みを紹介し，それを通じて教員養成課程における教科専門の役割や意義について考察を加えたもので，思考力の育成にあたって対話的でかつ批判的な関係性の構築が重要であることを指摘している。

　第5章「社会科教育学と教科内容」では，第4章までの教科専門ベースの議論をふまえ，今度は，教科教育学の視点から社会科の教科内容について応答した論考，いいかえれば，社会科教育学における知見を土台にして社会科の教科内容のあり方を考察するための次の3つの節が配置されている。第1節「イギリス教育界における『知識への転回』と教員養成——地理教育を中心に——」(志村　喬)は，日本ではコンピテンシー重視のベクトルで教員養成改革が進んでいることを念頭において，同改革を先導してきた欧州教育界で知識を再評価する「知識への転回」が進みつつある事情を論じている。具

体的には，2008年のM.ヤングの『知識を取り戻す』および国際カリキュラム学術誌『カリキュラムジャーナル』の2011年の「教科内容知識」特集号に代表されるこの潮流の中で，国際地理教育研究界ではA.センのケイパビリティ論をも援用した教科固有の知識論・教員養成論ならびに国際共同研究プロジェクトがイギリスを中核に展開しており，本書で展開されている教科内容構成研究は，これら国際研究動向と親和的であることを指摘している。第2節「国定日本史教科書の中の外国史が担った役割——歴史教育における自国史と世界史を考える前提として——」(茨木智志)では，歴史教育における自国史と世界史を考察する前提として外国史の持つ意味を確認するために，戦前の小学校国定日本史教科書において外国史がいかなる役割を担ったのかを分析している。その分析の結果，戦前の外国史は危険視されつつも，いかに日本史教育に組み込むべきかが議論されてきた一方で，教科書での外国史記述は日本史教育の強化に従って日本史への従属の度合いが増していったことを明らかにしている。そのうえで，世界史とは峻別されたかたちでの外国史を使った歴史教育が存在しうることを今後の歴史教育を検討する際の前提とすべきであると主張している。このことは，「世界」の歴史と，「外国」の歴史の根本的な相違，したがって，それらの「自国」史との関わり方の根本的な相違を浮き彫りにしてくれているといえよう。第3節「社会科教育における価値教育の規範的研究——公民教育研究から——」(中平一義)では，近年の日本では学びの質の転換にともなうコンピテンシー(資質・能力)の育成に重きをおく教育が目指されており，そこでは，子どもの価値観形成に関わる教育が想定されていることを念頭において，近年の社会科教育(公民教育)における価値教育の現状と課題を踏まえながら，子どもの価値観形成を目途とする社会科教育(公民教育)における価値教育の在り方について論じている。その際，子どもの精神的自由の保障の観点から価値教育の必要性に言及するために法学での議論を参考にしている。特定の価値観が一律に選択の余地がないまま強制される時，価値選択の自由が欠如している時，その時

には社会科教育における価値の次元が消失してしまい，認識の対象としての空間系と時間系についての「価値中立」的な知識，主体とは無関係な「客観」的な知識だけが支配してしまうような危険がひそんでいるのである。正答がないとされる時代であればこそ，「何をすることが良いことなのか」という問いそのものが再措定されなければならないのである。

　このように本書の内容は，それぞれの執筆者の学術的背景と大学・大学院での教育実践の経験の理論的考察に立脚したものであり，ある種の「授業公開」の側面ももっている。社会科の専門家だけでなく，幅広い分野の理論家・実践家から忌憚のない批判をいただけるならば，社会科教科内容構成学という始まったばかりの研究分野を前進させるための新たな活力になることは疑いないであろう。

2018年3月　　　　　　　　　　　　　　　　　　　　　　　　　　監修者

目　次

はじめに
第1章　社会科の教科内容の体系的構成にむけて …………………… 1

第2章　空間系の社会科──地理的領域の教科内容構成── ………… 31
　第1節　教員養成系大学・学部における GIS 教育の分析
　　　　　──教科内容学の視点を用いて── ……………………… 32
　第2節　防災教育における地理教育の役割 ………………………… 52
　第3節　地域的観点を育成する授業案 ……………………………… 77

第3章　時間系の社会科──歴史的領域の教科内容構成── ………… 93
　第1節　寛延4（1751）年（宝暦元年）高田地震を素材とした授業内容案
　　　　　──日本史学からのアプローチ── ……………………… 94
　第2節　「社会科的思考力」と歴史学研究者
　　　　　──「私」の研究体験を教科内容構成学的に記述する── …… 108
　第3節　「世界史」の教科内容の構成の視座 ……………………… 127

第4章　価値次元の社会科──公民諸領域の教科内容構成── ……… 151
　第1節　童話「泣いた赤おに」から宗教を読み解く ……………… 152
　第2節　教員養成における経済・経済学教育
　　　　　──その目的・内容・方法に関する検討── ……………… 173
　第3節　憲法学と必修科目「日本国憲法」
　　　　　──教員養成における教科専門の役割── ……………… 189

第5章　社会科教育学と教科内容……………………………………211
　第1節　イギリス教育界における「知識への転回」と教員養成
　　　　　──地理教育を中心に──…………………………………212
　第2節　国定日本史教科書の中の外国史が担った役割
　　　　　──歴史教育における自国史と世界史を考える前提として──………235
　第3節　社会科教育における価値教育の規範的研究
　　　　　──公民教育研究から──…………………………………263

あとがき……………………………………………………………………283
執筆者紹介　担当執筆箇所………………………………………………289

第1章

社会科の教科内容の体系的構成にむけて

第1章
社会科の教科内容の体系的構成にむけて

下里　俊行

1．はじめに

　21世紀にはいって以降，グローバル化に対応した知識基盤社会の形成という課題が提起され，それに応ずるかたちで，今日，教員養成課程の見直しが進行している。この見直しの中核的課題のひとつとなっているのが，次世代の学力の内実に直接関与すべき各教科の内容の再構成・再構築である[1]。とりわけ，この課題は，教員養成課程の教科専門の「専門性」を学校教育の実践的課題と有機的に連関させるかたちで，どのように確立するのかという課題と直接密接にむすびついている。そこで本章では，哲学的認識論における多元的実在論と価値論に立脚して，社会科という教科内容の構成の体系化の「構想」を提案する。それは，なにか出来上がった体系そのものというよりも，むしろ多様で個別具体的な教育現場の文脈のなかで，個々の教員が自律的に教科内容の構成をおこなうための方法論的な視座としてのそれである。もとより，社会科の内容の構成のための視座は，学校種だけでなく，教員養成課程が置かれた異なる社会的・地域的な文脈によって多様であるべきであり，本論が提起する体系化の構想も，他に複数ありうる枠組みのひとつにすぎない[2]。その意味で今後の共同討議のための一材料となれば幸いである。

2．教員養成における教科専門の意義とその改革の方向性

　最初に，そもそも教員養成課程における「教科専門」とはどんな意義をもっているのか，そのあるべき方向性はどのようなものであるかについて，教科の根源的意味にさかのぼって考察しておきたい。一般に，「教科」とは，

学校教育で児童・生徒が学習する知識や技術を系統立てて組織した一定の分野であると定義されている。この定義に含まれている構成要素をひとつひとつ検討するならば，教科とは，第1に，学校教育という特定の時間・空間で展開されている活動を前提としており，第2に，児童・生徒という学びの主体が限定されている。それゆえ，教科は，一般社会で通用している知識・技術とは異なる性質をもつことが求められることになる。そして，第3に，学習すべき知識・技術の系統性，いいかえれば，組織性・体系性が要求されるとともに，第4に，分野性，つまり，ある全体的なものが分割されているという性質をもっている。したがって，それぞれの教科と学びの主体との関係に注目するならば，それ自体は系統的であるが全体からみれば分割されている諸教科の内容を，学ぶ主体が自主的・自律的に統合しなければならないという関係にある。この点に教科内容を構成するという課題の重要性がある。この課題は，各校種における全ての教科の内容の相互関係と構造を解明するという大きな課題につながっており，すくなくとも各教科においては，その構成要素の相互関係を踏まえた体系性の解明という焦眉の課題にかかわっている。

　この点をふまえたうえで，教員養成課程における教科専門科目と一般大学における専門科目との違いについて明らかにする必要がある。一般大学での専門科目が，かならずしも教員養成に特化していないかたちでの学びの対象であるのにたいして，教科専門は教員養成課程に固有の学びの対象である。両者の本質的な差異は，究極的に児童・生徒，つまり「子ども」の視点をもっているのか否か，さらに「子ども」の社会的・歴史的存在の意味についての洞察を有しているか否かにある。この場合，「子ども」とは，次の世代の社会の形成者であり，将来社会の担い手であり，したがって，求められる知識・技術とは，なによりもまず長期間にわたって持続すべき価値を有するものであるといえよう。それゆえ，一般大学での専門科目が，学術団体を媒介にして形成されている狭義の高度な専門性，つまり，知識・技術の分業体制

を特徴とし，成熟した「大人」の視点，つまり，現代社会や学問共同体の現在性に立脚しているのにたいして，教員養成課程における教科専門は，むしろ総合性，つまり知識・技術の系統性・体系性という意味での独自の専門性が求められることになる。この教科の専門性は，将来に向けた「子ども」の視点から求められる先駆性に立脚しており，それは，新しい価値創造，問題解決能力にほかならず，アカデミズム以上に要求されるアカデミズム性，将来への展望をもった深い学術的専門性ということができる。このような次世代社会をになう「子ども」において実現されるべき系統性・体系性・先駆性こそが，教科専門における「専門性」の本質的含意であり，いわば，未来を見すえた専門性と呼ぶことができる。

　このような観点から，教科専門をとりまく客観的条件を考える時に，教科の内容をなす知識・技術をとりまく世界史的趨勢の方向性を考慮する必要がある。それは，ひとことでいえば，「グローバル化」であり，具体的には，従来の日本の国民的規模あるいは地域的規模で形成・継承されてきた知識・技術が，地球的規模で試されて淘汰されていく過程であり，普遍的価値と特殊的価値との差異化が先鋭化していく過程であるといえよう。とりわけ，重視しなければならない状況は，日本社会の人口縮小であり，子どもの量的縮小がもたらす社会の質的変化であり，日本社会のなかでの「子ども」の稀少価値化の趨勢である。このような事情を背景に，従来の知識・技術が，人々の欲求の多様化に対応してますます細分化していく一方で，この細分化された内容を使いこなしていかなければならない次世代の「子ども」ための再統合・脱領域化が教育の分野でもますます求められることになる。

　このような知識・技術とその主体をめぐる客観的条件の変化に応じて，教科専門にも新しい課題が課せられることになる。ひとことでいえば，教育および教員養成における「資質」育成の比重が増大することである。これは，現代における人間観の変容にかかわっている。すなわち，近代的産業化の時代におけるストックする容器のイメージをもつ機械論的・経験論的人間観か

ら，ポスト産業化時代における創造的に自己組織化するオートポイエーシス（自己制御系）としての人間のイメージへの変容である。このような人間観に立脚するとき，近代以降，社会思想の領域で矛盾的関係として理解されてきた全体性と個別性との関係，つまり，「全体主義的」共同性と「利己主義的」個別性との対立を止揚・廃棄する可能性が生まれてくる。この可能性を教科の内容として措定するならば，公共性と自己実現の新たな統合の仕方としての新しい公共的価値あるいは公共善の追求ということになるだろう。例えば，さまざまな社会奉仕活動のように個々人の自己実現の活動が同時に公共善の実現でもあるような関係性である。また，ストック型人間観から自己組織型人間観への移行は，あらゆる分野・領域における越境性や領域横断性の進展を促すことになる。そこでは，個々の人間は外在的な全体的目的のための部分的な手段であることをやめて，それ自体が全体性を有する目的になり，近代においてますます細分化されてきた個別的なものを統合する主体となるために所与の境界を不断に相対化し超越することを求めることになるからである。

　したがって，グローバル化時代の教科専門の改革の方向性もこのような人間観の変容に連動することになる。具体的にいえば，教員が，教科の内容を俯瞰・構造化・系統化し，そのうえで教科の内容を個別具体的な子どもの条件に応じて構成することができる力・資質を育成するという方向性である。そのために必要になってくるのが，従来のアカデミズムにおいて強く求められてきた力量としての正答のない課題に対する研究マインドとリサーチ・リテラシー，すなわち探究型能力である。この力量は，かつては，一部の研究・開発にかかわる領域においてのみ重要視されてきたが，21世紀型の自己組織型人間観においては人間の死活的能力として普遍的意義をもっているとみなされる必要がある。それと同時に重要なのは，教員が，教科間の相互関係・連携・協働への見通しをもつことである。それは，さらに「子ども」の視点に立って，細分化された知識・技術の本源的な全体性の回復への展望を

もつことである。

　人類史の特徴は，一人ひとりの人間の生きる時間が有限であるにもかかわらず，個々の人間が経験によって獲得した知識・技術を，教育を通じて世代間で継承するなかで，それらの知識・技術を累積的に高度化してきた点にある。その意味で「教科内容」は人類社会の歴史において継承されてきた知的・道徳的・文化的財産のエッセンスであり，普遍的価値を担っているといえよう。他方，これから未来社会に担うべき「子ども」は，その個別的存在において身体的・知的・倫理的・美的な価値を体現すべき総体的な存在である。したがって，教員養成課程における教科専門は，教科内容における全人類的価値を，個別具体的存在であると同時に総体的な存在である子どもたちが，どのように継承し発展させるのかに関わる根源的な責任を有しているのである。

3．社会科の教科内容の体系化の必要性

　社会科における教科内容の専門性と体系性を具体的に考えるとき，臨床的な観点から教員養成課程における学生たちの視点に立脚して課題を解明する必要がある。そのとき明らかなのは，学生たちが「社会科」の専門性を修得するためには，社会科指導法などのほかに，教科専門科目として歴史学（日本史，外国史（東洋史，西洋史）），地理学（自然地理学，人文地理学，地誌学），公民科目としての哲学，倫理学，宗教学，法律学，政治学，経済学，社会学などを履修しなければならないが，これらの科目を履修した後にこれらの科目の相互関係と社会科の内容の全体性を俯瞰することは基本的に学生たちの自己学習に委ねられているという状況である。つまり，学生自身が自分自身で履修済みの教科専門科目の知識・技術を材料にして「社会科」の内容の全体性を再構成しなければならないのである。このことは，教科としての社会科が複数の専門科目から構成されているにもかかわらず，指導法以外にそれらの複数の専門科目を統合的に把握する契機がないことによる。そこで，個々

表1 「社会科」と大学での専門科目との相関関係と社会科教科内容構成学の対象範囲

小学校教科　内容		中学校教科　分野		高校教科	科目	大学　専門科目
社会科	地理的内容	社会科	地理的分野	地歴科	地理 地理総合	地理学（自然地理学，人文地理学，地誌）
	歴史的内容		歴史的分野		日本史	歴史学：日本史
					世界史	歴史学：外国史（西洋史，東洋史）
					歴史総合	歴史学：日本史，外国史
	公民的内容		公民的分野	公民科	倫理	哲学，倫理学，宗教学，心理学
					政治・経済	法律学，政治学，社会学，経済学
					現代社会 公共	「倫理」「政治・経済」全ての科目 政治学，経済学，法律学，情報学
社会科教科内容構成学の研究範囲						

（著者作成）

の教科専門と教科教育を架橋するための教科内容の構成論が必要になり，これに応える研究領域として「社会科教科内容構成学」が提起されているのである[3]（表1参照）。

　もちろん，このような教員養成課程の学生の視点からの当座の必要性とは別に，社会科教科内容構成学が必要とされる大きな理由として，前節で述べたような客観的状況を背景にした，次のような理論的な要請と実践的な要請がある。第1に，理論的な要請についていえば，社会科が対象とする現実社会がますます加速的に複雑化・流動化しており，このような状況に社会科の内容を的確に対応させるために，既存の専門科目の成果と方法を相互連関させ連携させるための概念的な枠組みを開発する必要性が高まっている。この新たな概念的な枠組みの開発は，既存の学習指導要領の在り方を検証しつつ[4]，教育実践のための具体的内容にかかわる教材を研究するためにも重要な役割を果たすはずである。第2に，社会科教科内容構成学にたいする実践的な要請についていえば，既存の極度に専門化・細分化された専門学科で養成された教科専門の教員が，現状のままでは幅広い領域の教科内容の教職的

な専門性を担いきれないという現状がある。例えば，筆者自身は，現在，教科専門科目として「世界史」を担当しているが，専門的な研究分野は，19世紀のロシア思想史・文化史という極めて限定された領域である。この狭い専門性のなかで，日本史以外の世界史（外国史）全般を担当している。もっとも，調査・分析の手法については歴史学的な専門性を担保することができるが，幅広い社会科の教科内容については大学までの教養教育の限界を超えることができない。そこで，当然，大学教員としての職能開発（FD）として世界史だけでなく，歴史学全般や社会科全般にかかわる教科内容の研究にも取り組むなかで，教員養成課程に固有のディシプリンが必要だという認識にいたったのである。端的にいえば，既存の研究者養成カリキュラム（アカデミズム）において，学校教科としての「世界史」に対応する専門分野はほとんど不在に等しいのである[5]。

　総じていえば，学校教科とアカデミックな専門諸学科とのズレが，社会科教科内容構成学を必要とする根拠となっている。いいかえれば，社会科の教科内容構成学は，すでに専門分化した現実社会で特定の専門性をもった人材として働く職業人や研究者のための学術的専門知識というよりも，「子ども」という全一的存在者の人格形成のために奉仕する教育的専門知識として新たに創生される必要がある。このことが，専門的な学部教育（例えば，地理学科，史学科，哲学科，法学科，経済学科など）における専門科目と，教員養成課程における教科専門科目との根本的な差異である。一般学部での授業が，現在の社会に向けられた学術的・職業的専門性のための授業であるのにたいして，教員養成課程の教科専門は，次世代を形成する子どもと向き合う教師を養成するための授業である。両者のあいだの根本的差異は，発達段階に応じた授業内容の構成が求められるとともに，義務教育ではない高校に進学しない中学生や，就職志望の高校生，また大学の当該専門以外に進学しようとする高校生にとっても有用な網羅性と専門性が求められる点である。このことをふまえたうえで，とりわけ，「よりよい社会」の形成者の育成という未来志向

の社会科の教科内容は，常識的な知識，日常的な意識を単純に再生産するのではなく，「学校」という社会から相対的に分離された時空間枠組みにおいて，それらの常識や日常を相対化・非日常化あるいは「異化」[6]することを通じて，疑問をもち，問題を発見し，思考や判断を呼び起こすことによって，次の時代の新しいビジョンや世界像の形成を促すことが求められるのである。なぜなら，現実社会が不断に更新されて，ヴァージョンアップされているのに，未来の社会の形成者を育むための社会科の教科内容が旧態依然であるならば，世代交代の結果としてその社会全体が停滞することは確実だからである。その意味で，ここでは，子どもたちの現在の日常的な意識を異化するための社会科の教科内容の体系化の構想を提案したい。

4．社会科の認識論的定義—「社会科」とは何か？

社会科の教科内容の構成の体系化のための大前提となるのが，教科としての社会科の認識論的定義である。もちろん，「社会科」は，外形的には日本国の法制・教育行政の枠組みのなかに位置づけられ制度化されているが，その教科の内容と構成それ自体は，社会科を担当する教員たちの学問・研究・教育の自由に立脚している[7]。そのことを前提にして，「社会科」について，認識論的な観点から定義するとすれば，さしあたり，次のようになる。すなわち，子どもたちが「社会」という表象に関連する存在（在ること）と価値（在るべきこと）の意味を探求・研究・学習し，「社会」と呼ばれる人間関係および生活実践に積極的に参加・参与・参画するという目的のために設定された，認識と実践が相互作用する時間・空間の枠組みであり，社会科の目的は，子どもが「社会」の中でよりよく生活する能力を育むことである。

ここで提案した定義の柱は，第1に，「社会」を何か実体的な事象として捉えるのではなく，人間の感覚から派生する「表象」（意識において思い浮かべられたもの，象徴的なもの，イメージされたもの）として捉える点である[8]。社会科の対象となる「社会」を，無媒介に最初から概念的に定義するのでは

なく，個々人の感性に依存する特殊で具体的な「表象」の次元で，漠然としたイメージとして捉えることによって社会科の内容の多様性を捕捉することができると同時に，その次の段階である社会的事象の概念的把握への入り口として位置づけることができる。第2に，探求・研究・学習の対象を，表象としての「社会」にかかわる存在と価値の「意味」として捉える点も本定義の柱のひとつである。社会科の授業構成にとって「社会的意味」が重要であることはすでに久しく指摘されてきた[9]。また，アメリカの社会学者ピーター・バーガーによれば，「社会」と呼ばれるものは人間の行動・実践を前提にして成り立っているものであり，人間の外部の自然環境や人間の内部の身体・心理状態とは異なり，人間の具体的な実践を媒介にして人々の共同主観のうちに構築されるものであり，その際に社会的事象をかたちづくる素材となるのが「意味」である[10]。そしてこの「意味」こそが，学習指導要領での目標のなかで述べられている「社会生活を理解する」という場合の「理解」の対象でもある。第3に，この定義では，社会科の目的を対象の認識という観点だけでなく，参加・参与・参画という実践的な観点からも規定している点に特徴がある。このような実践的な観点は，学習指導要領における社会科の目標である「国際社会における平和で民主的な国家・社会の形成者の育成」という命題に内在している契機である。例えば，風巻浩は，この参加・関与の側面を，「社会参画レベル」の参加型学習と定義し，学習活動の主体の面では，教師主体ではなく子ども・若者（生徒）主体として，学習者と社会との関係の面ではインプット重視ではなくアウトプット重視の類型として位置づけている[11]。

　このような社会科の定義を踏まえて，社会科固有の認識論の特徴，つまり，社会科において「認識する」ことの特殊性を明らかにしておきたい。なによりもまず，社会科においては，認識の主体が次のような2種類の共同性，つまり共同主観性を前提している点に特徴がある。第1に，社会科では，存在の次元で，したがって実践（存在への直接的働きかけ）の次元で，認識主体は

他者たちとの共同性を不可欠の前提としている。この共同性は，家族・保護者，地域社会，国家，国際社会といった複数の次元で成立しており，このような共同性の枠組みのなかで認識行為がなされている点が社会科の大きな特徴である。もちろん，認識それ自体は個人的なものであるが，認識主体それ自体が社会的存在である以上，これらの複数の共同性の枠内で認識がおこなわれることが，あれこれの個人の認識の内容に大きな影響力を及ぼすのである。第2に，社会科では，認識の次元で，特定の言語共同体（現代標準日本語共同体）への帰属と複数の他者の言語共同体（外国語共同体）の認知を前提しているという特徴がある。この点は，地理や歴史（とくに世界史）において鮮明になる特徴である。日本の社会科において認識主体が共有している現代標準日本語は，近代以降の日本領内においてのみ使われている言語であって，前近代の日本列島や外国では別の言語体系が使われているという事情を了解しておく必要がある。この点が，時間のうえでの過去を歴史的内容として扱い，空間上の日本国領土の外部（外国地域）を地理的内容として扱う社会科にとって，他の教科とは著しく異なる特徴のひとつである。

　このような言語の面での共同性と他者性，つまり言語的多元性を重視するという社会科の認識論の特徴は，次の3つの側面と関連している。すなわち，第1に，社会科においては，主として言語を通じて他者と共有可能な社会認識を獲得するという点である。その意味で社会科の認識においては，他者との言語を通じた対話的コミュニケーションが決定的に重要な要素である。第2に，社会科においては，言語を通じてある個人の特殊な経験が，他者と共有可能な意味を獲得することになるという点である。つまり，個人が様々に体験した経験も，言語化し他者と対話するなかで，他者との応答関係のなかで，その社会的意味が浮き彫りになり，他者と共有可能なものになる。その意味で，「個人的なもの」として体験されたものを社会化していく際に，言語が，そして言語による対話的コミュニケーションが決定的に重要な役割を果たすのである。第3に，社会科において，言語を共有しない「他者たち」

の独自の異質な社会認識の存在を承認する必要がある点である。つまり，特定の言語によって獲得された自分たちの社会認識の有限性を自覚する必要がある点である。この点は，グローバル化時代にはきわめて重要な側面である。具体例を挙げてみよう。例えば，日本の首都の呼び名は，日本語では「東京（トウキョウ）」であるが，英語では Tokyo，ロシア語では Токио，中国語では「东京（Dōngjīng）」である。つまり，同一の場所を示す地名ひとつとっても異なる言語体系（言語共同体）においては，異なる表記と発音と意味をもっているのであり，このことは，「日本海」呼称問題や，領土問題など近隣諸国との関係を扱う社会科にとってきわめて重視しなければならない側面である。つまり，グローバル化時代においては，日本の社会科での外国地誌と世界史にかかわる固有名詞はすべて現代日本語で表記されたものであるという認識が不可欠なのである。もちろん，だからといって社会科の教員が各国語に精通して地名や人名を把握しておく必要はない。事典や検索ツールを用いて必要な時に調査研究できる能力（リサーチ・リテラシー）があればよいのである。

　社会科固有の認識論の第2の特徴とは，社会科においては，認識は実践と不可分に相互連関・相互作用しているという点である。いいかえれば，人々の表象としての「社会」は，認識対象であると同時に，実践対象あるいは実践の場でもあるという点である。この点において，社会科で取り扱う「意味」は，他の教科と著しく異なってくる。例えば，商店で商品を買うということの社会科的な「意味」は，資料を調べたり，商店を観察したりすることによって認識されるというよりも，子どもたち（認識主体）が，実際に，商店で自分のお金と交換して商品を買うという行為を通じて，つまり，実際の個々の体験を前提にしてはじめて十全に認識され理解されるような性質の事象なのである。それゆえ，社会科においては体験的な学習が不可欠なのであり，参加型の学習がきわめて有効なのである。このことは，いいかえれば，社会科の認識主体は，あらかじめ認識対象である「社会」に組み込まれてい

るということを意味している。この事態を「社会―内―存在」と表現することができる。子どもたちだけでなく，教師自身も，社会科にかんして何らかの認識を行う以前に，教師個人の存在自体が「社会」という世界の中に埋め込まれているのであり，それゆえ，何か自己の外部に独立・自立したモノを見いだすようなかたちで社会科の内容を認識し理解することはできないのである。重ねていえば，人間は生まれた時から「社会」という諸意味の網の目に絡め取られているのであり，そのような自己の存在の被拘束性を自覚することによって，人格としての実践における自立性と自律性を獲得することが社会科においてはとりわけ重要なのである。

5．社会科の認識論の基盤としての多元的実在論

　今日，認識論にかんして，大きく分けて2つの立場が対立している。1つは，実在論と呼ばれるもので，人間の認識は実在を反映あるいは模写したものであるという立場である。この立場は，自然科学を支える認識論上の立場である。これに対して，構築主義とよばれる認識論がある。それによれば，人間の認識は，人間自身（の言語や信念）によって構築されたものであり，相対的なものであるという立場である。人文・社会科学においては，言語論的転回とよばれる認識論上の転換によって大きな影響をもちつつある立場である。歴史学においては，実在論の立場からこの後者の立場に対する批判が展開されたり，科学哲学の分野でも論争が生まれたりしており，今日，諸科学に関する認識論は，流動的な状況にある[12]。

　しかし，そもそも人間の認識は，個体の多数性に応じて多数・多様であることは疑いないとしても，人間存在の社会的共同性という意味だけでなく，人類の身体構造の共通性という面でも，また人類が生存している地球を含む物質世界の一体性という面でも，人間の認識は実在世界となんらかの関係をもっている。そのような意味で，今日，社会科の認識論の理論的根拠として注目に値するのが，哲学における多元的実在論である。アメリカの哲学者ド

ライファスとカナダの哲学者テイラーは，構築主義的な反実在論の代表者のリチャード・ローティの問題提起を正当に評価しつつも，次のように，自分たちの立場を定式化している。

> わたしたちはローティに同意して，自然を正しく記述するひとつの言語などどこにもないことを認めながらも，ローティに反して，多くの言語がそれぞれの実在の異なる側面を正しく描写していることは十分ありえると述べることができる。そのときわたしたちの立場は，多元的で頑強な実在論として特徴づけることができる。それは，次のような立場だ。(1)実在を取り調べる方法は複数存在しうる（これが「多元論的」な部分になる）。にもかかわらず(2)それらの方法はわたしたちから独立した真理，つまり，それらを把握するわたしたちの思考のほうを改訂し調整することを要求するような真理を露呈させる（この部分は頑強な実在論だ）。だが，その際に(3)実在を取り調べるためのさまざまな方法をひとつの様式における問いへとまとめ上げ，統一的な描像や理論を生み出す試みはすべて失敗に終わる（よって，それらの方法は多元論的に留まる)[13]。

多元的実在論が，実在論に固執するのは，認識における「真理」の概念を救済しようとするためである。仮に，構築主義的な認識論を採用する場合，人文・社会系一般の事象を認識するためには望ましい側面が数多くあるが，自然地理や経済などの事象を認識するためには不適な側面が浮き彫りになる。例えば，自然環境や社会についての認識において，なんらかの数値（例えば統計データなど）の構築性を指摘することは重要であるけれども，実在との関係で見た場合，それらの数値も一定の根拠をもって構築されていることは否定できないし，より精密な計測によって「より正確な」という意味で「より真理に近い」数値を得ることができるという性格をもっている。この「より真理に近い」数値は，たんに社会的な合意に立脚するよりも，それ自体としてあれこれの認識主体に左右されないかたちで得ることができる。このようにして得られるものが，「わたしたちから独立した真理」と呼ばれるもの，つまり，実在に関係する「真理らしいもの」あるいは相対的真理である。こ

れとは反対に，この「真理らしいもの」を絶対不変の「真理」として把握することは，人文・社会系の諸科学にとっては危険であり，社会科教育にとってはなおさらである。それゆえ，実在には多様な方法によって接近することができるが，唯一の方法は不在であるという認識の多元性の原理が重要になる。そして，この認識の多元性を支えているのが，価値の多元性であるといってよい。したがって，19世紀の自然科学主義のような素朴実在論，つまり「心」は「外界」を映し出す鏡のようなものとみなす傾向，「外界」は意識や言語を媒介にして「心」に反映されているとみなす立場は，社会科の認識論にはなじまない。また，社会的事象をそれ自体が主観から独立した実体として扱う傾向，社会的事象を独立した実体をもつ諸要素のたんなる集合とみなす傾向，社会的事象を時間的に変化しない静態的な「構造」とみなす傾向，社会的事象を価値判断なしに「理解」することが可能であるとみなす傾向だけでなく，人間の「心」はそもそも白紙状態の器のようなもので，そこに何らかの内容が注入されることが認識の本質であるとみなす立場も，認識主体の価値の問題を捨象し，認識行為における個別具体的背景を捨象する傾向を生み出してしまうので，やはりまた，社会科の認識論にはなじまないのである。

6．社会科の教科内容の構成原理とは何か？

前節で確認したような多元的実在論に立脚して，社会科の教科内容の構成原理を体系的に措定する場合，最初に，この構成原理とその周辺の条件との関係を明らかにしておく必要がある。第1に，憲法，教育基本法等および行政文書である学習指導要領との関係でいえば，社会科の教科内容の構成原理は，この教科の外形的な規定である「教科の目標」，つまり，国際社会における平和で民主的な国家・社会の形成者の育成（学習指導要領の中心命題）を当座の前提としている。そもそも，「教科」概念が現行の法規範体系のなかで措定されている以上，この点を否定することはできない。第2に，人類の

共通の財産である学問的営為である専門的諸科学との関係でいえば，社会科の教科内容の構成原理は，学問の自由に立脚する専門的諸科学の成果と方法を「手段」として用いるという関係にあるといえる。つまり，教科にとって専門諸科学は目的ではなく手段であるという関係である。整理していえば，まず，教科は，諸科学を推進するための手段ではなく，子どもの育成のための手段であり，そのような子どもの教育の手段としての教科は，諸科学をさらに手段として活用するという相互関係にある。それゆえ，社会科の教科内容の構成原理とは，教科の目標を前提とし，専門諸科学を手段として，教科の実質的内容を自律的に構成するための原理であると定式化することができる。この自律性は，学問・研究・教育の自由に立脚しており，主として，教師の自律性に依存している。それでは，社会科の教科内容の構成原理の全体と，専門諸科学とのあいだの具体的な関係はどうなるのか？　教科の「手段」としての諸科学は何を意味するのか？　その答を端的にいえば，各専門諸科学は，社会科の教科内容の構成の柱となる諸概念を支える土台のようなものである。その意味で，教科の内容を構成する原理（設計図）を教科内容構成学が担うのに対して，その原理を支える柱や土台としての諸概念はある程度は自前で構築するとともに教科や教科内容構成学の外部にある専門諸科学から調達される必要がある。あえて建築の喩えでいえば，家を建てる際に，どのような材料を使ってどのような家を建てるかを設計するのが設計技師（教科内容構成学）の責務だとすれば，そのための材料は外部の専門業者（専門諸科学）から調達しなければならない。設計技師は材料そのものを製造するわけにはいかないからである。しかし，材料そのものに精通していることは専門職としての設計技師にとって絶対的に必要条件である。

　次に社会科の教科内容を構成する柱について検討したい。これについては，すでに先行研究がその骨格を明らかにしている。西村公孝・大倉泰裕・大石雅章は，認識論から捉えた社会の教科内容構成の柱を次の3要素としている。すなわち，①社会の内容（「空間（広がり）」，「時間（変化）」，「関係（関わり）」），

②事象と人文・社会諸科学との関連（分析，意味・解釈），③社会の基礎をなす部分（思想・文化）[14]である。そして，社会科の教科内容学としての体系性を，地理と歴史が「空間」と「時間」に対応し，第3の要素の「関係（関わり）」として政治・経済・社会・思想（哲学）が位置づけられている。きわめて考え抜かれた体系性である。しかし，「時間・空間」と，「関係（関わり）」との次元の相違や，同じ「関係（関わり）」のなかの政治・経済・社会の相互関係，人文・社会諸科学との関連の位置づけなど，解明すべき点も少なくない。

　そこで，本論では，先に検討した多元的実在論の視座から，存在の次元（実在論的側面）と価値の次元（認識および実践の多元性の側面）の2つの構成原理から社会科の教科内容の体系性を構想することを提案する。そこでは，存在の次元は，空間と時間とに分節化され，価値の次元は，人格と社会性・公共善とに分節化される。存在とは，実際に現に在る，あるいは過去に現に在ったという次元であり，価値とは，将来において在るべき，在るのが望ましいという次元である。社会科の内容は，この2つの構成原理の統一として成立し，現にあることや将来において在るべきことの認識と実践との融合であるといえる。そして，この存在と価値を統合する中心点に位置するのが，社会科の目的としての「子どもの実存的生」に立脚した「よりよく生きる力」，すなわち，社会のなかで「よりよく生活する能力」である。その意図は，社会科において，認識主体の問題を捨象するかたちで教科内容を構成するのではなく，認識主体それ自体の在り方をも教科内容に位置づけつつ，教科内容の諸要素を統合する原理として，子どもの実存的生，つまり，抽象化された子ども一般ではなく，個別具体的な文脈のなかで生きる1回きりの生をもつ子どもの人生を位置づけ，そのことによって，子どもの認識と実践とを相互依存的なものとしても捉えて，将来を志向する教科内容とするためである。以上のような基本的考え方にもとづいて，社会科の教科内容の構成原理を体系化し，既存の専門諸科学との相関関係を空間的に図式化したものが，次の

表2　社会科の教科内容の構成原理の体系化（専門諸科学との関係を中心に）

価値の次元＼存在の次元	空間 自然地理学 人文地理学 地誌	時間 歴史学 日本史 外国史（世界史）
人格 心理学 哲学 倫理学	現在と過去について 認識の形成／知ること	
公共善 法律学 経済学 政治学 社会学 宗教学	教科の目的としての 子どもの人格の自由な実存的生として よりよく生活する能力の育成 ⟵⎯⎯⎯⎯⎯⎯⎯⟶	将来に向けて 課題と理念・理想 生活実践・社会参加／行為すること

（著者作成）

表2である。このような空間的表現は，社会科の複雑な構成原理を一望のもとに視覚化することによって，思考の対象とすることができるというメリットをもっている[15]。

　以下では，この表について説明する。表2の上から1行目の「存在」の次元は，在るという次元を指し，現在と過去の存在全体を指しており，時間的には，いまだ現在となっていない将来・未来（右方向）に向けて開かれている。この「存在」の次元は，連続性，あるいは延長性を特徴としているので，主として，事象を分析する方法と総合する方法とによって認識することができる領域である。この存在の次元の2つの認識枠組みが「空間」と「時間」である。この枠組みは，カントに準拠しているが，それをカントのように人間の感覚のアプリオリな形式とするのではなく，実在論の立場から，空間と時間を人間の身体を含む存在の形式としても位置づけたほうがよい。つまり，空間と時間は，たんに人間の感覚・認識の形式だけでなく，人間の感覚・認識を包摂する「身体」が，他の事物と同様に，存在の次元に位置しているこ

とから，存在の形式として捉えたほうが，人間が存在しない世界（例えば自然環境や宇宙）についても認識し，思考するうえで（また他教科との整合性を考慮するためにも）有益だからである。この存在の形式としての「空間」形式は，社会科の教科内容構成の第1の柱である。なぜなら，3次元構造をもつ空間形式は，地球の重力の作用のもとでの人間の身体構造の3つの方向軸，つまり，上下・左右・前後の関係に対応したものだからである。カントがいうように空間は感覚の形式ではあるが，この感覚形式そのものは，存在論的な意味で人間の身体構造に規定されており，その意味で，人間のあらゆる認識と実践の基本枠組みを構成するものだからである。これに対して，時間形式は1次元的な線形であるが，これは人間の生命活動の不可逆的変化の方向性（一方向性）に対応している。もちろん，循環的な時間観もありうるが，近代以降は，人間存在の実存性が強調されるなかで，人間の身体の誕生から死に至る不可逆的で一方向的で有限な時間が個人にとって第一義的な意味をもっており，このことが多くの世俗的社会集団の時間観の基盤になっている。いずれにしても，空間と時間は，人間の存在論的な身体の在り方に規定された存在の形式であるとみなすことができる。

　それに対して，この存在の形式としての空間と時間をどのように価値づけ，意義づけて認識し，そのなかで実践するのかという場面においては，様々な空間区分，時間区分が立ち現れ，認識の多元性が浮き彫りになる。表2に即していえば，上から1行目の「存在の次元」が，左1列目の「価値の次元」と交差することによって，存在そのものが価値の多様性に応じて多様に認識され，多様な実践が引き起こされるということを示している。それゆえ，社会科で用いられる様々な空間区分も時間区分も，実在の根拠をもちつつも，多元的に表現されるのである。例えば，様々な地図や地球儀に見られるように，同じ地球表面を，大陸と海洋といった「地形」で区別したり，「主権国家」の領土で区別したりすることができるが，それらの区別によって指示対象となっているものは実在的根拠をもっている。同じような事例が，特定の

世界観・宗教観による価値観に立脚した暦法である。いわゆる西暦（グレゴリオ暦），元号，ヒジュラ暦，干支など，同一年であっても文化の違いによって表記が異なるけれども，異なる表記であっても，2018年と平成30年は同じ年を指しているのである。このように存在の次元を区分し，意義づける役割を果たすのが，表2の左1列目に配置されている「価値」の次元である。それゆえ，表2では，空間を扱う地理学と，時間を扱う歴史学が，存在の次元に位置づけられているが，厳密にいえば，後述するように，両者とも概念的な認識における価値の次元にもかかわっているのであるが，主たる対象領域という意味で表2のような配置にした。

　本論が提案する社会科の教科内容の構成案では，価値の次元は，存在に対置される二つ目の大きな柱である。「価値」の次元という場合，それは，空間や時間のうちに存在していない，想像のうえで共同主観的に共有されている象徴・理念・規範などの次元，いいかえれば，人間の意識によってつくりだされた仮想的な領域を意味している。存在の次元が「土台」だとすれば，その上に構築される「建造物」という比喩で表現することができる。存在の次元が主観に関係なく一元的であるとすれば，価値の次元は主観に左右される相対的で多元的なものである。社会生活における価値の重要性について教育学者ブルィキンは，次のように指摘している。「価値的アプローチ，すなわち，何が私たちに必要なのか，何を大切にするのかの選択は，基盤的な行為であり，それなしには，様々な欲求・関心・目的をもつ存在としての人間の活動も，生活そのものも成り立たない。特定の価値志向を喪失した生は，あらゆる意味を失い，事実上，生きることをやめるのである」（強調は引用者による）[16]。つまり，価値の次元は，人々の認識・実践の方向性を根本的に規定するものである。

　この価値の次元は，たんに社会生活を営むうえで不可欠であるだけでなく，教育という観点からも重視されるべき次元である。そもそも社会科の内容を構成する原理は，現時点での現状を無批判に追認するのではなく，この現状

を「改善する」方向性をもつべきである。この場合，改善とは，批判を通じて「現状」のうちにある問題点を発見し，「よりよい状態」，つまり，新たなあるべき価値内容を創造する方向性を意味している。この場合，批判を通じた現状の問題の発見と，問題解決として「よりよい状態」の模索とは，表裏一体の関係にある。教育のこのような役割について，カントは次のように説明している。

> 教育計画を作成するひとたちが特にはっきりと念頭に置くべき教育技法の原理とは，すなわち，子どもが人類の現在の状態だけに適応するようにではなく，むしろ人類の将来的に可能なより善い状態に適応するように教育されるべきである，換言すれば，人間性の理念およびその使命全体にふさわしく教育されるべきであるということにほかならない[17]。

ここでカントが強調しているのは，教育の根本原理は，人類全体のためのものであり，現状維持ではなく将来の「よりよい状態」をめざすためのものであるという点であり，したがって，価値の次元と不可分の関係にあるということである。

この「価値」については，古代ギリシャ以来，真・善・美・有用性などが絶対的に追求されるべき価値とみなされてきた。また近代以降は，主として経済学的な「価値」が議論されてきた。しかし，今日，経済的な指標としての諸価値（有用性・効率など）だけでなく，真・善・美などの人間主体の欲求全般にかかわる様々な価値を対象として研究する必要性が高まっており，こうした多様で多元的な価値を対象として研究する分野が価値論である[18]。

このように人間の社会的実践において価値は不可欠な次元であることは当然であるが，同時に，社会科学的な意味でのいわゆる「客観性」を議論する際にも価値の次元が不可欠であることは，すでにウェーバーが指摘した通りである。彼によれば，個別具体的で多様な経験は，そのままでは「客観的妥当性」をもつことはできず，思考が特定の「価値」と結合した諸範疇（カテ

ゴリー）を通じて，それらの経験を秩序づけ，整理することによって「客観的な」概念と判断になることができるという[19]。この場合，「客観性」とは，共同主観的に多数者によって共有されることにより社会的な「対象性」，すなわち，実践目的となりうることを指している。その意味で人文・社会科学上の多くの「客観的な」諸概念も，価値性をもった「真理」概念として本論で提案する広い意味での「価値」の次元にも属している。それゆえ，このウェーバー的な意味でも，表2における地理学や歴史学は，主として存在の領域を扱いながらも価値の次元にかかわっているといえるのである。

　それでは，価値の次元はどのような構造をもっているのか？　本論は，価値の次元を「人格」と「公共善」とに分節化することを提案したい。人間存在はまず個体であり，個としての身体をもって存在している。この個としての人間が，価値の担い手，主体として位置づけられる時に，価値概念としての「人格」が成立する。この「人格」概念には，すでに他者との関係性・社会性の契機が内在しており，それ自体が次に考察する「公共善」の一部であるといえるが，さしあたり，身体性をもった個体に帰属する概念として「人格」を，価値の次元の最初の柱として位置づけることは，教育の目的全体からみて妥当である。

　社会科における「人格」概念の本質的な意味は，第1に，人格とは，他の外在的な目的の手段（物件）という意味での「人材」（人的素材）ではなく，個々の人間それ自体が目的であり，かつ，各個人の固有の目的に即して自律的存在として人間を把握することにある。この自律的目的としての人格概念から派生するのが，第2に，理念としての人格であり，それは，今ある状態の自分ではなく，将来に向けて実現しようとする自分自身の理想像の観点から自分自身を律することを要請する。第3に，人格の理念は実践によって実現されるべきものである。この場合，実践とは，何か出来合いの理論を実地に応用するという意味ではなく，自己の現状を超えた新しい価値をもつ「より望ましい新しい人格に成る」ということ，自律的自己形成を意味している。

この実践と表裏一体の関係として，第4に，人格は責任をもつことを要請される。責任とは，自分の行為の結果として生じた他者からの応答（賞賛・報償・非難・処罰など）を引き受けるということである。カントは，人格の理想を，実践における自由，心理状態における自己同一性の意識，自己の行為における有責性をもつ主体性として定義しており，理想をめざす人格の実践は，自由な意志決定と同時に自己責任をもつものとして自己同一性の意識において統一される必要がある。総じていえば，人格とは，個人における立法者・執行者・司法者の統一，意志・行為・反省の統一であり，政治的には主権者（国家の形成者）となり，社会的には社会人（社会の形成者）になるということである[20]。いいかえれば，人格が他者の道具（人材）ではなく，自らを目的として生きるということは，自らの人生の理想を措定し，その理想の観点から自己を評価し，その理想をめざして実践して，その理想に接近するということを意味している。

　この人格としての諸個人の在り方を，個別の専門諸科学の観点から分析・評価する時に，主として利用されるのが，心理学，哲学，倫理学であるといえよう。ただし，人格自体は，全一的な概念であるが，それぞれの専門諸科学は，その全一性の一側面を分析的に把握する傾向があるので，社会科教科内容構成学は，それらの個別諸科学の成果と方法を機械的に人格概念に適用するのではなく，独自の視座と目的観を堅持する必要がある。

　いずれにしても，意志・行為・反省といった能力を備えた人格像は，近代社会における理想的な主権者の原型であったし，ポスト・モダンと呼ばれる今日でも，その本質的な意義は失われていないが，このような人格像が逆に，個としての実存を疎外する状況が生じていることも否定できない。そこで改めて強調すべきことは，人格は，一方で，他者との対話的・コミュニケーション的関係のなかで，社会性のなかで形成されるという側面であり，他方で，人格は，あくまで共同体に解消されない個別性をもっていることが不可欠の条件であるという側面である。したがって，社会科において人格の概念を考

察する場合，その個別性・自己目的性の側面と，共同性，他者と相互依存性の側面とのあいだの緊張関係につねに注意を払う必要がある。この緊張関係を調整する契機として機能するのが，次に検討する「公共善」の概念である。

　諸個人の意識のなかに表象としての「社会」が成り立つ背景には，自己の存在と意識が複数の他者の存在と意識との相互依存・相互作用のなかで存立しているという事情がある。この相互依存・相互作用は，自己と他者との共通の存立基盤としての共同性である。それは先に，示唆しておいたように，人格は，他者との関係性において存立するという側面であり，社会―内―存在としての側面である。このような共同性，他者との関係，社会性の文脈において，人格の理念に目的を与えるのが「公共善」の次元である。本論で，たんなる公共性ではなく，公共善を価値の次元の第2の柱として措定するのは，公共性といった人格を包摂する社会全体における価値判断を重視するためである。従来，公共性といった場面で「価値」が問題にされる場合，法律や道徳に代表される義務的規準・規範が中心であった。しかし，公共の場面でも，人格の次元と同じように「何をなすのが善いのか」という問題設定は必要不可欠である。これは，テイラーのいう「価値の質的差異」[21]という問題である。この公共善は，個別性をもった人格が他者と共有するために自律的に積極的に追求する価値の領域を指している。したがって，この公共善は，あれこれの権力や権威によって人格に強制されてはならないが，それを個々の人格が具体的に志向することによって「よりよい社会」が実現されるような性格をもつものである。

　現代の世界と日本の状況を念頭においたときに，この公共善，共同的な価値の質的差異の追求という課題は，大きな意味をもっている。とりわけ，「自己責任」，「自助努力」，「自己啓発」といった呼びかけのもとで社会的紐帯が切断され，人々が孤独化し，徹底的に個別化されて管理されている現代社会において，大規模災害のような危機が到来したときに，自然発生的に浮上してきたのが，絆，助け合い，ボランティアといった形態による新たな公

共善の追求であった。このような助け合い・相互扶助による公共善の追求は，国家による徴税と再分配の機能，市場による商品交換の機能とは別の次元で歴史的に存在してきた広義の人類共同体における互酬的交換様式（贈与と返礼）の重要性[22]に光を当ててくれている。

　総じていえば，社会科にとっての価値としての公共善は，人類の全体性に関する何らかの理念を実現しようとする姿勢を呼び起こすものである。この姿勢こそ，より善い社会の実現をめざす，いわゆる「公民的資質」の在り方を根底で規定するものである。このような地平から，学習指導要領で示されている「平和で民主的な国家及び社会の形成者」という命題の内容も具体化・豊富化される必要がある。

　この公共善の内容を深化させる手段として役立つのが，個別専門諸科学，とりわけ，哲学，倫理学（とくに応用倫理学），法律学，政治学，経済学，社会学などの人文・社会系諸科学である。もちろん，個別諸科学は，価値の次元，公共善の概念を自覚的に取り扱っているわけではない。したがって，社会科教科内容構成学にとって，教科の目的である子どもの社会的生活力の向上のために必要な諸要素を，個別諸科学の中から取捨選択することが重要な課題となってくる。それは，比喩的にいえば，建築設計者が，顧客の要望にあわせて建造物を設計するなかで，その素材についても精通して取捨選択するのと同じような課題である。

7．むすび

　本章では，社会科の教科内容の体系的構成のための基本原理についての提案を素描してきた。その基本原理は，存在と価値の2つの次元の設定であり，存在における空間と時間，価値における人格と公共善という枠組みの設定である。そして，存在と価値の次元を統合する機能をはたす「目的」として，子どもの実存的生，社会のなかでより善く生活する能力の育成という課題を据えた。ところで，本論が提案した社会科の教科内容の体系的構成案によっ

て，どんな能力，どんな「できる力」を育むことができるのか，が問われることになるだろう。その答は次の通りである。第1に，存在（在る）という次元での世界のなかでの自己＝主体の立ち位置を知る能力である。つまり，存在の2つの認識枠組みである空間と時間を通して，その中で子どもがどのような位置に立っているのかという意味での「自己認識」を獲得することができる能力である。第2に，この自己認識を通して，社会のなかでより善い価値を選択し，実践することができる能力である。

そもそも，社会科が取り扱う全ての事象は，地球上での人類の生活という単一の全体性のなかに包摂されており，この全体性を切り分ける時に，存在と価値，時間と空間，人格と公共善という枠組みを利用することで，複雑な事象も単純化して理解できるし，逆に，一見単純に見える事象も，細かく分析して理解することができるのである。このように，本論が提案する社会科の内容構成の体系化の原理は，現に在る存在の次元での空間と時間の系と，在るべき，在ることが望ましいという価値の次元での人格の在り方とその目的を構成する公共善の軸を交差させることによって，たんなる社会の現状の認識だけでなく，「よりよい社会」の形成を担う，社会のなかでより善く生活する能力を育成することができ，自由で自律的な人格形成と公共善の追求に役立つことができると考えている。このような社会科教科内容構成学の体系化の構想は，既存の専門諸科学の系統性を脱構築するかたちで，戦後の初期社会科がめざした目的や方法[23]を改めて体系的に再構築しようとするものである。

注

1）加藤章編（2000）『21世紀地球社会と教師教育ビジョン』教育開発研究所；文部科学省高等教育局裁定（2001）「今後の国立の教員養成大学・学部の在り方について」；西園芳信・増井三夫編（2009）『教育実践から捉える教員養成のための教科内容学研究』風間書房。知識基盤型社会の構築は，中国のようなエネルギー小国だけでなく，ロシアやサウジアラビアのようなエネルギー大国でも焦眉の課題となって

おり，教育改革が急速に進行している。たとえば，サウジアラビアでは，イノベーション志向の創発的文化と問題解決のための直観的方法，教育における創造力・批判的思考力・非標準的思考力が強調されている。Cf. Isam Y. Al-Fiali, Abdo A Husseiny（2017）*Knowledge-Based Economy, A Road Map*（Create Space Independent Publishing Platform: South Carolina), Kindle edition, No. 219-242/6390.

2) 本論の目的のための予備的考察として，ルィバス＝アレクサンドル・下里俊行（2016）「現代哲学の「問題」としての人間と社会：教員養成課程における社会科内容構成論のための視座として」(『上越教育大学研究紀要』35)では，現代哲学の観点から「人間」および「社会」の概念そのものが解答困難な問題（problems）であることを指摘し，下里俊行・郷堀ヨゼフ（2016）「社会科の内容構成のための「文化」概念の再考：M.フルコヴァー，T.チプトン，石川誠「野良犬の眼を通して：〈他者〉との出会い」の意義」(『上越教育大学研究紀要』36(1)）では，「文化」が自己と他者との対話的関係のなかで構築されるものであることを確認した。本章が提起する社会科の教科内容構成の体系化の構想も，解決困難な問題としての「社会」へのひとつのアプローチであり，本論の読者との対話的関係のなかではじめて「意味」をもつような文化の一形態であると位置づけている。

3) 下里俊行・梅津正美・中村哲・志村喬ほか（2011）「「社会科内容学」構成案」,『平成22-23年文部科学省先導的大学改革委託事業研究成果報告書：教科専門と教科教育を架橋する教育研究領域に関する調査研究』上越教育大学，119頁。

4) 学習指導要領の在り方とその後に形成された社会の在り方との相関関係については，西村和雄・宮本大・八木匡（2017）「学習指導要領の変遷と失われた日本の研究開発力」（独立行政法人経済産業研究所〈http://www.rieti.go.jp/jp/publications/dp/17j015.pdf（2017年3月30日閲覧)〉)が指摘しており，学習指導要領を外部の視点から評価・点検することの重要性が明らかになっている。

5) このことは，日本学術振興会の科研費助成事業における公募の枠組「系・分野・分科・細目表」を見ても明らかである。そこでは，「世界史」は，人文社会（系)・人文学（分野)・史学（分科)・史学一般（細目）のキーワードの1つとして位置づけられているものの，実質的に科研費の細目としての「史学一般」,「アジア・アフリカ史」,「ヨーロッパ・アメリカ史」,「考古学」を内容的に含む教科としての「世界史」とは位相を異にしている。日本学術振興会の公募情報における別表3（2017）(https://www.jsps.go.jp/j-grantsinaid/03_keikaku/data/h29/h29_koubo_08.pdf（2017年3月30日閲覧)）参照。ちなみに，史学一般（細目）に含まれるキーワードには，世界史のほかに，交流史，比較史，比較文明論，グローバル化，環境史，島

嶼・海域史，史料研究といった教科としての「世界史」に深く関わるものも含まれている。また5年前の平成24年度の公募情報における別表3（2012）（https://www.jsps.go.jp/j-grantsinaid/03_keikaku/data/h24/download/j/08.pdf（2017年3月30日閲覧））まで「史学」の細目名として19世紀以来の「西洋史」「東洋史」という区分が残存していた。アカデミズムにおける区分体系それ自体も不断に変動しており，教科内容の構成も，また教科区分それ自体も見直しと無縁ではありえない。

6) 異化とは，日常的な生活のなかで自動化された知覚を，非日常的なものとして知覚させるための芸術的な手法のことで，異化の結果として現実生活を直視し，直接的な生きる感覚を取り戻させることを目的としている。文学においてはV.シクロフスキーが提唱した（佐藤千登勢（2006）『シクロフスキー：規範の破壊者』南雲堂フェニックス）。国語科における異化の実践例については，足立悦男（2009）「異化の詩教育学：空間型の創作指導」（『島根大学教育学部紀要・教育科学，人文・社会科学，自然科学』43）などを参照してほしい。

7) 自由に立脚する学問的な観点が，教科の目標や具体的内容の解釈の規準となる。なぜなら「教科」概念は，日本国内の法律や行政に固有の概念であるのにたいして，教科の内容を提供する学問は，全人類的観点からの真理・価値・規範・理念の普遍性を追求するものだからである。具体的にいえば，「社会科」という教科の形式は日本の教育に独自のもの（外国では地理・歴史・市民科などの異なる教科区分になっている）ではあるが，その内容はこの独自性をも包摂するという意味で普遍性をめざす必要がある。この独自性を媒介にした普遍性の追求という観点は，かつて国民国家の形成に積極的に寄与してきた学校教育が，グローバル化の進展のなかで国際社会とその評価に対して開かれていく時代にはますます重要になっている。

8) 表象は，感性的認識のひとつであり，感覚が一定の瞬間に実在の個別的な性質を把握し，知覚が感覚よりも抽象的だが直接的な特性を把握するのにたいして，対象をより普遍的だが不安定な映像として把握する点が表象の特徴である。その意味で，表象は，対象の映像の「感性的形式」を保持している。この場合，感性的なものは感覚に由来し，形式性は思考へと展開する契機である。合理的な思考の過程では，意識において対象にかかわる表象を分析・総合した結果として概念が形成され，この概念を通じて判断が遂行されると考えられている。柴田進午（1970）『人間性と人格の理論』青木書店，108-109頁，を参照した。

9) 森分孝治（1978）『社会科授業構成の理論と方法』明治図書出版，44-46頁，を参照した。

10) ピーター・バーガー（1979）『聖なる天蓋：神聖世界の社会学』薗田稔訳，新曜社，13頁，を参照した。
11) 風巻浩（2016）『社会科アクティブ・ラーニングへの挑戦：社会参画をめざす参加型学習』明石書店，24頁を参照した。
12) 構築主義の認識論は，ヒュームを批判したカントに遡るが，現代では，ミシェル・フーコーの一連の仕事や，アメリカの哲学者リチャード・ローティ，歴史学ではヘイドン・ホワイトなどの立場である。ローティの実在論（自然主義）批判は，リチャード・ローティ（1993）『哲学と自然の鏡』（野家啓一監訳，産業図書）を参照されたい。歴史学における言語論的転回の紹介は，長谷川貴彦（2016）『現代歴史学への展望：言語論的転回を超えて』（岩波書店）を，実在論の立場からの言語論的転回への批判は，遅塚忠躬（2010）『史学概論』（東京大学出版会）を参照されたい。科学史の分野では，T. クーンのパラダイム論が知られているが，科学技術社会論（STS）の観点からクーンの構築主義的側面と政治性とが指摘されている（スティーヴ・フラー（2009）『我らの時代のための哲学史』中島秀人・梶雅範・三宅苞訳，海鳴社）。最近の歴史学における社会構築主義の批判的検討としては，リン・ハント（2016）『グローバル時代の歴史学』（長谷川貴彦訳，岩波書店），とくに第1章を参照されたい。
13) ヒューバート・ドライファス，チャールズ・テイラー（2016）『実在論を立て直す』村田純一監訳，法政大学出版局，252頁。
14) 西村公孝・大倉泰裕・大石雅章（2009）「社会科の教科内容構成の原理と枠組み」西園芳信・増井三夫（編）『教育実践から捉える教員養成のための教科内容学研究』風間書房，77-78頁。
15) アメリカの心理学者ジュリアン・ジェインズによれば，「〈空間化〉せずに時間を考えることはできない。〔…〕意識とはつねに〈空間化〉の過程であり，通時的なものが共時的なものに変換される。時間領域で起きたことが〈抜粋〉され，横に並べられて見られる。この〈空間化〉はあらゆる意識的思考の特徴だ」という（ジュリアン・ジェインズ（2005）『神々の沈黙：意識の誕生と文明の興亡』柴田裕之訳，紀伊國屋書店，80頁）。意識的思考における空間的表象と視覚化の重要性については，M. フルコヴァーらの教育実践でも確認されている（下里俊行・郷堀ヨゼフ（2016），参照）。
16) *А. М. Булыкин* (2015) Аксиологический подход в современном высшем образовании // Научный альманах 2 (4), С. 48-52.〔ア・エム・ブルィキン（2015）「現代の高等教育における価値論的アプローチ」『科学年報』2 (4), 48-52頁。〕

17）カント（2001）「教育学」加藤泰久訳，『カント全集』17，岩波書店，228頁。
18）「価値論とは，幅広い哲学的な諸価値（命令・理想・標準・規制・原理・規範）についての教説であり，人間活動の有意義な生活上のさまざまな立場・指向・動機を規制することの本質・性格・方法・構成を分析するものである」と定義されている。В. В. Ильин（2006）Аксиология. Москва. Издательство МГУ, С. 10.〔ヴェ・ヴェ・イリイン（2006）『価値論』モスクワ，モスクワ国立大学出版会，10頁。〕
19）マックス・ウェーバー（1998）『社会科学と社会政策にかかわる認識の「客観性」』富永祐治・立野保男訳・折原浩補訳，岩波書店，157-158頁。
20）平田俊博（1998）「人格」，廣松渉ほか（編）『岩波哲学・思想事典』岩波書店，804-805頁を参照した。
21）チャールズ・テイラー（2010）『自我の源泉：近代的アイデンティティの形成』下川潔・桜井徹・田中智彦訳，名古屋大学出版会，96-97頁。
22）カール・ポラニー（2009）『［新訳］大転換』野口建彦・栖原学訳，東洋経済新報社。
23）「社会科」の設置の狙いについて，「端的に言って，社会科は子どもの社会的経験をよりどころにして，社会生活についての理解と，民主社会の建設を担う社会的態度や社会的能力を身に付けることをめざししたのである」と指摘されている。国立教育政策研究所（2001）『「教科等の構成と開発に関する調査研究」研究成果報告書（5）社会科系教科のカリキュラムの改善に関する研究：歴史的変遷(1)』国立教育政策研究所，3頁。

付記：本章は，既発表論文「社会科の教科内容構成の体系化－多元的実在論と価値論に立脚して」（『日本教科内容学会誌』第3巻第1号（2017）3-20頁）を加筆・修正したものである。

第2章

空間系の社会科
──地理的領域の教科内容構成──

第1節
教員養成系大学・学部における GIS 教育の分析
——教科内容学の視点を用いて——

矢部　直人

1．はじめに

　地理教育における GIS（Geographic Information Science：地理情報科学）の扱いについてはすでに相当の研究蓄積がある。特に中等教育における実践例の紹介は枚挙にいとまがないほどであり，その多くは佐藤（2014）で紹介されている。一方，大学における GIS 教育をどのように行うかについては，1990年代後半からカリキュラムの検討が進み（佐々木ほか2008），地理情報科学の知識体系として公開されている（貞広ほか2012）。

　しかしながら，初等・中等教育の現場で活躍する教員を養成する大学・学部（以下，教員養成系大学・学部）において，どのような GIS 教育を行うかについてはさほど研究はみられない。その理由の一つは，長谷川（2002）や南埜（2003）が指摘するように，2000年代前半において教員養成系の大学・学部では，GIS 教育はほとんど行われていなかったことが関係していよう。谷（2005）は，そのような状況のなかでも今後初等・中等教育へ GIS が普及することを予想して，教員養成系大学・学部における GIS 教育について，その内容を検討する必要性があると述べている。その後，2009年版高等学校の学習指導要領において GIS が本文中に明記されるに至り，教員養成系大学・学部における GIS 教育の状況にも2000年代前半と比べて変化があると予想される。2014年に発表された日本学術会議地理教育分科会（2014）の提言では，初等・中等教育への GIS の導入を進めるため，教員養成系大学・学部において GIS の教職科目を設置することが提言されている。さらに，

2017年度末に改訂される高等学校の次期学習指導要領では，新たな科目「地理総合」必履修化と，その科目における GIS 重視の方向性が示されている。以上の点を踏まえると，教員養成系大学・学部においてどのような GIS 教育を行うかは重要な検討課題であるといえよう。

教員養成系大学・学部における独自の GIS 教育について検討するには，教科内容学の視点が参考になる。そこでは，文学部や理学部における教育とは異なる，教員養成系ならではの独自性が議論されているからである（竹村 2015）。社会系分野に関する研究では，志村ほか（2017）は技能や概念を使った思考力の育成について述べており，下里（2017）は地理，歴史，公民の各分野における概念を統合的に理解する体系化を図っている。これらの研究を踏まえると，社会系各分野の知識や概念を伝達するだけではなく，社会系各分野の知識や概念を総合的に使った思考力を鍛えることが教員養成系における教育の独自性につながるように思われる。本節では，このような教科内容学の視点を用いて，GIS 教育の内容について分析を試みたい。

以下 2 項では，GIS 教育の内容を検討する前に，教員養成系大学・学部における GIS 教育の現状を明らかにする。教員養成系における GIS 教育の内容には，現状でもその他の大学・学部と異なる特徴があるのだろうか。次に 3 項では，筆者が行った授業実践を例に，教員養成系における GIS 教育の内容について考察する。

2．シラバスの分析

2.1．研究方法

日本全国の国公私立大学における GIS 教育の実施状況について，シラバスを閲覧して情報を収集した。大学における GIS 教育は工学部や農学部など地理系以外の学部でも行われているが，本研究では地理系のみを対象とした。最初に調査対象を抽出するため，野間ほか（2012）を参考に，全国の地理学を学ぶことができる大学・学部のリストを作成した。その結果，全国の

地理学を学ぶことができる大学・学部として，教員養成系は56大学・学部，教員養成系以外は81大学・学部を抽出した。

その後，各大学のシラバスを閲覧し，GIS教育を実施している授業科目のデータを収集した[1]。GIS教育を実施していることを判断する基準は，授業科目のシラバスの中で1回でもGISに関連した授業内容を実施したものである。具体的には，シラバスの中に「GISソフトを利用した主題図の作製」や，「ベクタデータ，ラスタデータ」など，GISに関連する記載がある授業科目について，GIS教育を実施していると判断した。シラバスは2014年度に開講された授業科目を対象として，2014年11〜12月にかけて閲覧した。

なお，近年では大学評価の資料として用いるためシラバスの記載内容は細かくなる傾向にあるが，大学によって精粗のばらつきがある。そのため，シラバスには記載していないもののGIS教育を実施している大学もあると思われる。したがって，本研究で収集したデータは，GIS教育を実施している大学・学部を捕捉した最低限のデータであることに留意されたい。

2.2. 分析結果

本章では，各大学のシラバスを閲覧し，GIS教育を実施していると判断した83大学126科目のデータを集計した結果について述べる。

(1) GIS教育実施の有無

全国の地理学を学ぶことができる大学・学部のうち，GIS教育を実施している大学・学部が占める割合はほぼ6割である（表1）。この割合は，教員養成系とその他に分けて集計しても変わらない。つまり，GIS教育を実施しているか否かという点だけから見れば，現在では教員養成系の大学・学部は，その他の大学・学部と遜色ないことが分かった。教員養成系大学・学部ではほとんどGIS教育が実施されていなかった2000年代前半と比べると，現在では大きく状況が変わったといえよう。

表1　全国の地理系大学・学部におけるGIS教育の実施割合

	全数	GIS教育実施数	GIS教育実施率
教員養成系	56	34	60.7%
その他	81	49	60.5%
総計	137	83	60.6%

(著者作成)

表2　全国の地理系大学・学部におけるGIS教育実施科目の授業形式

	講義	混合	実習
教員養成系	11 (24.4%)	5 (11.1%)	29 (64.4%)
その他	21 (25.9%)	21 (25.9%)	39 (48.1%)
総計	32 (25.4%)	26 (20.6%)	68 (54.0%)

(著者作成)

(2)授業形態および対象学年

　GIS教育を実施している授業科目ごとに，講義形式，実習形式，講義と実習を合わせた混合形式，の三つの授業形式に分けて集計した（表2）。教員養成系においては，実習形式の授業が最も多く，6割を占めている。次いで，講義形式の授業が2割，混合形式の授業が1割である。一方，教員養成系以外では実習形式の授業が5割と，教員養成系と比べてやや少ない。その代わりに，講義と実習を合わせた，混合形式の割合が約3割あることが特徴である。教員養成系では，GISソフトの操作を習得する実習に重点が置かれているといえよう。

　授業の対象学年を集計すると，2年次もしくは3年次を対象とした授業が過半数を超えている（表3）。特に教員養成系では3年次を対象とした授業

表3 全国の地理系大学・学部におけるGIS教育実施科目の対象学年

	1年	2年	3年	4年
教員養成系	5 (14.7%)	19 (55.9%)	23 (67.6%)	12 (35.3%)
その他	6 (13.0%)	26 (56.5%)	26 (56.5%)	15 (32.6%)
総計	11 (13.8%)	45 (56.3%)	49 (61.3%)	27 (33.8%)

注）対象年次が不明の科目を除く。複数学年を対象としている科目は各学年に計上したため，合計は100％にならない。
（著者作成）

が，その他と比べて10ポイントほど多いようである。なおこの傾向は，実習形式の授業に限ってみても同様である。教員養成系では73.9％の授業が3年次を対象とするのに対して，その他では60.9％と，同じく10ポイント程度の差がついている。これは，教員養成系では2年次までの教職科目の履修に時間が割かれるために，3年次で実習を行うことが考えられる。教員養成系以外では，教職科目の履修という制約がさほど強くないために，2年次での履修が若干多いのかもしれない。

(3) **授業内容**

　ここでは，GIS教育で行われている授業内容について検討する。大学におけるGIS教育のカリキュラムについては1990年代後半から研究が進められ，現在では地理情報科学の知識体系（貞広ほか2012）として公開されている。これは日本の大学におけるGIS教育の標準的カリキュラムであり，GISに関する授業科目で教えられるべきスタンダードとして広まりつつある（浅見ほか2015）。本研究では，この地理情報科学の知識体系を参照して，各授業科目の内容を判断する。地理情報科学の知識体系は，全7章から構成されている（表4）。また，それぞれの章の内容について，たとえば第4章ではネッ

表4 地理情報科学の知識体系における章構成

章番号	章タイトル
序章	地理情報科学概論
第1章	実世界のモデル化と形式化
第2章	空間データの取得と作成
第3章	空間データの変換と管理
第4章	空間解析
第5章	空間データの視覚的伝達
第6章	GISと社会

(著者作成)

表5 全国の地理系大学・学部におけるGIS教育実施科目の地理情報科学の知識体系各章に該当する授業内容

	序章	第1章	第2章	第3章	第4章	第5章	第6章	総数
教員養成系	15 (36.6%)	1 (2.4%)	22 (53.7%)	0 (0.0%)	5 (12.2%)	35 (85.4%)	3 (7.3%)	41
その他	43 (55.1%)	5 (6.4%)	47 (60.3%)	11 (14.1%)	41 (52.6%)	55 (70.5%)	18 (23.1%)	78
総計	58 (48.7%)	6 (5.0%)	69 (58.0%)	11 (9.2%)	46 (38.7%)	90 (75.6%)	21 (17.6%)	119

注）授業内容が不明の科目を除く。1科目で複数の章にわたる内容を含む場合は各章に計上したため，合計は100％にならない。

(著者作成)

トワーク分析や点データ分析など，より細かな内容が記載されている。この地理情報科学の知識体系における記載内容とシラバスの記載内容とを比べて，各章の記載内容に該当するキーワードがあれば，その章の内容を扱っていると判断した。なお，シラバスの記載内容から授業内容を判断できない7科目については，対象から除外した。

集計結果を見ると（表5），全体としては第5章「空間データの視覚的伝達」に相当する内容を扱っている科目が75.6％と最も多い。次いで，第2章「空間データの取得と作成（58.0％）」，序章「地理情報科学概論（48.7％）」と続く。実施されている割合が低いのは，第1章「実世界のモデル化と形式化

(5.0%)」，第3章「空間データの変換と管理（9.2%）」である。

　教員養成系に限ってみると，第2章および第5章の内容に関しては半数以上の科目で扱われている。しかし，教員養成系以外では半数以上の科目が扱っている序章や第4章についてはさほど実施されておらず，約20ポイントかそれ以上の差がついている。特に第4章については40ポイントもの差がついており，差が大きい。

　このように教員養成系におけるGIS教育の内容に偏りが見られる一つの要因は，GIS教育に割くことのできる授業の回数が少ないことである。教員養成系におけるGIS教育を実施している授業科目のうち半期の科目について，GISに関連する内容を扱う平均回数[2]を計算すると，全体で4.2回となった（表6）。これは教員養成系以外の11.9回と比べると少ない。授業形式別に細かく見ると，特に講義形式の授業での差が目立つ。

　教員養成系においてGISに関連する授業の回数が少ない理由は，GISに特化した専門科目がほとんど設置されていないからである。教員養成系で半期15回全てをGIS教育としているのは，4科目のみであった。教員養成系に多い実習形式の授業では，地理学研究法・調査法というような科目名で，論文資料の収集やアンケート調査など地理学の調査研究を進める手法を紹介

表6　全国の地理系大学・学部におけるGIS教育実施科目に占めるGIS関連授業の平均回数

	講義	混合	実習	総計
教員養成系	1.9回 (10)	9.0回 (4)	4.5回 (21)	4.2回 (35)
その他	10.8回 (16)	13.2回 (20)	11.8回 (37)	11.9回 (73)
総計	7.3回 (26)	12.4回 (24)	9.0回 (58)	9.3回 (108)

注）半期の科目のみ。授業回数が不明の科目を除く。（　）内は科目数。
（著者作成）

する科目のうち，3〜4回をGISに割くことが多く見られる。地理情報科学の知識体系における第2章および第5章が扱われている授業は，インターネットから統計データをダウンロードして取得し，GISソフトを使って主題図を作製するといった実習が典型的である。また講義形式の授業においては，地理学概論といった授業の中で，1，2回程度GISについて触れる授業もある。

それに対して，教員養成系以外では，地理情報システムというような科目名で，半期15回全てをGIS教育としている科目が45科目と多い。このような科目では，講義と実習を組み合わせた混合形式の科目もしばしばみられる。

教員養成系におけるGIS教育では授業回数の制約があるため内容を精選せざるを得ず，データの取得と主題図の作製に絞って授業が実施されている傾向が明らかになった。

(4) **使用ソフト**

授業で使用するソフトについて，シラバスに記載があったものを集計した。使用するソフトについては，シラバスに記載がないものも多いため，本節の結果は大まかな傾向を示すにとどまるものである。

まず代表的なGISソフトであるArcGISについてみると，教員養成系に

表7　全国の地理系大学・学部におけるGIS教育実施科目のArcGIS記載有無

	記載あり	記載なし	総計
教員養成系	5 (11.1%)	40 (88.9%)	45 (100.0%)
その他	23 (28.4%)	58 (71.6%)	81 (100.0%)
総計	28 (22.2%)	98 (77.8%)	126 (100.0%)

(著者作成)

おいて ArcGIS を使用しているのは5科目（11.1%）であるのに対して，それ以外では23科目（28.4%）存在する（表7）。実際に学生がソフトを使用するのは実習形式の授業で多いため，さらに実習形式の授業に限って集計した。すると，教員養成系では3科目（10.3%）に対して，それ以外では15科目（38.5%）と30ポイント近くの差がついた。このような差がついた一つの要因としては，地理学教室の規模が考えられる。教員養成系の地理学教室は，多くの教室が2人程度の教員で構成されているため，ソフトウェアのライセンスやPCの管理など，メンテナンスにリソースを割くことが難しい。そのため，ライセンス管理に手間のかかる ArcGIS は導入が進んでいないとも考えられる。

それではフリーの GIS ソフトである MANDARA（谷2011）に関してはどうであろうか。MANDARA を使用している授業科目について集計すると，全体でも15科目[3]と ArcGIS に比べてさらに記載が少ない（表8）。教員養成系では4科目（8.9%），それ以外では11科目（13.6%）であった。MANDARA の使用に関しては，ArcGIS と比べて教員養成系とそれ以外の差が少ないことが特徴である。サンプル数が少ないため慎重な判断が必要であるが，教員養成系においては有料の ArcGIS よりも，無料で使える MANDARA の方が導入しやすいのかもしれない。

表8 全国の地理系大学・学部における GIS 教育実施科目の MANDARA 記載有無

	記載あり	記載なし	総計
教員養成系	4 (8.9%)	41 (91.1%)	45 (100.0%)
その他	11 (13.6%)	70 (86.4%)	81 (100.0%)
総計	15 (11.9%)	111 (88.1%)	126 (100.0%)

（著者作成）

学生が大学を卒業した後に初等・中等教育において GIS 教育を実践することを考えると，教員養成系における GIS 教育では無料で使える GIS ソフトを使うことが望ましいのではないだろうか。初等・中等教育の現場では ArcGIS がほとんど普及していないからである。この点で，無料で使える MANDARA の存在は非常に大きい。教員養成系の大学教育においては ArcGIS よりも MANDARA など無料の GIS ソフトを導入する方が，教育効果が上がるであろう[4]。

2.3. 小括

　2000年代前半にはほとんど実施されていなかった教員養成系大学・学部における GIS 教育は，現在過半数の大学・学部で実施されるようになっている。教員養成系以外と比べると，教員養成系では実習形式の授業に重点が置かれていることが特徴である。しかしながら，GIS 教育に割かれる授業回数が少なく，内容はデータの取得と主題図の作製に偏る傾向があった。使われるソフトウェアに関しては，有料の ArcGIS については一定の利用があるが，無料の MANDARA も使われていた。

　教員養成系大学・学部において GIS 教育の内容が偏る要因としては，授業回数が少ないという時間的な制約がある。一般に，教員養成系で地理学を学ぶ学生は社会科の専攻やコースに配属され，免許取得のために歴史や公民といった地理以外の科目も合わせて履修することになる。そのため地理に関連する科目数は，地理学を専門に学ぶ大学・学部と比べて少ない。この科目数の制約により，教員養成系では GIS に特化した専門科目が開講されることはまれである。このような状況下で GIS 教育を実施するには，地理学研究法や地理学概論といった科目の中で，一部の時間を割くことにならざるを得ない。そのため，GIS 教育に割り当てる時間が少なくなり，内容に偏りが生じるといえよう。

　時間的な制約の中で，データの取得と主題図の作製という内容が選択され

ていることにはどのような意味があるのだろうか。これは GIS ソフトの最も基本的な機能が地図を描くことであり，技能の習得という点から考えると，主題図の作製は必須事項であるからだろう。それでは，教科内容学で指摘されている思考力の育成という点から考えると，GIS ソフトを使った主題図の作製にはどのような意味があるのだろうか。次項で考えたい。

3．授業事例を通した分析

　本項では，前の項におけるシラバスの現状分析を受けて，筆者が実践した授業を事例として分析する。GIS ソフトを使って主題図を作製する課題に対する，学生のレポート内容を分析する。

3.1．授業の概要

　対象とする授業は，筆者が2015年度前期に上越教育大学で担当した学部科目の「実践セミナー「社会」」および，大学院科目の「実践場面分析演習「社会」」である。この授業は学部と大学院の相乗り科目であり，対象学年は，学部は 3 年生，大学院は修士課程 1 年生である。受講人数は学部生・大学院生の合計で35名であった。この授業は，歴史分野，地理分野，公民分野の各教員が分担して行う授業であり，当該年度の地理的分野の担当回数は90分× 4 コマ（週）であった。

　受講生の GIS ソフトに関する経験は，学部生については，学部 2 年時に GIS ソフト MANDARA の使い方を学ぶ実習授業を全員受講している。一方，大学院生については外部からの入学者が多くを占めることもあり，ほぼ全員が GIS ソフト未経験者である。そのため授業の最初の 1 コマを使って，学部生については復習をかねて，MANDARA の使用法や地理情報のダウンロードについて細かく解説した。

　その後，残りの 3 コマの時間を使って作業する，以下のようなレポートを課した。課題の内容は「ご自分の出身小学校周辺における，郵便局とスーパ

ーマーケットの分布図を MANDARA を使って作って下さい」というものであり，条件として，分布図の背景に道路のデータを使うことを指定している．さらに，「その上で，地図から読み取れることについて説明してください．また，なぜそのような分布になるのか考察してください」という，具体的な指示を出した．

3.2. レポートの内容

以下，少し長くなるが，2名のレポートを引用する．当時学部3年生であったA氏のレポートから見てみたい．

○地図から読み取れること
　この地図から読み取れるのは，まず，地図の半分から右の部分はスーパーが多

図1　栃木県鹿沼市立東小学校周辺のスーパーと郵便局の分布（A氏作成）

く分布していることが分かる。また，逆に左半分には，郵便局が多く分布していることが分かる。私の地元の小学校の周辺は坂下，坂上と呼ばれる地域があり，その名の通り，坂の上のことを坂上，坂の下のことを坂下と呼んでいた。地図でいうとヤオハンニュー東店あたりから右に行くと，坂が始まり，比較的坂上のほうが栄えていた。この地図から見ると，坂上のほうに比較的スーパーが集まっている印象を受ける。また，業務用スーパーやたいらや鹿沼店が面している通りが，坂上のメインストリートなのだが，その通り沿いにスーパーが比較的多いことが分かる。(中略)

　対して，郵便局の分布は坂下に多いことが分かる。この地図では坂上の地域のすべてを映し出していないのであるが，私が住んでいた際の記憶でも，坂下のほうが，郵便局が多かったと思う。坂下の郵便局は，1つ1つ比較的近場にあるのが分かる。一方，坂上の郵便局は，2つしかないがどちらもかなり離れた場所にあることが分かる。

○なぜ，このような分布になるのか

　まず，なぜ郵便局が坂下に多く，スーパーは坂上に多いのかという疑問である。坂上と坂下地域はそれぞれ特徴があり。坂下地域は昔栄えていた商店街や町が多く，市役所や大きな郵便局など町の主な役所が坂下にある。一方，坂上はごく最近栄えてきたという傾向があって，大きな店がどんどん出来上がっていったという特徴があると思われる。

　坂下の地域には町の主な役所があるといったが，坂下の地域は昔，栄えていて人口が坂上の地域よりも多かったと推測すると，その頃は郵便局の需要が坂上よりも坂下のほうがあったから，坂下に郵便局が多いのではないかと推測する。(中略)

　次になぜスーパーが坂上に多いのかである。1つに，先ほども述べたように坂上，坂下の栄えぐあいは坂上のほうが繁栄しているというのが要因であると考える。坂上の地域にはどんどん大きなスーパーや飲食店が増えていったのを考えると，今や坂下よりも坂上にスーパーの需要が集中し，このような分布になったと考えられる。また，業務用スーパーやたいらや鹿沼店がある通りは坂上のメインストリートといったが，この辺は晃望台と呼ばれ非常に栄えている地区である。この通り沿いにはスーパーだけでなく，本屋，電気屋，洋服を売っている店など多くの店が点在している。

　一方，坂下にはスーパーは少ないわけであるが，その要因はただ坂上よりも人口が少ないということだけでなく，ほかの要因があるのではないかと考えた。坂

下が坂上よりも栄えていたころには,スーパーというよりも地元の商店街が繁栄していたと考えると,スーパーが坂下に多くない理由になるのではないかと思った。

多少荒削りな部分はあるものの,地理的な概念を使って考察するという点では,可能性を感じるよいレポートである。坂下,坂上という地理的な等質地域区分概念を軸に考察が進められ,それぞれの地域の特徴が施設の立地と関わっていることが述べられている。坂下,坂上という,両地域の歴史的な背景に関心があるようである。

次に,当時大学院修士課程1年生であったB氏のレポートを引用する。

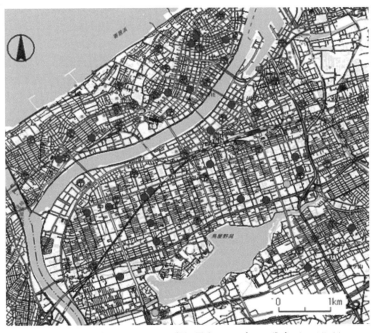

図2　新潟市中央区における郵便局とスーパーの分布（B氏作成）

46　第2章　空間系の社会科

図3　新潟市中央区の人口密度（B氏作成）

　対象地域を新潟市中央区とし，GISソフトであるMANDARAを使用し郵便局とスーパーマーケット（以下，スーパー）の分布図を作製した。郵政民営化を受け，民間企業となったとはいえ，まだまだ公共財としての色が強く残っている郵便局と，1970年代から発展を遂げ日本における食品小売企業の代表的な業態の一つとも言える食料品スーパーの店舗分布の比較を行い，それぞれの特徴を明らかにする。

　この図を見ると，郵便局は各地にばらばらに点在しており，特に古町・本町等の万代島に多くみられる。さらにスーパーの分布を見ると，その多くが主要幹線沿いに分布しているということまではわかるが，それだけではスーパーの立地の特性とは言えないだろう。そこで，図2の他に人口密度を町丁字別に表した図3を作成した。この二つの図を比較してみると，立地に傾向があることが見えてきた。

①郵便局の分布に関して

　まず，郵便局を見てみると，人口密度との関係性は二図を比較しても見えにくい。しかし，図3の人口密度ではなく，町丁字の数とは比例して分布しているように見受けられる。詳しく見てみると，信濃川左岸の古町地区のような町丁字が細分化されている地域には郵便局も多く分布している。しかし，逆に信濃川以南の一つひとつの町丁字の面積が広く区分けされているところでは，その町丁字の数に応じただけの郵便局の分布となっているように見てとれる。つまり，郵便局の分布は，町丁字の数に応じた分布となっているように考えられる。役所などはもちろん，小学校・警察署など公共機関の分布は，行政等が定めた地域，つまり政策的な意味合いを含めつつ配置されている。それと同じように，郵便局もいくら郵政が民営化したからといえども，その分布の特性には公共財的要素が残っており，企業間競争などの激しい利益重視のスーパー等の分布とは異なっていると考えられる。山根（1987）においても郵便区が相対的に規模の均等性と行政区画の整合性を保ちつつ立地していると指摘されていた。この行政区画との整合性という部分は郵便局の立地に関して大きな影響を持つと考える。

②スーパーの分布に関して

　それに対しスーパーは，先にも述べたように主要幹線沿い等の集客に重きを置いた立地となっている。加えて図3と比較すると，人口密度の高い地域に多くスーパーが分布していることが分かる。食料品スーパーの業態特性として商圏が移動時間10～15分以内と狭いために出店先として住宅地の近くが選ばれるため（安倉2004），このような特性から，比較的狭い商圏を持つスーパーは人口密度の高いところに分布する方が集客の効率も良く，今回の2枚の図の比較からも，スーパーが人口密度の高い地域で多く分布していることが分かる。

　これは先に述べた郵便局のような公共財としての分布とは性質が異なり，業種間・企業間競争の激しい小売業の店舗が有する立地特性であるといえる。それ故近い間隔の中に複数のスーパーが立地して集積している反面，集客力のない地域では全くスーパーが立地していないという立地分布になっている。

　しかし，狭い商圏の食品スーパーとは違い，ディスカウントストア（図2中の灰色）は，業態特性から比較的大きな商圏を有する。ゆえに図2からもみられるように，交通の便の良い郊外地域への立地も見られる。これはローコストオペレーションを重要視する小売業態の出店に際する企業戦略の一つなのだろう。

　今回郵便局とスーパーの分布を比較し，それぞれの立地特性を見ることができた。郵便局は公共財的な側面を持っており，建物は町丁字に応じた分布となって

いる．それに対し小売店舗等の競争のある企業の店舗，特に今回のスーパーのような最寄品を取扱う店舗は人口密度の高い地域へ多く立地しており，利益重視の立地戦略に基づく分布となっていた．

しかし，スーパーの立地は各企業の出店戦略や創業地等によりその分布が左右される．今回は郵便局との比較ということで人口密度の視点からのみの分析となったが，さらにスーパーの分布のみを取り出し分析する際には，企業ごとの出店傾向を取扱い商品の特性と合わせて検討することで詳細な分析を行うことができるだろう．また，今回は郵便局とスーパーという2つであったが，買回品・最寄品・サービス品を取扱う店舗や公共財的商品を扱う店舗それぞれの店舗の分布比較や，その他様々な業種の立地を調べてみることで，業種に応じた立地分布の仕方があると思う．これからも様々な業種の店舗の分布を分析・考察し，その特徴や地域的特性について明らかにしていきたい．

B氏は学部時代からGISソフトの使い方に慣れており，自分の論拠とする文献を引用するなど，完成度の高いレポートである．地理的に重要な概念である立地指向を中心として考察がされており，郵便局にみられる公共サービスとしての立地指向，スーパーにみられる効率的な立地指向を的確に指摘している．さらに，課題を出す際に特に指示はしていなかったが，人口密度の地図を作成し，地図の重ね合わせから考察を深めているところが特筆される．また，データの限界についても指摘しており，今後の学びにつなげようとする意図が感じられる．

3.3. レポート内容の考察

GISソフトを使って主題図を作製するレポートを課した結果，地域区分や立地といった地理的な概念を使った考察がみられた．さらに，A氏のレポートでは地域の歴史的な背景から考察が加えられていた．また，B氏のレポートでは，公正や効率といった，公民分野の価値に関わる概念が施設の立地を考察するときの背景にあることが分かる．

このように主題図を作製して考察することは，地理的な概念だけでなく，

歴史や公民分野の知識や概念も動員することにつながる可能性がある。教科内容学における議論を踏まえると，社会系各分野の知識や概念を総動員して思考することが，教員養成系の独自性として考えられる。したがって，主題図を作製するだけではなく，そこからさまざまな概念を動員して主題図を考察していくことが，教員養成系におけるGIS教育の一つの方向性としてあるのではないだろうか。

主題図について考察する際には，紙地図とは異なる，GISソフトの対話的な機能が果たす役割が大きい。たとえば，紙地図では縮尺が固定されており，任意の地域を拡大して見ることはできない。しかし，GISソフトでは任意の地域を拡大することができる。たとえばA氏のレポートにあった坂下地域のあたりを拡大すると，道路に面した間口が狭く奥行きが長い町家づくりの建物が並んでいることが分かる。このことから，この地域がかつて宿場町の中心であった歴史をもつことに思いあたるかもしれない。また，B氏のレポートのような，地図の重ね合わせが容易にできることも，紙地図にはないGISソフトの特徴である。場合によっては何枚もの地図を試行錯誤しながら重ね合わせることにより，主題となる事象の分布に関係性の強い別の事象を見いだすという作業ができるのである。

以上のような地図と対話的に関わる作業は，地理情報の可視化（visualization；視覚化とも言われる）と呼ばれている。地理情報の可視化とは，未知の情報を探究するために地図と対話的に関わる行為またはプロセスである（塩出2008），と定義されている。GISソフトは単に主題図を作るだけのツールではなく，主題図を対話的に操作することによって，より深い考察を支援することができると思われる。

4．むすび

教員養成系大学・学部におけるGIS教育では，技能としてのGISソフトの使い方を教えるだけではなく，社会系各分野の概念を総合的に使った思考

をすることが求められよう。そのために，主題図の作製とその読み取り・考察という課題は適している。主題図の読み取り・考察をする際には，可視化という対話的な地図の操作をすることにより，概念を使った思考を支援できよう。そこに紙地図ではなく，GIS ソフトを学校教育で使うことの特長がある。

　このねらいを達成するには，言うまでもなく，どのような主題図を作製するかという，課題の設定に慎重にあらねばならない。本節で扱った筆者の課題設定には，主題の選定や指示に関してまだまだ改善の余地がある。特に地図の重ね合わせに関しては，考察を深める重要な操作であるため，何らかの指示を出した方が，地図の対話的な操作を促すという点ではよかったかもしれない。今後の課題としたい。

注

1）シラバスでは，各科目について必修，選択必修，選択などの区分が記載されていないことが多く，この点についての検討は本章ではできなかった。
2）各科目15回の授業回数のうち，GIS に関連する内容を扱う回数を記録して，教員養成系の35科目について平均を計算した。
3）同じく無料で使える GIS ソフトである QGIS の記載は，教員養成系とそれ以外を合わせた全体で4科目であった。
4）谷（2016）は，初等・中等教育の現場においてはソフトウェアのインストールが難しいことなどから，WebGIS の活用を提案している。

参考文献

浅見泰司・矢野桂司・貞広幸雄・湯田ミノリ編（2015）:『地理情報科学－GIS スタンダード』古今書院．

佐々木　緑・小口　高・貞広幸雄・岡部篤行（2008）: 日本の大学における GIS 教育の調査：地理学関係学科・専攻の事例．GIS－理論と応用，16，pp. 43-48．

貞広幸雄・太田守重・佐藤英人・奥貫圭一・森田　喬・高阪宏行編（2012）: 地理情報科学の知識体系2012年6月版．http://curricula.csis.u-tokyo.ac.jp/（最終閲覧日：2015年4月25日）

佐藤崇徳（2014）: 地理教育における GIS の意義と活用のあり方．新地理，62，pp. 1-

16。

塩出徳成（2008）：ビジュアライゼーション．村山祐司・柴崎亮介編（2008）：『GISの理論』朝倉書店，pp.102-121．

志村 喬・茨木智志・中平一義（2017）：社会科教育における「思考力」の捉え方－国立教育政策研究所研究報告書「21世紀型能力」を緒に－．上越教育大学研究紀要，36，pp.489-503．

下里俊行（2017）：社会科の教科内容構成の体系化－多元的実在論と価値論に立脚して－．日本教科内容学会誌，3，pp.3-20．

竹村信治（2015）：教科内容学の構築．日本教科内容学会誌，1，pp.3-13．

谷 謙二（2005）：教育現場におけるGIS活用の現状と課題．学校の経営，37，pp.89-95．

谷 謙二（2011）：『フリーGISソフトMANDARAパーフェクトマスター』古今書院．

谷 謙二（2016）：地理教育におけるGISの活用．統計，67(12)，pp.27-32．

日本学術会議地域研究委員会・地球惑星科学委員会合同地理教育分科会（2014）：地理教育におけるオープンデータの利活用と地図力／GIS技能の育成－地域の課題を分析し地域づくりに参画する人材育成－．
http://www.scj.go.jp/ja/info/kohyo/pdf/kohyo-22-t199-3.pdf（最終閲覧日：2017年10月7日）

野間晴雄・香川貴志・土平 博・河角龍典・小原丈明（2012）：『ジオ・パルNEO－地理学・地域調査便利帖』海青社，pp.27-30．

長谷川 均（2002）：国士舘大学地理学教室におけるGIS教育について．国士舘大学文学部人文学会紀要，35，pp.73-88．

南埜 猛（2003）：わが国の学校教育におけるGIS活用の現状と課題．地理科学，58，pp.268-281．

安倉良二（2004）：食料品スーパーの成長と再編成．荒井良雄・箸本健二編（2004）：『日本の流通と都市空間』古今書院，pp.133-154．

矢部直人・橋本暁子（2016）：教員養成系大学・学部におけるシラバスからみたGIS教育の現状．教育実践学論集，17，pp.213-218．

山根 拓（1987）：広島県における郵便局の立地展開．人文地理，38，pp.1-24．

付記：レポートの転載を快諾していただいたA氏，B氏にはこの場を借りてお礼を述べたい．なお，本節第1，2項は矢部・橋本（2016）を加筆・修正したものである．本研究はJSPS科研費26285199の助成を受けた。

第2節
防災教育における地理教育の役割

山縣　耕太郎

1. はじめに

　2011年に発生した東日本大震災では，それまでの想定を上回る大規模な地震が発生し，甚大な被害を生じた。津波常襲地域であった三陸沿岸地域には，将来の津波に備えて大規模な防潮堤が造られていた。しかし，東北地方太平洋沖地震によって発生した津波は，それを易々と乗り越え，大きな被害をもたらしている。この震災を経て，自然災害による被害を完全に封じ込めることの限界が認識された。東日本大震災復興構想会議による復興への提言においては，被害を完全に封じるのではなく，被害の最小化を主眼とする「減災」の重要性が強調されている（東日本大震災復興構想会議，2011）。提言の中では，防潮堤の整備などのハード対策ばかりではなく，ソフト対策としての防災教育を重層的に組み合わせていくことの必要性について言及されている。

　平成7年に発生した阪神・淡路大震災以降，防災教育の重要性は見直され，平成20年の小・中学校，平成21年の高等学校及び特別支援学校の学習指導要領の改訂おいて，その総則に防災教育を含む安全に関する指導について新たに規定されたほか，関連する各教科においても内容の充実が図られた（文部科学省，2013；桜井，2013）。さらに東日本大震災を経て，その重要性はさらに高まっている。

　災害対策においては，地域の災害を想定することが前提となる。それぞれの地域で起こる災害を正しく想定するためには，過去の災害履歴を踏まえた科学的な検討が必要である。こうした科学的な検討プロセスの理解を除いて想定の結果だけを覚えただけでは，いざというときに臨機応変に柔軟な対応

を行うことは望めない。防災教育においても生徒一人一人が災害を理解し，それぞれが災害にどのように対応するかを考えるためには，科学的なデータと客観的な社会認識に基づく防災教育が必要である（鈴木，1997）。

　また，防災対策の上で重要なのは，災害の地域性の理解である。災害は，地域の自然条件のみならず，人間生活に関わる地域的特性とも深く関連している（大矢，1994）。それぞれの災害は，地域に存在する様々な自然的特性および人文・社会的特性の要素が結びつき，複雑なシステムを構成する（山縣，2005）。地域に即した防災対策を行うためにも，こうした災害に関わる地域の自然－人間システムを理解する必要がある。これは，きわめて地理学的な課題である。

　さらに防災対策上，地形発達と人為的な土地開発を含めた広義の土地の歴史を認識しておくことは重要であり，その作業において地理学の果たす役割は大きい（内田，2005）。各地域の過去の災害履歴については，東日本大震災の反省から，より長いタイムスケールで吟味する必要が指摘されている（鈴木，2012）。

　このように防災において重要となる知識・理解の内容として，1）人と自然のかかわりとしての災害の科学的な理解，2）地域の特徴としての災害の理解，3）災害の歴史性の認識の3つをあげることができる。とくにこれらの内容を学習する上で社会科，とくに地理の役割は大きい。本稿ではそれぞれの知識・理解の重要性について地理学の立場から検討する。

2．防災教育における自然地理学の位置づけ

　地理学は，地球上の自然的，人間的な特徴および両者の相互関係を学ぶ学問である。一般的に地理学は，大きく自然地理学と人文地理学の二分野にわけられる。自然地理学は，地球の自然的な特徴を学ぶ分野であり，人文地理学は，地球上における（地域的な）人間活動および文化の特徴を学ぶ分野とされている。しかし，実際には両者は独立に存在しているわけではなく，地

球上の多くの地理的な事象は，自然と人間との相互作用によってつくられたものである。

　また，自然は，人間生活の基盤であり，人間社会は自然に支えられているとともに自然から様々な影響を受ける。人間社会は，自然環境システムの中に含まれる一つのパーツと見做すことができるであろう。したがって人間社会を理解するための基礎として，自然についての理解も必要となってくる。

　当然，学校教育においても自然と人間の関係は重要な内容となってくる。荒木ほか（2006）は，小学校で習う地理的内容を，1）自分の暮らしている場所について知る，2）私達の暮らしている世界の広がりと多様性について認識を深める，3）人間と自然環境の関係について認識を深める，の三つに整理した。1つ目と2つ目の柱である自分の暮らしている場所と世界についても，それぞれ自然的な特徴が含まれているとともに，3つ目の柱として人間と自然環境の関係について認識を深めることがあげられている。

　先述したように地理学は，その中に自然地理学と人文地理学というそれぞれ自然と人間に関わる分野を併せ持っている。そのため，自然と人間との関わりにある事象に対して，他の学問分野とは異なる視点を持っていると考えることが出来る（図1）。例えば，自然現象の大きな変化に人間社会が対応できなかった場合に生じる災害については，様々な学問分野からの取り組みが行われる。このとき，地震学や火山学，地質学などの自然科学は，自然現象として災害を捉えている場合が多いのに対して，社会学や歴史学，経済学などの社会科学は，社会現象として災害を捉える。これに対して，自身の中に自然と人文の両分野を抱える地理学は，両者を俯瞰して両者の関係をバランスよく捉えることができる独自の視点を持っていると考えることができる。この点に地理教育において災害を取り扱う大きな意義があると考える。

　防災教育は，その内容とアプローチの仕方から，防災実践教育，防災訓練および防災基礎教育の3つに分けることができる。それぞれの役割は，防災実践教育が災害発生時の対応に関わるノウハウを学び，防災訓練が実際にそ

第 2 節　防災教育における地理教育の役割　55

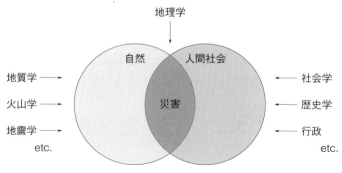

図1　災害に対する諸科学の視点

れを体験して身につけることであるのに対して，防災基礎教育は災害に関わる知識を身につけ災害のメカニズムや特性を理解することにある。この中で防災基礎教育が必要な理由は，災害のメカニズムや特性に関する知識を身につけて，それを科学的に理解することによって，災害に対する対策や災害時の対応の理由を理解するとともに，災害に対する想像力，判断力を培うことにあると考える。

2007年に出された日本学術会議による提言においても，自然災害発生のメカニズムに関する基礎知識を獲得し，異常現象を判断する理解力及び災害を予測する能力を養うために防災基礎教育の充実を図る必要があることが主張されている（日本学術会議，2007）。地理教育は，このような防災基礎教育の中で重要な役割を果たす教科となるであろう。

3．地理から見た災害の科学的な理解の重要性

想定という言葉が，2011年に東日本大震災が発生したときに度々使われた。多くの場合，東日本大震災を引き起こした東北太平洋沖地震の規模がそれまでの想定を超えていて，想定外の被害が生じた場合に使われた。特に福島原子力発電所における事故の説明で使われることが多かった。

岩手県宮古市の田老地区には，日本一の防潮堤が存在していた。しかし，

東北太平洋沖地震で発生した津波を防ぐことが出来ず，大きな被害を生じた。防潮堤は，将来襲来する津波の波高を想定して建設されていたはずであるから，これは，確かに想定外の出来事であったといえる。

　こうした事態を引き起こしたのは，東日本大震災を引き起こした東北地方太平洋沖地震の規模が，想定の規模を超えていたからである。東北地方太平洋沖地震は，太平洋プレートが北アメリカプレートの下にもぐりこむ日本海溝において発生した。従来，日本海溝で発生する海溝型の地震は，幅100～200キロメートルの領域ごとに発生するものと考えられていた（佐竹・堀，2012）。そのため，想定されていた地震の規模はM7～8程度であった。しかし，東北地方太平洋沖地震では，日本海溝沿いの領域のほとんど全ての領域が同時に動いてMw9.0の極めて大規模な地震を発生させた。これは，多くの地震学者などの科学者にとって想定外の事態であったと思われる。

　しかし，一部の地質学者は，仙台平野などの沖積低地における堆積物の調査によって，想定されていた津波の侵入範囲よりも大幅に内陸の沖積層中に津波の堆積物と考えられる砂層を認めていた（宍倉ほか，2010）。その年代は，約千年前と見積もられ，この津波堆積物は，平安時代の多賀城の柵において被害記録のある貞観11（869）年に発生した貞観地震に対応するものと推定された。すなわち，約1,100年前の貞観地震のときにも，東北地方太平洋沖地震と同様の規模の津波が発生していたことが明らかになりつつあった。しかし，2011年の段階ではまだ検討段階で，必ずしも学界の共通認識にはなっておらず，残念ながら行政による災害対策に反映される段階にはいたっていなかった。

　また，想定外が明確に現れたのが，津波ハザードマップであった。過去に度々津波被害にあってきた東北太平洋沿岸地域では，東日本大震災以前に自治体によって津波ハザードマップが作成されていた。しかし，仙台平野や石巻平野における東北地方太平洋沖地震による津波の浸水範囲は，こうした津波ハザードマップの予想浸水範囲を大幅に超えた（図2）。震災前のハザー

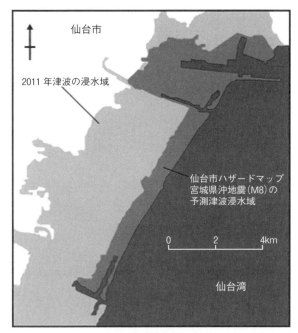

図2　仙台平野における東日本大震災前に作成されていたハザードマップの予測津波浸水域と2011年津波の浸水域

（中央防災会議，2011をもとに作成）

ドマップにおける予想浸水範囲の外に居住していた人の中には，地震が発生した時点で自分が浸水予想範囲より外にいることから避難する必要はないと判断して，その結果被害にあった人もいたかもしれない。このため震災後，ハザードマップの功罪について議論が起こった。

　このように東日本大震災では，様々な内容，程度で想定外が生じた。こうした想定外が，混乱と不信を招いた部分が大きい。そのため，この震災を契機に，「想定」することの意味と重要性が議論されることになった。そして教育現場においても災害を想定することの必要性が問われた。

　宮城県石巻市の大川小学校は，児童108名中74名，教職員11名中10名の命

が失われ,東日本大震災において最も大きな人的被害が生じた学校である(瀬尾,2014)。このような大きな被害が生じた要因については,現在も検証が続けられている。

大川小学校は,震災前に作成されていたハザードマップでは予想浸水地域外にあり,避難所にも指定されていた(図3)。したがって教員は,震災以前の段階で,小学校が津波に襲われることを想定することができていなかったことが予想される。そのためか震災以前に避難時の行動が十分に検討され

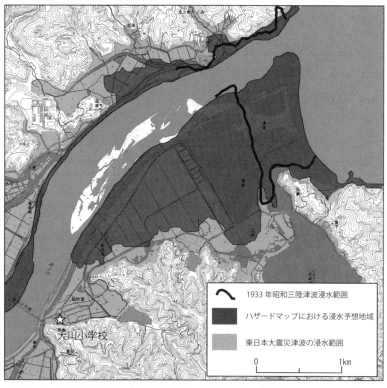

図3　北上川河口付近における東日本大震災以前に作成されていたハザードマップの津波浸水予想地域と2011年津波の浸水範囲
(原口・岩松(2011)および石巻市(2009)をもとに作成;基図として国土地理院の地理院地図を使用)

ていなかったようである。そして地震発生時に，地震の状況を踏まえて想像力を働かせ，適切な判断をすることができなかった。

　一方，岩手県釜石市では，群馬大学の片田敏孝教授の指導によって，「津波てんでんこ」すなわち地震が発生した時には各自が瞬時に判断し，家族のことを気にせず，てんでばらばらに自らの命をまもるためにすぐに避難行動をとるようにせよという，三陸地方に伝わる災害時の知恵を身につける防災教育が行われていた（森本・土屋，2017）。このため，石巻東中学校では地震発生後，生徒たちは自主的に避難行動を開始し，それに倣って非難を行った保育園や小学校の子供たちとともに津波の被害を免れた。この事例は，釜石の奇跡とも呼ばれている。

　釜石東中学校も，震災以前に造られたハザードマップでは予想浸水地域の外にあった（図4）。しかし，地震の発生状況から生徒たちは，この地震が尋常ではないと感じ取り，想定以上の避難行動をとったものと考えられる。このように実際の状況から想像力を働かせ，臨機応変に行動する能力をいかに身につけるかが防災教育の大きな課題である。

　そもそも想定とはどのようにつくられるのか。想定のもとになるのは，その地域で過去に起こった災害の事例である。しかし，人間の記憶が失われていくのと同じように，災害に関わる記憶や痕跡も時間とともに失われていく。その抜け落ちた部分を補完するのが科学的な検討である。災害発生のメカニズムやプロセスを科学的に分析し，他地域との比較などから災害発生の頻度やパターンを推測し，抜け落ちたデータを補完していく。このように，災害の想定においては災害事象に関する科学的な理解が基礎にある。

　しかし，科学にも限界があるので，必ずしも完全に過去のデータを補完できているとは限らない。したがって想定には常に不確実性が伴っている。想定を取り扱う際には，必ずこの想定の限界を認識する必要がある。

　こうした限界の中においても，正しい行動をするための判断力をいかに培うかが防災教育の大きな課題である。そのためには災害を引き起こす現象の

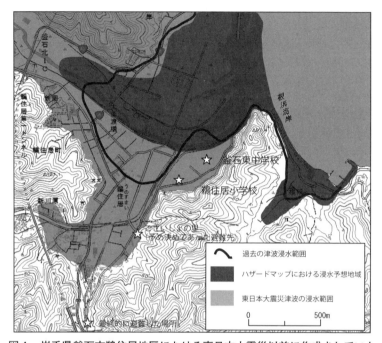

**図4　岩手県釜石市鵜住居地区における東日本大震災以前に作成されていた
ハザードマップの津波浸水予想地域と2011年津波の浸水範囲**
（原口・岩松（2011）および岩手県（2004）をもとに作成；基図として国土地理院の地理院地図を使用）

メカニズムに関する科学的な理解が必要であろう。なぜならば，災害発生時の行動に関するノウハウは，災害に関わる想定をもとにして作られていて，その想定は，地域の災害に関する科学的な認識に基づいているからである。実際の災害時の状況に合わせて想定を変容させて柔軟な対応を行うためには，災害を引き起こす自然現象に関する科学的な理解が必要であろう。

　防災実践教育や防災訓練などの実践的な防災教育も，当然必要である。しかし現状は，防災実践教育と防災訓練に偏重し，防災基礎教育が十分に行われていないように思われる。

4．地理から見た防災教育における地域理解の重要性

　大規模な災害は，同じ災害種でもそれぞれが独自の様相を呈する。例えば地震は，地下深くにおいて岩石が破壊された時の振動によって引き起こされる災害である。規模の違いはあっても，この点は，全ての地震災害に共通している。しかし，同じ振動による災害でも，1995年に神戸などの都市部を中心として大きな被害を生じた阪神淡路大震災と，2004年に中山間地を中心に被害を生じた中越地震災害では，大きく異なる特徴を示している。

　これは，地震が被害を引き起こす過程に地域の様々な条件が影響を及ぼしているからである（図5）。地震や火山噴火，豪雨など災害を引き起こす現象を誘因と呼び，誘因が被害を引き起こす過程に影響を及ぼす地域の諸条件を素因と呼ぶ。地域の諸条件と災害の特性との関係を，2004年に発生した中越地震を例に説明する。

　中越地震は，2004年に新潟県中越地域の東山丘陵南部を震源として発生した直下型の内陸地震である。地震の規模はM6.8で，最大震度は震度7を記録した。そのため死者68名，重軽傷者4,805名の人的被害と10万棟をこえる

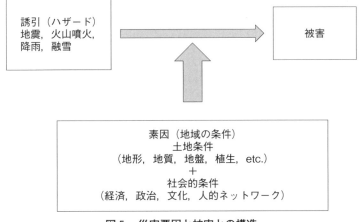

図5　災害要因と被害との構造

建物被害を生じた。また，ピーク時の避難者は10万人をこえた（消防庁，2009）。

こうした避難者に大きなストレスを与えたのは，本震が発生した後に続いた余震活動であった。本震発生後1ヶ月以上にわたって震度1以上の余震が毎日発生した。このため住宅被害を受けて避難所に避難した被災者の中には不安を覚え車の中で生活する人も多くいた。そうした人たちの中から車の中で窮屈な生活を続けた結果，エコノミークラス症候群によって亡くなる方が現れた。

また，中越地震被害の大きな特徴は，甚大な斜面災害が生じたことである。図6は，東山丘陵南部に発生した斜面災害の分布を示したものである。被災地域に発生した幅50m以上の崩壊は362箇所にものぼった。

斜面災害を発生させる引き金となる誘因としては，地震，大量の降雨，融雪，人為的な地形改変などがあげられる。中越地震の場合は，直下型地震の強い振動であった。一方，斜面災害における地域的な条件である素因としては，その地域の地形，地質，水文環境，植生，土地利用などがあげられる。

中越地域では，フォッサマグナの中に堆積した第三紀の堆積物が，第四紀に急速に隆起して丘陵をつくっている。そのため，地質の年代は比較的新しく十分に固結していないため軟弱である。そうした地層が急速に隆起するのに伴って浸食された丘陵の地形は，急峻で起伏に富んでいる。また，不運なことに地震発生の3日前に台風23号が襲来し大量の降水を中越地域にもたらした。

被災地域の大部分は，丘陵地によって占められている。丘陵地では，平坦地が少ないため，斜面に棚田をつくって稲作がおこなわれてきた。錦鯉の生産で有名な旧山古志村や小千谷市では，斜面に多数の養鯉池がつくられている。こうした棚田や養鯉池は，地域の重要な生産基盤となってきた。そして棚田や養鯉池は，丘陵の地形を人為的に改変してつくられていて，今回の地震で大きな被害を受けた（写真1-a, b）。また丘陵地では，多くの集落や農地

第 2 節　防災教育における地理教育の役割　63

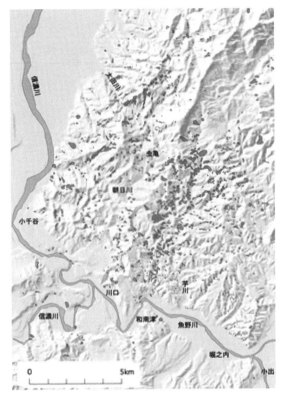

図 6　東山丘陵南部における斜面崩壊の分布
（国土地理院（2011）「新潟県中越地震災害状況図」より作成）

が，地滑りのつくった緩斜面を利用してつくられているため，丘陵の中に小規模な集落が点在して分布している。このため，地震時には，61の集落が孤立した。

中越地震において直下型の強振動は，多くの建物被害を生じた。しかしながら大きな震度が記録された割には，建築物の被害率は小さかったとされる（早野，2006）。その理由として，多雪地域である中越地域においては豪雪に備えて家のつくりが堅牢であったことがあげられている。

また，被災地周辺は，新潟県の中でも積雪量の多い地域である。市町村別

a b

写真1　中越地震時に発生した斜面崩壊

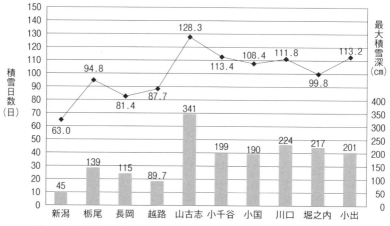

図7　中越地域の積雪環境（地域名は平成22年合併前の自治体名）
（新潟県降雪及び気温観測30年報（新潟県地域政策課，1999）より作成）

の積雪データ（図7）を見ると，最大積雪深については，旧長岡市では1m前後であるが，南部では2m以上，旧山古志村では3mを超える。積雪日数についても，全域で80日を超え，旧山古志村では128日と，一年の3分の1以上の期間を雪に覆われていることになる。このため，どうしても復旧・復興の作業が遅れてしまう。震災の年の冬は，19年ぶりの豪雪になった。その

第 2 節　防災教育における地理教育の役割　65

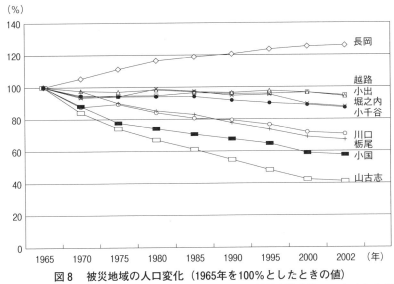

図 8　被災地域の人口変化（1965年を100％としたときの値）
（平成22年合併前の自治体について第114回新潟県統計年鑑（新潟県統計課, 2002）より作成）

ため，地震時には半壊程度であった建物が倒壊してしまう被害が生じた。また，中越地域の多くの市町村において除雪費が底をつき，国からの援助をうけるという事態になった。

　中越地域の大部分を占める中山間地，豪雪地帯という不利な地域において生じている人文・社会的な現象が，人口減少と高齢化である。最近40年間において，この地域で人口が増えているのは旧長岡市の地域だけで，ほかはみな減少している（図8）。特に中山間地の減少率はおおきく，山古志村では，最近40年間で人口が半分以下になっている。

　高齢化についても事態は深刻で，被災地の中山間地は，新潟県や全国の平均値より大幅に高い老年人口比率を示している。特に旧山古志村の地区は34.6％という高い値であった。こうした状況の中でおこった中越地震では，死者68名のうち高齢者の占める割合が66％になった。また，人口が減少し，高齢化がすすんだ地域では，復興過程にも様々な問題が生じた。震災後，被

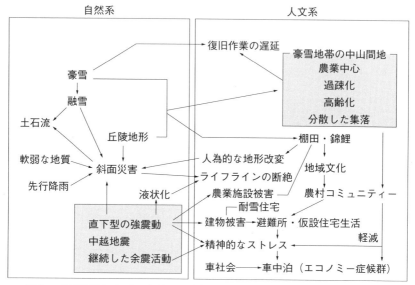

図9　中越地域における自然・人文特性と中越地震との関係（山縣，2005）

災地の中山間地において人口減少，高齢化がさらに進行している。

　豪雪地帯の中山間地における重要な人文・社会的特性として，コミュニティーの結びつきが強いということがあげられるであろう。豪雪地で，都市から離れ，集落が分散し，かつ人口減少や高齢化が進んでいる地域では，農村のコミュニティーによって，冠婚葬祭や農作業，雪対策において助け合いがおこなわれ，密接な関係がつくられていると考えられる。実際に，コミュニティーメンバーの状況がお互いによく把握されていたため，地震時の避難がスムーズにおこなわれたり，避難後の精神的ストレスが，コミュニティー内の助け合いで緩和されたりということがあったようである。また，いったん別のところへ避難した人達が，そこでの生活に耐えられず，隣近所の人がいる仮設住宅に改めて入居を希望したという例も多かったという。

　図9には，これまでに示した中越地震被災地域における自然的特性および人文・社会的特性と中越地震の関係をまとめた。中越地震の特徴は，強い揺

れと長期間継続した余震活動，それによって引き起こされた甚大な斜面災害や建物被害であった。甚大な斜面災害の発生に影響を及ぼしたのは，丘陵の不安定な地形，軟弱な地質，先行する降雨などの地域的な自然条件である。このような中越地域の自然的な特性は，地震発生以前から人々の生活と強く結びついてきた。特に急峻で不安定な丘陵地形と，多雪という気候環境は，中越地域の重要な自然的特徴として，農業中心の産業構造や，人口減少・高齢化がすすむ人口動態など，地域の人文・社会的な特徴に影響を及ぼしている。そして，こうした人文・社会的な特徴も，中越地震と結びつき被害の特徴を造り出した。

　このように地域に存在する様々な要素が地震と結びつき，中越地震災害という複雑なシステムを構成していると見ることができる。この関係をよく理解するためには，自然と人文・社会の両方を俯瞰して見ることの出来る地理的な視点が重要となるであろう。また，こうした関係の理解は，今後の中越地域における復旧・復興過程においても有効であろう。さらには，他の地域において災害対策を立てる上でも参考になるのではないだろうか。

　防災教育においても，地域の災害を理解するためには，災害と地域特性の関係を理解することが重要である。学校が位置する地域の災害に関わる誘因と素因の関係を整理し，その地域の災害史を把握することは，それぞれの学校の置かれている状況や地域的な条件に合わせて防災計画を組み直す「学校防災の自校化」において必須の作業である（村山，2016）。その役割の多くは，地域を対象とする地理教育が担うべきであろう。一方で，こうした複雑な地域の災害に関わる自然と人間との関係を理解することには，困難が伴う。したがって専門家による協力が必要な場合もあるだろう。大学研究者などの専門家と学校との協力体制が作られることが望まれる。

5．地理から見た防災教育における災害の歴史性認識の重要性

　災害は，地域という空間的な広がりの中における自然と人間との相互作用

の中で生じる現象であるとともに，時間軸に沿った歴史性を持っている。先に述べたように，災害に関わる想定は，過去の災害事例をもとに構築される。したがって，地域の災害を理解するためには，その地域における災害に関わる自然と人間の歴史的な関係を理解する必要がある。ここでは，高田城下町における水害の歴史を事例に，災害の歴史性を認識する重要性を考えたい。

関川は，新潟県西部に位置し，上越市，妙高市を中心に4市1町にまたがる $1,140km^2$ の流域を持つ1級河川である。その流れは，活火山である新潟焼山（標高2,400m）に発し，妙高山の東麓，高田平野を経て，日本海へ至る約64kmの長さを持つ。標高2,000m前後の源流山地と河口との距離が近接しているため，河床勾配が大きい急流河川となっている。そのため過去，多くの水害が発生し，荒川とも呼ばれてきた。

慶長15（1610）年，徳川家康の六男である松平忠輝は，この関川の河口付近に位置する福島城にいったん入城する。しかし，たった4年で高田に城を移す。この時期は，関ヶ原の戦い（1600年）から大阪夏の陣（1615年）にいたる緊張した時代であった。このような状況の中で忠輝は，加賀前田家に対する東の抑えとしての役割を担っていたと考えられる。したがって，高田に城を移したのも防衛上の理由を優先させたからであろう。

高田に城を移したのは，高田の地形的な条件が，城の守りを固めるのに適していたからだと推察される。高田城は，関川が土砂を堆積して形成した高田平野の中央，関川に沿う氾濫原に位置する。高田平野は，最近1万年間に形成された沖積面の占める割合が大きく，極めて平坦な平野である。しかし，詳しく見てみると，平らに見える高田城下町にも，微妙な地形の凸凹があることに気がつく。こうした凸凹は，川が浸食や堆積をして造ったものである。

高田城下町周辺の地形は，山地丘陵と最終間氷期に形成された中位段丘，完新世に形成された低位段丘，および氾濫原平野に区分される（図10）。氾濫原平野には，さらに自然堤防や旧流路などの微地形が発達している。その中で高田城は，低位段丘と氾濫原が接しているところに位置している。また，

第2節　防災教育における地理教育の役割　69

凡例
山地・丘陵
中位段丘
低位段丘
自然堤防
旧流路
氾濫原
人工改変地

図10　高田城下町周辺の地形分類図

　高田城下町付近には，矢代川，櫛池川，青田川，儀明川などの支流が集まってきて関川に合流する。この付近の氾濫原には，多くの旧流路が認められ，かつて関川が，大きく蛇行していたことがわかる。

　高田城は，こうした自然的な地形条件に，さらに人為的な改変を加えて，守りが固められている。図11には，高田城が築城される前の河川流路と築城時に開削された流路を推定して示した。大きく蛇行していた関川や矢代川の流路が大きく変更され，城下町の周辺に新たな流路が開削されたことがわかる。

　まず関川本流は，大きく蛇行していた部分をAの部分でショートカットして蛇行部分を閉め切り，高田城の外堀とした。さらにその北の蛇行部分も，Bの部分に新川を開削してショートカットしている。また，現在の本町と仲町の間をまっすぐに流れる儀明川の下流部は，人工的に開削されたものである。築城以前の儀明川は，現在の青田川下流部を流れていた。それが，Cの部分を閉ざされて，新たに開削された流路につなげられた。一方，青田川は，

70　第2章　空間系の社会科

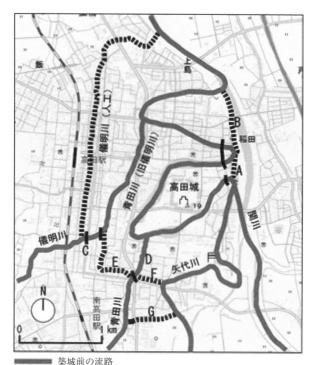

　　　　　築城前の流路
　••••••••••　築城時に開削した流路
　　　　　築城時に流路を塞いだ場所

図11　高田城築城前の河川流路と築城時に開削した流路

　築城前にはDの部分を通って北流し，築城時に外堀となった関川に流れ込んでいた。それが，新たにEの部分が開削され，かつての儀明川下流部に繋げられた。さらに青田川は，Fの部分とGの部分で新たに流路が開削され，矢代川に繋げられた。Fの部分は百間堀と呼ばれる堀として今も残っている。
　このような大規模な河川改修の結果，水量の多い関川が流れる東側を除いて，南，北，西の三方向は，四重の流路や堀で守られることになった。高田城が現在の位置に作られたのは，このように川を利用して防御を固めるのに適した場所であったからであろう。高田城の堅い守りは，扇状地帯から広い

氾濫原域に出てきた関川が，顕著な蛇行を示すようになる場所であり，東西から複数の支流が集まってくる位置だからこそ可能であったといえる。

　守りを固めるために高田に城を築いた結果，高田城下町は，二つのデメリットを引き受けることになった。一つは多雪であり，もう一つが水害である。高田平野は，日本海側に位置し，国内で最も積雪量が多い地域である。高田平野の中でも海岸から内陸に向かって積雪量は増えるので，福島城があった直江津よりも高田の方が積雪は多い。高田では過去に，3m77cmという積雪深の記録がある。

　また，高田城は，防衛のためにあえて水害の危険性が高い氾濫原に建てられた。このため高田城下町は，水害に悩まされることになる。しかし，築城後78年間は，洪水記録が見つかっていない（山縣，2014）。これは，築城時に関川の蛇行部分を直線化したことによって，この部分の河床勾配が急になり，その影響で河床が掘り下げられた結果，一時的に洪水が起こりにくくなったのではないかと考えられる。しかし，その後，元禄6（1693）年から元治元（1864）年までの171年間には，51回もの水害が起こっている。これは，平均して約3年に1回という高い頻度である。元禄期に洪水が増加したのは，城の周りの関川左岸側の土地を広げるために，流路を右岸側の蛇行していた旧流路に移した結果ではないかと考えられる。

　築城後間もない正保年間（1645-1648）の絵図を見ると，武家屋敷や町人町の分布は，全て低位段丘や自然堤防の上に限られている。当時の人たちは，氾濫原の危険性を十分認識していたものと考えられる。しかし，寛文5（1665）年以降につくられた松平光永時代の絵図を見ると，城下町が氾濫原にまで広がってきている。おそらく築城時から18世紀末までの78年間には，ほとんど洪水が発生しなかったことから，安心して氾濫原まで城下町を広げてしまったのであろう。しかし，その後の松平越中守時代（1700年代初め）の絵図では，この時期に増えた住家の描写がすべて消えている。おそらく，この間に起こった水害で壊滅的な被害が生じたのであろう。

明治時代に入り，西洋式の治水技術が導入され，関川では大正9年頃までに連続提が築かれた。しかし，それで水害の危険が無くなったわけではなく，大正時代以降も度々水害が発生している。その中でも昭和57年の洪水は，台風による大量の降雨で既往最大規模の激甚な水害となり，高田城下町も広く浸水した。この時の浸水範囲を見ると，やはり氾濫原部分が浸水し，わずかに高い自然堤防上に位置する場所は浸水を免れている。

　この水害の後，関川およびその堤防には，さらに改修が行われ，それ以降は高田地区が広く浸水するような水害は発生していない。そして現在，高田地区では氾濫原にまで住宅地が広がっている。江戸時代における水害の記憶は失われてしまったようである。しかし，気候が大きく変動しつつある現代にあって，災害が起こる可能性は否定できない。

　このように高田城下町における水害の歴史は，自然と人間の関係における歴史的な変遷を反映している。将来の地域における災害を想定するためにも地域の災害の歴史性を理解する必要がある。災害の歴史性については，地理ばかりではなく歴史分野での取り扱いや，地理と歴史との協同による取り扱いも可能であろう。

6．災害の科学的な理解と災害の地域性および歴史性を考慮した防災教育の実践

　ここまでに述べたように，防災教育における地理の役割として重要なのは，1) 人と自然のかかわりとしての災害の科学的な理解，2) 地域の特徴としての災害の理解，3) 災害の歴史性の認識である。そこで本章では，筆者が小学校において上記の3点について考慮して行っている出前授業の内容について紹介する。

　出前授業を実施した学校は，高田平野北部の関川河口近くに位置する。先に述べたように関川は，過去に多くの水害を引き起こしてきた。関川河口付近も過去に度々水害に襲われた地域である。出前授業を行った小学校のある

　　　　　　a　　　　　　　　　　　　b
写真2　地形模型の活用状況

地域も，平成7年に浸水被害があったところである。授業は小学校4年生を対象に4コマ構成で実践している。

　はじめの1コマ目では，上越地域で起こりうる災害について，過去の災害事例と地域の自然条件を踏まえて説明した。特に発生頻度の高い洪水については，なぜ上越地域で水害が発生しやすいのかについて説明することによって，上越地域の災害の地域性と歴史性についての認識を深めた。

　さらに地域の自然条件の説明の中では，高田平野周辺の立体地形模型（写真2-a）を活用した。模型の上に砂を盛り，じょうろで水をかけて砂を流し，侵食をあらわした。流れた砂は，少し掘り下げた平野の部分に集まる。ケースには穴を開けて海面相当の高さで水面の高さが一定に保たれるようにしてある。流れてきた砂は，この水面の高さに合わせて堆積して，平坦な平野が形成される（写真2-b）。

　小学生なので，災害現象の科学的なメカニズムの論理的な理解は難しいであろう。しかし児童たちは，この模型実験を通して平野が洪水の繰り返しによって形成された地形であり，その上で生活する限り水害のリスクと付き合っていかなければならないことを感覚的に理解していく。この理解が，この後に続く地域のフィールドワークによる実際の地形や危険箇所の確認，フィ

ールドワークの成果をまとめた防災マップの作成過程を支えるものとなった。

　2コマ目と3コマ目は，連続でフィールドワークを行った。学校から関川までを往復するルートの中で，過去の浸水深の表示や水害時に危険なところ，避難できるところを確認していった。さらにいくつかの地点で，住民の方から平成7年の水害時の状況に関わるお話をうかがった。

　この部分は，災害の地域性と歴史性を実際に現場で確認することによって，より現実的に認識することを目指している。さらには，3コマ目の防災実践教育的な内容の授業を行うために，野外で実際に危険な場所を確認しながら，どういう場所が危ないかを説明した。これをもとに，それぞれの生徒が通学路で同様の危険箇所と避難可能な場所を確認してくるという課題を出した。

　そして3コマ目には，課題として出した通学路上の危険箇所と避難可能場所をA0判の大きな地図の上に付箋紙でマークして，オリジナルの防災マップを作成した。さらに上越市が作成している洪水ハザードマップと浸水実績図を透明シートに転写したものを重ね合わせ，水害の危険性がある地域を確認した。また，この時，ハザードマップで危険性が指摘されていない場所でも過去に浸水が生じていることを示し，想定の限界についても確認を行った。

7．おわりに

　2011年に発生した想定を超えた規模の東日本大震災を経て，自然災害による被害を完全に封じ込めることの限界が明らかになり，被害を最小化するためのソフト対策として防災教育の重要性が，改めて認識されている。防災・減災を実現するためには，災害についてよく知ることが重要である。災害に関する知識や情報は，様々な対象に，様々な方法で提供されている。その中でも学校教育は，広範にかつ系統的に知識や情報を提供できる場として極めて重要である。

　本稿では，防災・減災において重要となる知識・理解の内容として，1) 人と自然のかかわりとしての災害の科学的な理解，2) 地域の特徴としての

災害の理解，3) 災害の歴史性の認識をあげた．これらの知識・理解を本稿で示した実践例のように組み合わせて授業を構成することによって，より災害に対する理解が深まるものと考える．さらには，災害発生時の対応ばかりではなく，事前の防災対策や，災害後の復興をふまえた災害に強い地域づくりを含めた総合的な防災教育が地理教育において実施されることが期待される．

　防災・減災を実現するためには，災害そのものばかりではなく，その基礎となる自然環境の正しい理解が必要とされる．しかし，現在の学校教育における自然環境の取り扱いは，必ずしも十分なものとは言えない．特に地理教育においては，自然の取り扱いについて多くの問題点が指摘されているとともに，全体に占める自然的内容の比重が改訂のたびに減少してきているのが現状である．

　次期高等学校学習指導要領において「地理総合」が新設され，平成34(2022)年から地理の必修化が予定されている．その中では防災が主要な項目として取り上げられ，自然システムの知識と理解が重要視されている．この機会に，自然環境に関わる学習内容や課題を再検討することが望まれる．

引用文献

秋本弘章（1996）：高校地理教育の現状と課題．日本地理学会予稿集．49，48．
荒木一視・川田力・西岡尚也（2006）：小学生に教える「地理」—先生のための最低限ガイド—．ナカニシヤ出版．
石巻市（2009）：防災ガイド・ハザードマップ．石巻市．
岩手県（2004）：釜石市津波防災マップ．岩手県．
内田和子（2005）土地の歴史から見た災害の地域性．京都歴史災害研究．4，1-9．
大矢雅彦（1994）：防災と環境保全のための応用地理学．古今書院．
国土地理院（2004）：中越地震災害状況図「山古志」．国土地理院．
桜井愛子（2013）：わが国の防災教育に関する予備的考察 —災害リスクマネジメントの視点から—．国際協力論集，20，147-169．
佐竹健治・堀宗朗（2012）：東日本大震災の科学．東京大学出版会．

宍倉正展・澤井祐紀・行谷佑一（2010）：平安の人々が見た巨大津波を再現する―西暦869年貞観津波―。AFERC ニュース，16，1-10。
消防庁（2009）：平成16年（2004年）新潟県中越地震（確定報）。消防庁。
鈴木康弘（1997）：防災概念の変革期における地理学の役割。地理学評論 Ser. A，70-12，818-823。
鈴木康弘（2012）：災害予測に関する社会的要求水準と責任。学術の動向，17(8)，20-24。
瀬尾和大（2014）：津波と学校―東日本大震災時の津波避難行動から学んだこと―。宮城教育大学教育復興支援センター紀要，2，1-14。
中央防災会議（2011）：東北地方太平洋沖地震を教訓とした地震・津波対策に関する専門調査会報告　参考図表集。中央防災会議。
新潟県地域政策課（1999）：新潟県降雪及び気温観測30年報。新潟県。
新潟県統計課（2002）：第114回新潟県統計年鑑。新潟県。
日本学術会議（2007）：地球規模の自然災害の増大に対する安全・安心社会の構築。日本学術会議。
早野裕次郎（2006）：建築物の耐震設計に関する最新の動向。電気設備学会誌，26-4，244-247。
原口強・岩松暉（2011）：東日本大震災津波詳細地図上巻。古今書院。
東日本大震災復興構想会議（2011）：復興への提言～悲惨のなかの希望。東日本大震災復興構想会議。
村山良之（2016）：地理学から見た自然災害と防災教育。日本地理学会発表要旨集。
森本晋也，土屋直人（2017）：震災を生き抜いた子どもたちが学んだ津波の歴史と防災：地域に学ぶ教育実践の記録・釜石東中学校(1)。岩手大学大学院教育学研究科研究年報，1，95-113。
文部科学省（2013）：学校における防災教育，学校防災のための参考資料「生きる力」を育む防災教育の展開。文部科学省。
山縣耕太郎（2005）：中越地震と地域特性。地理，50(6)，36-47。
山縣耕太郎（2014）：河川を利用した高田城の堅い守り。浅倉有子編『ぶら高田』，北越出版。

第3節
地域的観点を育成する授業案

橋本　暁子

1. はじめに

　本稿は，地理学における地域的観点を整理したうえで，上越教育大学学校教育学部での授業例を紹介し，それらを踏まえて社会科教員養成とりわけ地誌学分野においてどのように地域的観点を身につけさせるかの一例を示すものである。

　「身近な地域の学習」など「地域」に関する学習内容は，小学校社会科をはじめ中等教育の「地理B」など多くの場面で扱われている。その際に，地域のしくみの理解や地域の見方といった「地域的観点」を踏まえた授業内容が求められる。平成20年版の中学校学習指導要領によれば，地理的分野の目標は以下の4点であり，(1)に地域的観点に相当する「地理的な見方や考え方」の文言が記されている。

(1)日本や世界の地理的事象に対する関心を高め，広い視野に立って我が国の国土及び世界の諸地域の地域的特色を考察し理解させ，地理的な見方や考え方の基礎を培い，我が国の国土及び世界の諸地域に関する地理的認識を養う。

(2)日本や世界の地域の諸事象を位置や空間的な広がりとのかかわりでとらえ，それを地域の規模に応じて環境条件や人間の営みなどと関連付けて考察し，地域的特色や地域の課題をとらえさせる。

(3)大小様々な地域から成り立っている日本や世界の諸地域を比較し関連付けて考察し，それらの地域は相互に関係し合っていることや各地域の特色には地方的特殊性と一般的共通性があること，また，それらは諸条件の変化などに伴って変容していることを理解させる。

(4)地域調査など具体的な活動を通して地理的事象に対する関心を高め，様々な資料を適切に選択，活用して地理的事象を多面的・多角的に考察し公正に判断するとともに適切に表現する能力や態度を育てる。

『平成20年版中学校学習指導要領解説　社会編（平成26年1月一部改訂）』によれば，目標(1)の地理的な見方や考え方を目標(2)，(3)を踏まえて整理すると以下の①から⑤のようになるという。

①どこに，どのようなものが，どのように広がっているのか，諸事象を位置や空間的な広がりとのかかわりでとらえ，地理的事象として見いだすこと。また，そうした地理的事象にはどのような空間的な規則性や傾向性がみられるのか，地理的事象を距離や空間的な配置に留意してとらえること。
②そうした地理的事象がなぜそこでそのようにみられるのか，また，なぜそのように分布したり移り変わったりするのか，地理的事象やその空間的な配置，秩序などを成り立たせている背景や要因を，地域という枠組みの中で，地域の環境条件や他地域との結び付きなどと人間の営みとのかかわりに着目して追究し，とらえること。
③そうした地理的事象は，そこでしかみられないのか，他の地域にもみられるのか，諸地域を比較し関連付けて，地域的特色を一般的共通性と地方的特殊性の視点から追究し，とらえること。
④そうした地理的事象がみられるところは，どのようなより大きな地域に属し含まれているのか，逆にどのようなより小さな地域から構成されているのか，大小様々な地域が部分と全体とを構成する関係で重層的になっていることを踏まえて地域的特色をとらえ，考えること。
⑤そのような地理的事象はその地域でいつごろからみられたのか，これから先もみられるのか，地域の変容をとらえ，地域の課題や将来像について考えること。
以上のような地理的な見方や考え方は，地理的分野の学習の全般を通じて培うものであり，系統性に留意して計画的に指導することが必要である。

①は地理的な見方の基本，②は地理的な考え方の基本，③から⑤はその地理的な考え方を構成する主要な柱であるという。2016年度に改訂，2021年度

から実施される中学校の新しい学習指導要領においても，「地理的な見方や考え方」については『平成20年版中学校学習指導要領解説　社会編』の趣旨を引き継ぐとされており，地域的観点（地理的な見方や考え方）の重要性がうかがえる。ここでの地理的な考え方を構成する主要な柱とは，いわゆる，一般性と特殊性，マルチスケール，全体・部分地域，地域の歴史的側面といった地域についての考え方を指すと思われるが，このような地理的な見方や考え方は複雑であり，専門的に地理学分野の研究活動に携わらないと教師自身が学習することは難しいと思われる。

　志村ほか（2017）は，国立教育政策研究所（2015）で提起された「21世紀を生き抜くための能力」の「基礎力」「思考力」「実践力」のうち，社会科教育における思考力について検討するなかで，それぞれの教科で育成すべき学力の鍵となるものとして概念的知識を挙げ，概念的知識をさらに実体的概念，構文的概念，規範的概念に整理した。例えば地理的分野では，「空間」，「場所」，「景観」，「地域」といった，地表面で展開する様々な地理的事象を読み解く視覚を実体的概念，「地域の多様性」「自然と人間社会の関係（環境関係）」「地域内の諸要素の相互作用」「地域間の相互作用」といった地理的分野特有の考え方を「構文概念」とし，「思考力」と強く連動して機能する概念であるとした。また，概念的知識は，事実的知識を下敷きに育成されるものであり，「思考力」は事実的知識と概念的知識をつなぐものであるという。社会科教員養成における地理的分野の「思考力」の育成のためには，具体的な事実から「地域」や「空間」といった概念的理解へと昇華できるような授業が望まれよう。

　そこで本稿では，「地域の見方・考え方」を社会科教育地理的分野の「思考力」の一つとし，将来社会科教員を目指す学生にどのように身につけさせるか，実践例をもとに検討する。「地域」を重視する理由は，「地域」が地理学の研究枠組を意味する重要な概念であるとともに，用語としては日常的に用いられ，かつ小学校社会科から高等学校地理に至るまで頻出する用語であ

るため，地理学の専門的な理解が求められるためである。

なお，本稿における地域的観点とは，地理学の研究枠組みでもある地域的なものの見方・考え方のことであり，学習指導要領がねらいとする地理的な見方・考え方のことでもある。

2. 地理学における地域的観点

地理学において「地域的なものの見方（地域的観点）」は，地理学の研究枠組みを意味するものとして重視されてきた。ただし，空間的観点や生態的観点という用語も地域的観点と同じような意味で，あるいは研究者によって使い分けられて用いられてきたため，手塚（1991）はハゲットの案を引用して以下のように整理した。

空間的観点：特定の属性あるいは事象について，空間的な位置や分布状況に着目する。例えば，人口の分布や所得の分布に着目して，それらの分布パターンを規定している要因を解明する。
生態的観点：人文現象や自然現象をさまざまな環境条件と関連づけて考察し，諸要素間の結びつきを明らかにする。この種の立場では，地域間の空間的差異よりも，むしろ，特定の限定された地域内部における諸要素間の関係が研究される。
地域的観点：空間的観点と生態的観点を組み合わせた考察の視点である。内的なまとまりに基づいて適切な地域単元が明らかにされるとともに，それらを相互に結びつけるさまざまな関係や流動が考察される。

ここでいう空間的観点と生態的観点は，それぞれ系統地理学と地誌学という伝統的な分類と内容に対応しており，地域的観点は空間的観点と生態的観点を組み合わせたものである。地理学においてはいずれも重要な観点であり，それぞれの観点が組み合わされて用いられる。そのため地域的観点は，上記

三つの観点を包含する意味として用いられることもある．このことは，系統地理学と地誌学が相互補完関係にあり，系統地理学と地誌学における地域的なものの見方を分けて論じることの矛盾を示している．これらの観点も相互補完的であり，地域内の諸要素の連関を通して，地域の個性的なまとまりが見出される関係にある．

3．社会科教員養成における地域的観点の育成

　本稿で対象とする授業例は，筆者が上越教育大学において行っている「地誌学概説」である．「地誌学概説」は，中学校教諭一種免許状（社会）および高等学校教諭一種免許状（地理歴史）の取得に必修科目として設定されているため，主に中高の社会科教員を目指す学生が履修する授業科目である．表1に「地誌学概説」の授業計画を示した．「地誌学概説」では，15回の講義を通して地域的観点の育成を行っている．「地誌学概説」の前半（第1～9

表1　「地誌学概説」の授業計画

回	内容
1	ガイダンス・地誌学とは
2	地図と地理学の歴史
3	地理学の歴史と地誌学
4	地域の概念
5	地域区分
6	等質地域と機能地域
7	地域構造
8	環境論と地誌学
9	グローバル化と地誌学
10	中間テスト
11	関東地方の地誌①成田山新勝寺門前町の変容
12	関東地方の地誌②成田市の畑作農業
13	関東地方の地誌③成田市の宿泊業
14	関東地方の地誌④成田市の物流機能
15	関東地方の地誌⑤まとめ―成田空港に着目して―

（著者作成）

回）において，地域的観点の概念的理解について，実例や地図，モデルをもとに説明し，後半（第11～15回）において，具体的な研究事例をもとに前半で養った地域的観点を理解させる内容となっている。第11回から第14回までの各回は，特定の地域における諸事象に関する研究事例であるため，先述した三つの観点のうち空間的観点に重点を置いた内容であるが，特定のローカルな地域における諸事象とそれらの関連を前時の内容と関連させながら説明するため，生態的観点も意図している。第15回においては，第11回から第14回までの特定地域における様々な事象を関連付け，地域の特徴や，他地域との結び付きについても触れることで，地域的観点についてまとめを行う。

　なお，「地誌学概説」の後半第11回から第15回で扱う地域は千葉県成田市である（図1）。成田市は，西部の印旛沼など利根川水系の低地部と東部の下総台地という地理的条件を背景に農業が営まれている。また，観光地でもある成田山新勝寺の門前と，JRおよび京成成田駅を中心として中心商店街が形成されている。さらに，成田国際空港（以下，成田空港）の開港は，運送業を中心とした流通業，空港利用者のための宿泊施設，空港関連産業従事者のための住宅供給など，様々な産業に影響を与えた。特定の地域を対象に様々な観点から分析した研究例を扱うことにより，地域を総合的に捉え，地域の特徴を導き出すのに適していると判断し，成田市を扱うこととした。「地誌学概説」では，成田山新勝寺門前町という中心商店街や，下総台地の一農村である十余三地区などの事例を通して，成田空港の開港が地域に与えた影響を見ていく。

① 事例1

　第11回「関東地方の地誌①成田山新勝寺門前町の変容」で扱うのは，近世以来の観光地である成田山新勝寺の表参道沿いの商店街（写真1）が，どのように変化したかを明らかにした研究事例（橋本・斎藤・亀川ほか2010）である。ここでのポイントは，成田山新勝寺表参道には複数の町（商店会組織）

第3節 地域的観点を育成する授業案 83

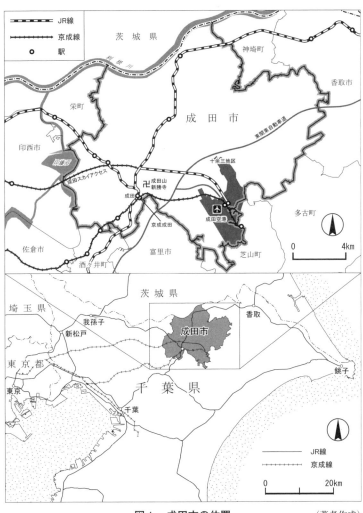

図1 成田市の位置 （著者作成）

写真1　成田山新勝寺表参道の景観
(2008年10月　著者撮影)

が存在すること，新勝寺や駅との位置関係によって各町が対象とする客層が異なることである。このことが新勝寺表参道の業種構成や景観にも表れていることに気付かせる。

　まず，千葉県内の市町村別入込客数を提示し，浦安市，千葉市に次いで成田市は3番目の観光客数であることを読み取らせる。そして，成田市の月別観光客数の図を提示し，年間1,500万人の観光客のうち約80％が成田山新勝寺を訪れた観光客数であること，1月だけで成田市に訪れる1年間の3分の1の観光客が訪れること，それは三が日の成田山新勝寺への参拝客であることを説明する。次いで，門前町の形成の経緯や，明治期から1950年代までの門前町の歴史について概略を説明する。そして成田山新勝寺，JRおよび京成成田駅の位置と，その間に位置する新勝寺表参道の各町（新勝寺側から仲町，上町，花崎町）の位置関係について地図を元に説明する。ここまでが対象地域に関する概要である。新勝寺は観光地であり，観光は履修学生にとって身

近なテーマであるので，時系列に沿って新勝寺表参道の変化を説明するのではなく，先に図から変化したことを読み取らせ，どのような理由で変化したのか，町ごとの違いは何であるのかを考えさせる。そこで提示するのは，1970年，1985年，1996年，2009年時点での新勝寺表参道における業種構成を示した図である。ここでは，①新勝寺に最も近い仲町は時期を経るごとに旅館が減少し代わりに飲食店が増加していること，全年代を通して仲町では土産物などの観光客向けの店舗が多いこと，②JRおよび京成成田駅に近い花崎町では時期を経るごとに飲食店や土産物店が夜間営業の居酒屋に変化していること，全年代を通して衣料品，生活雑貨，サービス業などの地元客向けの店舗が多いこと，③仲町と花崎町の間に位置する上町は，全年代を通して観光客向けの店舗と地元客向けの店舗が混在していること，なかでも地元客向けの店舗が減少していることに気付かせる。その後，なぜそのように変化したかについて外的要因と内的要因に分けて説明を行う。外的要因の1点目は，交通網の整備により日帰り客が増加し，宿泊客が減少したことである。2点目は，成田空港の開港により店舗の後継者が空港関連産業に就職したことである。後継者不足により店舗はテナントとして貸し出され，テナントでは観光客向けの飲食店や土産物店が営まれるようになった。3点目は，1980年代以降成田市内に大規模小売店舗が増加し，新勝寺表参道沿いの特に地元客向けの店舗が廃業に追いやられたことである。1点目については成田市における交通機関別来客数の推移の図，3点目については成田市における大規模小売店舗の開設年と売り場面積を示した図を提示しながら説明する。そして，最も店舗経営に打撃を受けたのは仲町と花崎町の間にある上町であることに気付かせる。表参道における景観整備事業の推移や主な街づくり事業の概要をまとめた表を提示しながら，危機感を抱いた上町の店舗経営者たちが補助金を得るためにまちづくり協議会を組織し，電線類の地中化，ファサード整備，セットバックに着手したことを説明する。上町に追随する形で仲町と花崎町でもそれぞれまちづくり協議会が組織されたが，写真を提示しなが

ら，各町のまちづくり事業の成果に違いがあることに気付かせる。各町の特徴は以下の通りである。上町は店舗の正面を白壁，和瓦，和風看板に整備し，さらに干支を模したベンチを設置するなど，観光客向けの商店街に転換した。花崎町は基本的には上町に倣った街づくりではあるが，地元客と観光客，さらにトランジットの外国人旅行者やフライトクルーが訪れるため，英語表記の看板を掲示したり，日本らしさを表現するため市川團十郎を描いた陶板のパネルを店舗正面に掲げたりするなどして上町との違いも演出した。仲町は門前町としての歴史が古いため，上町・花崎町とは一線を画し，昔からある歴史的な建造物を保存・修理するという理念で街づくりが行われ，セットバックやファサード整備は行わなかった。ここで履修学生に対し，新勝寺の表参道という一連の商店街であるのに，なぜ町ごとに街づくりの方針や成果が異なるのかと問いかける。そして町ごとのまとまりの強さと他の町に対する対抗意識の根底に，毎年7月に町ごとに威信をかけて山車をひき，お囃子や人形を競い合う祇園祭がある可能性を指摘する。最後に新勝寺表参道の業種構成の変化を内的要因と外的要因に分けて説明し，その中で成田空港開港が及ぼした影響にも触れ，第11回の授業内容のまとめとする。本研究事例は，観光地のホストは何が自分の観光地の魅力かを考え，観光地らしさを演出していること，町内の結び付きと町ごとの対抗意識が返って地域全体のまとまりを喪失させることを示した例である。

　どこからどのような観光客（参拝客を含む）が何を求めて新勝寺門前町を訪れるのかを把握するためには，「地域間の相互作用」という観点，なぜ新勝寺表参道の店舗の業種構成が変化したのか，なぜ町ごとに特徴があるのか，なぜ新勝寺表参道という一連の通りなのに連帯意識が薄いのかに気づき，理解するためには，「地域内の諸要素の相互作用」という観点からの理解が必要になる。また，新勝寺の門前と，JRおよび京成成田駅を中心に形成された中心商店街は地域固有のものであるが，成田の中心商店街の特徴は何か，他地域にも通じる中心商店街の一般的特徴は何かを考えさせることで，中心

商店街というものをより一般的な概念として理解することができる。これらのことは地域の見方・考え方にも通じるものである。

② 事例2

第12回「関東地方の地誌①成田市の畑作農業」で扱うのは、成田市の十余三地区（写真2）で行われていた麦・雑穀を中心とした畑作農業が、成田空港第二滑走路設置の影響でどのように変化したかを明らかにした研究事例（横山・大石・市村ほか2010）である。この授業でのポイントは、十余三地区は成田空港第二滑走路の騒音区域にあること、そのため騒音区域内の特定の農地が空港設置主体によって買い取られ、その農地が公団によって3年契約で周辺農家に貸し付けが行われている点である。このことが十余三地区の畑作農業を変化させたことに気付かせるため、図表や写真を用いながら履修学生に読み取らせる。

写真2　成田市十余三地区の景観
（2008年10月　著者撮影）

まず，成田市における農業集落別作物別作付面積の図を提示し，成田市の西部と北部は印旛沼および干拓地や利根川に近いため低地で水が得やすく稲が多い一方で，東部は台地上にあって水が得にくいためイモ類を中心とした畑作が中心であるといった，成田市全体の地形的特徴によって農作物に偏りがあることを把握させる。次に，十余三地区における経営規模別農家数および平均耕地面積の推移の図と，十余三地区における作付面積および借入地面積の推移の図を提示し，1980年から1990年を境に農家数は減少したが1農家あたりの耕地面積は増加したこと，借入地面積が急激に増えた一方で作付面積は激減したこと，作物は麦・雑穀からイモ類・野菜類中心に変化したことを把握させる。その後，主要農産物の農事暦や，それらの流通経路について図や写真を用いて説明する。ここまでで十余三地区の農業の概要について把握させ，1980年から1990年にかけて十余三地区にどのような変化が起きたのかを予測させる。そのうえで，十余三地区における農家の経営類型の図を提示し，2010年時点での28軒の農家の農業労働力，栽培作物の出荷組合，栽培作物の作付面積，栽培面積に占める借地割合と借受先について読み取らせる。ここではそれぞれの農家の作付作物と作付面積に着目すると，①大規模サツマイモ栽培型，②大規模複合経営型，③複合経営型，④果樹栽培型，⑤兼業型の5類型に分けられることに注目させる。そして，なぜ同じ十余三地区内でも経営形態が異なるのかを予測させる。その種明かしとして，1978年（成田空港開港時），1992年（成田空港第二滑走路工事開始時），2001年（成田空港第二滑走路運用開始時）の土地利用図を提示し，成田空港第二滑走路の建設や高速道路建設に伴って土地買収が始まり，住民の転居や畑地面積が減少したことを読み取らせる。さらに十余三地区における成田空港の騒音区域図を提示し，騒防法の第二種区域と騒特法の防止特別区における農地が空港設置主体に買い取られ，公団を通して周辺農家に3年契約で貸付けが行われていることを説明する。このことは，成田空港第二滑走路の工事開始前である1980年から1990年にかけて急激に借入地面積が増加していた理由であり，また3年契約

であるためハウスなどの構造物を必要とする果樹や施設園芸には不向きであることを意味する。そして1950年から2010年にかけての十余三地区における事例農家の主要経営品目の変遷図を提示する。この図のポイントは，①1980年頃までは全体的に麦類とラッカセイを主体とした農業経営が中心であったが，成田空港の開港頃から他の商品作物への転換を試みる中で成田空港第二滑走路の建設が始まり，公団による農地の買取りと貸付けが行われたこと，②これにより借入農地を利用した規模拡大の機会を得て，面積規模が大きいサツマイモ主体の農業へ転換した農家もあれば，小規模な農地でナシなどの果樹を栽培し続ける農家もいること，③それはすなわち，成田空港第二滑走路の建設が各農家の農業経営を変化させ，地域内の経営形態を分化させる契機となったことの３点である。最終的に十余三地区における空港建設の影響と農業経営の分化を示す図を提示し，先に説明した十余三地区における農家の経営５類型に分化した経緯や因果関係について時系列的に整理し，第12回の授業内容のまとめとする。本研究事例は，伝統的な農業集落が，何らかのインパクトによってダイナミックに変化することを示した例である。

　なぜ十余三地区では畑作が卓越しているのか，なぜ1980年から1990年にかけて栽培作物をサツマイモに切り替えたのかを理解する際には，「自然と人間社会の関係（環境関係）」という観点，十余三地区で生産された農作物がどのような手段でどこに出荷されるのかを把握するためには「地域間の相互作用」という観点からの理解が必要となる。さらに，空港開港に伴う十余三地区の農業構成の変化，麦・雑穀からイモ類・野菜類中心の農業形態への変化，借地を活用した大規模畑作農家の出現を考えることは，いずれも地域変容を，地域内の諸要素の連関から考察することにつながるだろう。

４．成果と課題――むすびにかえて――

　本稿で挙げた授業例は，地域的観点育成のほんの一例に過ぎないが，「地誌学概説」を履修した学生が毎回の講義後に提出するコメントシートからは，

地域的観点の理解につながると思われる記述が示されている。以下に抜粋して示す[1]。

- 第11回「今回の授業では成田市の新勝寺周辺の地理が時を経ることによって変化してきたこと，それらが空港開港による後継者不足とそれにともなう店の減少，それらをなんとかするためのまちづくり事業のために町の姿が変わっていったことを知った。遠いところで起こることがめぐりめぐって（新勝寺）表参道の変化につながっていったのはとても面白かった。」（「地域内の諸要素の相互作用」）
- 第11回「成田市というと空港というイメージが強いが，それに伴って街並みも変わっているのがわかった。観光という面で見るとこれからはどうしても外国人とどう向き合うかが大切だと思うので，日本語だけでなく英語の話せる従業員や看板などターゲットに合わせた工夫が大切になってくることが分かった。」（「地域間の相互作用」）
- 第12回「図2の成田市における農業集落別の作物別作付面積の西と東で分布が違うのは，西は土地が低く，東が台地になっているからだという理由で納得した。」（「自然と人間社会の関係（環境関係）」
- 第12回「現在の成田市の十余三地区は，成田空港と農業について深いつながりがあることが分かった。特に，成田空港の第二滑走路ができ，土地の貸付が始まってから作付面積の大きな拡大があり，このような関連付けで見られることは地誌学の利点だと思った。」（「地域内の諸要素の相互作用」）
- 第13回「成田空港と宿泊施設の分布を見ると，空港に近づくとコンベンションホテルが多く，遠くなるとビジネスホテル，旅館の順になっていることはとても興味深い。前回，農業のことをやり今回宿泊施設をやって，改めて空港ができることによる影響の大きさを感じたし，成田市のほかの産業についてももっと知りたい。」（「地域の多様性」）

以上は履修学生のコメントの一部ではあるが，地域と諸要素の連関，地域のスケールや時間軸に基づく理解と考察がなされており，地域的観点育成の成果の一端が読み取れる。

地域的観点は，「地誌学概説」のみならず，自然地理学，人文地理学，地

理教育などの授業科目での講義，実習，演習を通して総合的に育成される。しかし，本学のような教員養成系大学においては，中学校教諭一種免許状（社会）および高等学校教諭一種免許状（地理歴史）の取得のため，自然地理学・人文地理学の系統地理学と地誌学の三つの科目を履修することとなっているが，特に社会系教科の免許取得を目指す学生は履修しなければならない講義が多いため，地理系のそれぞれの科目は一つか多くても二つ程度しか準備されていない[2]。そのような中で，いずれ社会科の教員となる学生がそれぞれの地理系の科目において重要な概念や見方・考え方を習得できるのかということは教員養成系大学における課題と思われる。また，履修学生が地域的観点を身につけるプロセスについてや，他の地理系科目の授業内容との相互作用については検討の余地があり，今後の課題としたい。

注

1) 履修学生の記述に筆者が補足したものについては括弧内に記した。また，各コメント末尾の括弧は，履修学生が本講義を通して理解したと思われる地域の見方・考え方を要約したものである。
2) たとえば上越教育大学では，地理的分野に関する専門科目として，自然地理学，人文地理学，地誌学の各概説（2年次）と各特論（3年次），地域調査に関するエクスカーション形式の実習「地域調査法B」（2年次），地域調査に関する調査形式の実習「地理学野外実験」，（3年次），主題図作成方法に関する実習「地理学実験」（2年次）が開講されているが，自然地理学，人文地理学，地誌学の各特論と，「地理学野外実験」は，中学校教諭一種免許状（社会）および高等学校教諭一種免許状（地理歴史）取得に必ずしも必要ではないため，社会科の教員を目指す学生がみな履修するわけではない。

引用文献

志村　喬・茨木智志・中平一義（2017）：社会科教育における「思考力」の捉え方－国立教育政策研究所研究報告書「21世紀型能力」を諸に－. 上越教育大学研究紀要36, pp. 489-503。

手塚　章（1991）：地域的観点と地域構造．中村和郎・手塚　章・石井英也『地理学

講座4　地域と景観』古今書院，pp.107-184。

橋本暁子・斎藤譲司・亀川星二・西田あゆみ・津田憲吾・井口　梓・松井圭介（2010）：成田山新勝寺門前町における街並み整備と商業空間の変容．地域研究年報，32，pp.1-41。

横山貴史・大石貴之・市村卓司・飯島智史・伊藤文彬・深瀬浩三・田林　明（2010）：成田空港建設に伴う畑作農業の変容－成田市十余三地区を事例として－．地域研究年報，32，pp.103-133。

第3章

時間系の社会科
―― 歴史的領域の教科内容構成 ――

第1節
寛延4（1751）年（宝暦元年）高田地震を素材とした授業内容案
―――日本史学からのアプローチ―――

浅倉　有子

1．はじめに

　本節は，寛延4（1751）年（宝暦元年）に発生した高田地震を対象に，先行研究に依りながら，授業案を提示するものである。

　阪神淡路大震災，新潟県中越地震，とりわけ東日本大震災の発生により，地震研究ににわかに注目が集まっている。従来の地震研究についてふりかえると，最初にあげられるのは，北原糸子氏の優れた一連の研究と，矢田俊文氏の精力的な論考である[1]。両氏にはるかに及ばないものの，筆者もまた，矢田氏を代表とする地震研究の科研費グループの一員として，若干の研究を行ってきた[2]。

　本節では，主に矢田氏と卜部厚志氏の研究成果[3]に依りながら，授業案を提示していく。近世，特に近世中期以降は，村から領主への被害届，領主から幕府への被害届等の史料が比較的よく残っており，地震とそれによる被害状況を把握することができる場合が少なくない。寛延4年高田地震は，同年4月25日未明に高田平野を震源として発生した地震である。地震の発生については，同日付の宝蔵院の日記[4]に，「夜八つ頃先後これ無き大地震」と記されており，未明の午前2時前後に発生したと記されている。宝蔵院は，妙高山麓の関山に所在する関山権現の別当寺院である。同院の院主を勤めた関山家には，正徳2（1712）年から慶応4（1868）年までの日記を含め，貴重な古文書が伝来している。

　以下，引用史料は，全て書き下し文とし，片かなを平がなに改めるなどの

2．城下高田と直江津の状況

　宝蔵院では，「寺大損し，土蔵等損し，御宮石橋石燈籠崩れ，村の内にても潰れ家もこれ有る」状況であったが，「人馬等は一切けが（怪我）これ無し」と，人的な被害はなかった。しかし，連続する余震に耐えかねて，寺内での生活を諦め，数日後に畑の中に小屋掛をして，諸道具や家財を運び込んだ。仮設住居を設けたのである。

　宝蔵院周辺の被害はさほどではなかったものの，荒井（新井）から下通りはとりわけ大地震で，「高田は半分家潰れ人死に候事おびただしく，その数あい知れず，在々海辺山崩れ人死に候事おびただしき事」と，城下町の高田と村方での被害の深刻さを記している。

　「宝蔵院日記」の情報は，正確であった。高田城下では，藩主榊原家の家臣の家が「大潰れ」90軒，「半潰れ」50軒，「大破」11軒，「小破」44軒，損失のない家が6軒のみと書き上げられている[5]。「大潰れ」と「大破」，「半潰れ」と「小破」とが書き分けられている。『日本国語大辞典』[6]によれば，「潰れる」には，「力が加わって原形を失う。ひしゃげる」意味があり，他方「破れる」には，「物の形がこわれる。砕ける。破壊される」とされている。とすると，被害の状況をそれぞれ踏まえて書き分けていると思われる。「潰れ」が元の形が崩れてひしゃげることで，「破」はこわれたり，裂けたりする状況であろうか。また下級武士の住居の長屋では，「大潰れ」32棟，「半潰れ」27棟，「大破」3棟，「小破」8棟，足軽長屋が「大潰れ」6棟，死者が全家臣で66名であった。

　高田の町人町では被害がより深刻で，「潰れ家」2082軒，「半潰れ」414軒，「破損家」445軒，「潰れ土蔵」46ヶ所，死者292人とされている。

　同じ高田藩領の港町直江津の被害は，より具体的である。以下に史料を引

用しよう[7]。

[史料1]
一、四月廿五日、夜八つ時、大地震に付き潰れ家、死人、その上大地壱、弐尺または所により五、六尺ばかりつつあい割れ、水吹き出し、井戸水三、四尺ばかりつつ上へ吹き出し申し候、町内壱、弐尺水湛え、これによりつなみ（津波）のよしにて、町中の者残らず砂山え登る、大肝煎は町中え廻る、諸人取り付き嘆く事筆舌に尽くしがたく候、頸城郡の内すべて出火拾四、五所あい見え申し候、夜明けまで惣じて震え止まず、廿六日明け時に至り、少々人心にも成り候えども、居家潰れ穀物小売り買いこれ無く、もっとも廿六日昼頃までは食事も致さずまかりあり候のところ、時分がら入舟これ有る節ゆえ船々より食あい送り申し候、とかく時をあらさす震え候に付き、行末生死の程も計りがたく存じ候に付き、念仏の声のみ、人心地はこれ無し（以下略）

おおよその内容は引用史料からわかると思うが、以下補足する。［史料1］によると、直江津では、大地が1，2尺（1尺は約30センチ）から5，6尺ほど裂け、そこから水が吹き出した。井戸水も吹き出し、町内は水に浸かった。津波が来るという事で、町人は残らず標高が高い砂山に逃れた。諸人の嘆きは、筆舌に尽くしがたいものであった。この日は、夜明けまで余震が続き、頸城郡内で発生した14，15ケ所の火災が見えた。翌26日朝になって、ようやく人心地がついたものの、家が潰れ、小売の穀物もなかった。もっともその日の昼くらいまでは、食事もせずにいた所、夏季で直江津に入船する船があり、それらの船から食料が送られてきた。とにかく時をおかずに余震があるので、行末や生死についても予測がつかず、念仏の声が響くのみで、人心地はなかった。

史料から、液状化現象が発生したことが読み取れよう。次の史料は、直江津の各町の家屋被害を示すものである[8]。

第1節　寛延4（1751）年（宝暦元年）高田地震を素材とした授業内容案　　97

［史料2］
一、家数八百七拾間（軒のあて字）　　　　　　　今町中
　　　　五拾六間の内　　弐拾五間　潰れ家　　　横町
　　　　　　　　　　　　三拾壱間　半潰れ
　　　　百六間の内　　　五間　　　潰れ家　　　本砂山町
　　　　　　　　　　　　五拾七間　半潰れ
　　　　　　　　　　　　四拾四間　無難
　　　　百拾七間の内　　七拾五間　潰れ家　　　川端町
　　　　　　　　　　　　四拾弐間　半潰れ
　　　　八拾壱間の内　　三拾四間　潰れ家　　　中嶋町
　　　　　　　　　　　　弐拾五間　半潰れ
　　　　　　　　　　　　弐拾弐間　無難
　　　　八拾九間の内　　七拾四間　潰れ家　　　中町
　　　　　　　　　　　　拾五間　　半潰れ
　　　　八拾間の内　　　拾三間　　潰れ家　　　裏砂山町
　　　　　　　　　　　　弐拾八間　半潰れ
　　　　　　　　　　　　三拾九間　無難
　　　　　　　　　　　　　（ママ）
　　　　五拾六間の内　　弐拾壱間　潰れ家　　　新町
　　　　　　　　　　　　三拾三間　半潰れ
　　　　五拾九間の内　　三間　　　潰れ家　　　坂井町
　　　　　　　　　　　　三拾三間　半潰れ
　　　　　　　　　　　　弐拾三間　無難
　　　　百八間の内　　　五十壱間　潰れ家　　　寄町
　　　　　　　　　　　　五拾七間　半潰れ
　　　　百拾八間の内　　拾八間　　潰れ家　　　片原町
　　　　　　　　　　　　六拾三間　半潰れ
　　　　　　　　　　　　三拾七間　無難
　　〆潰れ家三百弐拾壱間
　　　半潰れ三百八拾四間　　この内弐百五拾四間は痛み家の分
　　　無難百六拾五間

　［史料2］は，今町直江津を構成する個別町の家屋被害状況の書き上げであ

98　第3章　時間系の社会科

表1　1751年高田地震今町各町被害一覧

番号	町名	a 家数(軒)	b 皆潰(軒)	c 半潰(軒)	d 即死(人)	e (%)	f (%)	g (%)	標高(m)
1	横町	56	25	31	3	45	100	5	5.7〜5.8
2	本砂山町	106	5	57	0	5	58	0	6.8
3	川端町	117	75	42	10	64	100	9	3.1〜3.2
4	中嶋町	81	34	25	2	42	73	2	5.2〜5.8
5	中町	89	74	15	14	83	100	16	3.2〜3.7
6	裏砂山町	80	13	28	0	16	51	0	7.7〜10.1
7	新町	56	21	33	2	38	96	4	2.5〜3.6
8	坂井町	59	3	33	0	5	61	0	13.9〜15.1
9	寄町	108	51	57	4	47	100	4	2.2〜3.4
10	片原町	118	18	63	1	15	69	1	4.1〜6.8
計	今町	870	319	384	36	37	81	4	

注）　eは，b/a（%），fは，(b+c)/a（%），gは，d/a（%）
典拠）　寛延4年4月26日今町会所地震書留写（伊藤家文書，『新潟県史資料編6　近世一　上越編』1981年），標高は測量250分1上越市都市計画図（2007年測量）による。
　　　矢田・卜部「1751年越後高田地震による被害分布と震源域の再検討」掲載の第3表を引用。

るが，日本史を専門としない学生にも分かりやすい内容である。直江津では，合計47名の死者が出たが，これも各町ごとに把握可能である。これらの被害状況を表1として掲げた。表1は，史料から直接に作成したものではなく，標高が示されている矢田・卜部から引用した。矢田・卜部によると，町ごとの被害が大きく異なるのは，地盤の違いが大きいとする。中町が全壊率（e）83%，全半壊率（f）100%であるのに対し，近距離にある坂井町が全壊率5%，全半壊率61%と大きく異なっている。死者（d）をみても，中町が14名であるのに対し，坂井町が0人と際立った違いを見せている。両町の標高の違いは大きく，中町が標高3.2〜3.7メートルであるのに対し，坂井町が13.9〜15.1メートルである。さらに両町の地盤が全く異なっていて，中町が関川の氾濫原上に位置するのに対して，坂井町が砂丘上に立地している。

　若干補足をすると，川端町と寄町の家屋被害率（f）も100%と高く，人

的な被害も出している。両町共に標高が低い場所である。同じく家屋被害率100％の横町は，砂丘の斜面に位置する町であり，死者も出している。中嶋町も砂丘斜面に位置する町で，砂丘斜面の町の被害が，やや高い傾向があることが読み取れる。

　なお，表中では示されていないが，「他所の者」として各町に含まれない死者が別に11名存在する。ただし，この中には非公認の売春婦である「浮身」が含まれている。したがって，まだ正式に人別が認められていない者が含められた可能性がある。他方，中嶋町には藩公認の遊郭があり，遊女1名が死亡している。

3．吉尾組の被災状況

　次に，上越市の西部，桑取川沿いに集落を営んでいる吉尾組の被害状況を検討しよう。ここでは，矢田氏と上田浩介氏によって紹介された「宝暦元年地震之節諸事亡所之品書上帳」によって記述する[9]。以下，その一部を紹介する。

　　［史料3］
　　　　吉尾組上綱子村
　一、高八拾六石九斗六升四合
　　　　内　三石八斗六升四合　　　前々引
　　　　　　拾六石弐斗三升　　　　当荒引
　　　　残高　六拾六石八斗七升
　一、家数拾七軒　　内　　本棟拾軒
　　　　　　　　　　　　　名子七軒
　　　　　　　　　　内　　皆潰れ九軒
　　　　　　　　　　　　　半潰れ七軒
　　　　　　　　　　　　　無難壱軒
　一、人数百弐拾三人　内　男七拾壱人　　無難
　　　　　　　　　　　　　女五拾弐人

一、神社堂無難
一、漆木五本　倒木
　　　（中略）
　　　同組東吉尾村
一、高六拾六石五斗一升壱合
　　　　内　拾壱石弐斗五升五合　　前々引
　　　　　　三拾五石六斗一升五合　当荒引
　　　残高　拾九石六斗四升壱合
一、家数九軒　　　内　本棟四軒
　　　　　　　　　　　名子五軒
　　　　　　　　　　内　山崩れ下七軒
　　　　　　　　　　　　皆潰れ壱軒
　　　　　　　　　　　　流失壱軒
一、神社山崩れ下
一、薬師堂無難
一、寺壱軒山崩れ下
一、人数四拾五人　　内　男弐拾人
　　　　　　　　　　　　女弐拾壱人
　　　　　　　　　　　　僧三人
　　　内死者弐拾八人
　　　　　　　　　　内　男拾三人
　　　　　　　　　　　　女拾弐人
　　　　　　　　　　　　僧三人
一、死馬四疋
一、御水帳亡失
一、漆木弐拾六本　倒木
　　（中略）
　　右の通り、当四月地震にて村々崩れ所かくの如く御座候
　　　　　宝暦元年　　　　　　　　吉尾組大肝煎
　　　　　　　未十一月　　　　　　　　　斎京三□

［史料３］で明らかにように，上綱子村では，「皆潰れ」と「半潰れ」の二つ

第1節　寛延4（1751）年（宝暦元年）高田地震を素材とした授業内容案　101

に分けて被害が掌握されているのに対し，東吉尾村では，「山崩れ下」「皆潰れ」「流失」の三つのカテゴリーが見える。史料引用はしなかったが，西吉尾村と横山村では，「皆潰れ後流失」，小池村に「残らず山崩れにて潰れる」，諏訪分に「山崩れ皆潰れる」と，山崩れによる倒壊が目立つ。

　これらの被害状況を村別に集計したのが，矢田・卜部から引用した表２である。以下，表中に示された番号を村名に付けて論じていく。表でまず気づくのは，全半壊率（ｉ）100％の村が，③横畑村・④皆口村・⑤谷内村・⑩東吉尾村・⑭小池村・⑮諏訪分・⑯北小池村・㉒三伝村・㉗有間川村の10ヶ村存在することである。また，具体的な被災として，ｃ「流失」が㉗有間川村で30軒と際立ち，他にも⑩東吉尾村（１軒）・⑬鳥越村（４軒）・㉑孫三郎分（１軒）と37軒に及び，あわせてｄ「山崩れ下」が⑨大淵村（３軒）・⑩東吉尾村（７軒）・⑪西吉尾村（５軒）・⑫横山村（９軒）・⑬鳥越村（11軒）・⑭小池村（６軒）・⑮諏訪分（２軒）・⑯北小池村（２軒），及び㉗有間川村（９軒）と，合計54軒に及ぶ。死者数（ｇ）も多く，㉗有間川村の45名を最悪に，⑩東吉尾村・⑪西吉尾村がそれぞれ28名，⑬鳥越村23名で，吉尾組全体では137名に達した。図１の地形図でもわかるように，吉尾組は，桑取川の谷あいに位置しており，斜面崩落が甚大な被害を及ぼしたことが想像される。

　㉗有間川村の被害が甚大なのは，同じく矢田・上田によっても紹介された「越後国頸城郡高田往還破損所絵図」[10)]に，「有馬（間）川村より二十丁上、中桑取村より山段々十丁程抜け押出す、これにより水堰元の川尻山に成るゆえ、村中え水一度に流出し、宿中川に成り、有間川通り山に成る」と記されたことによる。有間川村より20町（１町は約109メートル）上流の中桑取村から山が10町ほど抜けて押し出した。これによって，水が堰き止められ，その後山になった川元が一気に崩れて，有間川宿が川となり，有間川通りが山になった，としている。今風に言えば，山の崩落によって川に土砂ダムが形成され，それが一挙に崩れて有間川村（北国街道の宿場でもあったので，有間川宿ともいう）を襲ったというのである。㉗有間川村の被害は，土砂ダムによる

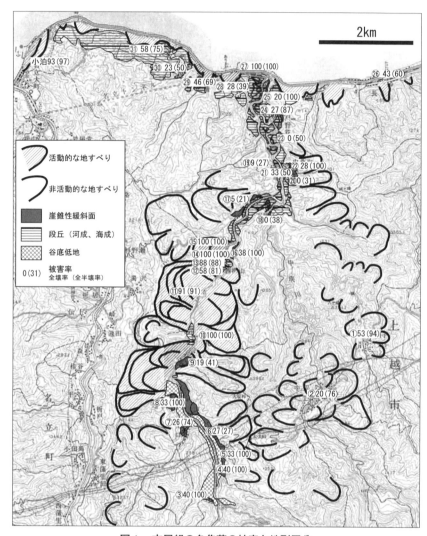

図1　吉尾組の各集落の被害と地形区分

1/50000地形図「高田西部」を使用。各集落の丸数字番号は，表2と同じ。海岸部の斜面災害の分布は，高田領往還破損所絵図から崩壊地形を考慮して示した。内陸部の地すべり地形は，地形判読と現地調査による。矢田・卜部「1751年越後高田地震による被害分布と震源域の再検討」の第10図を引用。

第1節　寛延4（1751）年（宝暦元年）高田地震を素材とした授業内容案

表2　1751年高田地震吉尾組被害一覧

番号	村名	a 家数 (軒)	b 皆潰 (軒)	c 流失 (軒)	d 山崩下 (軒)	e 焼失 (軒)	f 半潰 (軒)	g 即死 (人)	h 全壊率 (％)	i 全半壊率 (％)	j (％)	人数 (人)
1	上綱子村	17	9	0	0	0	7	0	53	94	0	123
2	中ノ俣村	66	13	0	0	0	37	2	20	76	3	432
3	横畑村	25	10	0	0	0	15	0	40	100	0	153
4	皆口村	10	4	0	0	0	6	0	40	100	0	75
5	谷内村	6	2	0	0	0	4	0	33	100	0	42
6	北谷村	11	3	0	0	0	0	1	27	27	9	77
7	土口村	35	9	0	0	0	17	2	26	74	6	210
8	増沢村	3	1	0	0	0	2	0	33	100	0	17
9	大淵村	27	2	0	3	0	6	0	19	41	0	167
10	東吉尾村	9	1	1	7	0	0	28	100	100	311	45
11	西吉尾村	22	15	0	5	0	0	28	91	91	127	153
12	横山村	26	6	0	9	0	6	23	58	81	88	164
13	鳥越村	17	0	4	11	2	0	1	88	88	6	92
14	小池村	6	0	0	6	0	0	1	100	100	17	49
15	諏訪分	2	0	0	2	0	0	1	100	100	50	19
16	北小池村	8	0	1	2	0	5	0	38	100	0	40
17	山寺村	19	1	0	0	0	3	0	5	21	0	120
18	下綱子村	13	0	0	0	0	5	0	0	38	0	69
19	高住村	33	3	0	0	0	6	1	9	27	3	132
20	中桑取村	16	0	0	0	0	5	0	0	31	0	98
21	孫三郎分	6	1	1	0	0	1	0	33	50	0	37
22	三伝村	18	5	0	0	0	13	0	28	100	0	137
23	花立村	8	0	0	0	0	4	0	0	50	0	55
24	戸野村	15	4	0	0	0	9	0	27	87	0	83
25	鍛冶免分	5	1	0	0	0	4	0	20	100	0	37
26	長浜村	70	30	0	0	0	12	0	43	60	0	407
27	有間川村	39	0	30	9	0	0	45	100	100	115	284
28	丹原村	18	5	0	0	0	2	0	28	39	0	110
29	鍋ヶ浦村	13	6	0	0	0	3	2	46	69	15	96
30	吉浦村	26	6	0	0	0	7	2	23	50	8	145
31	茶屋ヶ原	12	7	0	0	0	2	0	58	75	0	77
計	計	601	144	37	54	2	181	137	39	69	23	3745

注）　hは，(b+c+d)/a (％)，iは，(b+c+d+f)/a (％)，jは，g/a (％)
典拠）　斎京家文書（農林水産省農林水産政策研究所所蔵）。矢田・卜部「1751年越後高田地震による被害分布と震源域の再検討」の第4表を引用。

ところが大きかった。⑩東吉尾村（1軒）・⑬鳥越村（4軒）・㉑孫三郎分（1軒）の流失は，より上流に同じような土砂ダムが形成されたためと想定される。

さて，吉尾組の中でも被害が少ない村と，大きな村の立地を矢田・卜部が作成した図1によって確認しよう。全半壊率が20％から30％台の村には，⑰山寺村の21％，⑱下綱子村38％，⑲高住村27％，⑳中桑取村の31％と，上流部の⑥北谷村27％である。

矢田・卜部では，赤羽貞幸他による『高田西部地域の地質』(10)に基づいて，地質から議論を積み上げているが，ここでは矢田・卜部による噛み砕いた議論を紹介したい。桑取川流域は，基本的に砂岩・泥岩などの堆積岩から構成され，上流部から新第三系中新統の難波山層，能生谷層，川詰層，鮮新統の名立層，谷浜層が分布するという。図1をみると，桑取川流域の名立層と能生谷層の分布域では，比較的規模の大きな地すべり地形が発達し，地すべりによる崩積堆積物が広く分布する。特に名立向斜の軸部にあたる⑨大淵村から⑫横山村にかけては，尾根部から桑取川河床にいたる規模の大きな地すべりが認められるという。また，南葉山山地部の①上綱子村や②中ノ俣村でも，能生谷層の分布域に地すべりが発達するとされている。これらの内，起伏があって，内部に小規模な滑落崖（階層性がある地すべり）地形は，現在においても地すべりが活動的であると判断できるため，卜部氏らは「活動的な地すべり」と区分している。これに対して，地すべり内部の地形が開析（台地状の地形が川によって浸食され，数多くの谷が刻まれること）されている古い地すべりを，「非活動的な地すべり」とよんでいる。「活動的な地すべり」は，⑧増沢村，⑩東吉尾村，⑪西吉尾村，⑫横山村，⑭小池村などの地すべりが相当し，「非活動的な地すべり」には，開析が進んでいる①上綱子村や②中ノ俣村が相当するという。

全半壊率100％の村の内，⑧増沢村，⑩東吉尾村，⑭小池村などは，「活動的な地すべり」地域であり，⑩東吉尾村，⑪西吉尾村，⑫横山村，⑭小池村

などには「山崩れ下」の被害を受けている。そのため，⑩東吉尾村・⑪西吉尾村ではそれぞれ28名，⑬鳥越村が23名の死者を出した。他方，「非活動的な地すべり地域である①上綱子村，②中ノ俣村では，相対的に家屋被害が少ない。これらの集落は，開析された地すべり末端部に位置する村である。最も被害が少ないのは，⑰山寺村，⑱下綱子村，⑲高住村，⑳中桑取村という桑取川中流域である。矢田・卜部は，これらの集落は，基盤岩の上に薄い砂礫層からなる河成段丘上の良好な地盤上に位置するという。さらに上流部の③横畑村，④皆口村，⑦土口村も全壊率（h）が低いなど，相対的に家屋被害が少なく，比較的良好な地盤の所為と考えられる。

　以上を踏まえて，矢田・卜部では，桑取川上流部の③横畑村から⑦土口村地域と，山地部の①上綱子村，②中ノ俣村は，安定的な地盤であるにもかかわらず，全壊率が低いが，全半壊率が高い。斜面崩壊による被害を除くと，これらの地域の家屋被害が最も大きいことが重視されるとする。また高田城下の家屋被害も甚大であることも考慮される必要があるという。

　以上から，矢田・卜部は，桑取川上流部の③横畑村から⑦土口村地域，山地部の①上綱子村・②中ノ俣村地域が震源域に最も近く，それについで高田城下町が震源域に近いと推測した。

4．おわりに

　以上，矢田・卜部の成果にほぼ全面的によりながら，歴史史料に基づく授業案を述べてきた。ここで紹介した史料，特に家屋倒壊率を示した史料は，歴史学を専門に学ぶ学生でなくとも理解しやすい史料である。家屋倒壊，液状化による地下水噴出，山崩れ，土砂ダム等の被害状況は，自分の住む地域がどのような災害に過去あってきたのか，今後どのような災害に留意すれば良いのか，といった言わば「生きる知恵」を教えてくれる。ハザードマップだけでは十分に伝えられない過去の災害の事象を，授業を通して伝えることには，大きな意義があると考える。

またこの内容は，現職教員を対象とする免許更新講習でも取り上げ，比較的好評であった。本論文集刊行にあたって，このテーマを取り上げたのは，筆者のそのような実感の所為でもある。

注

1) 北原氏の業績には，『日本災害史』（吉川弘文館，2006年），北原他編『日本歴史災害事典』（吉川弘文館，2012年），『津波災害と近代日本』（吉川弘文館，2014年）等が，また矢田氏には，「東日本大震災と前近代史研究」（歴史学研究会編『震災・核災害の時代と歴史学』，青木書店，2012年），「中世・近世の地震災害と『生きていくこと』」（『日本史研究』594号，2012年）他がある。

2) 研究代表・矢田俊文（新潟大学），基盤研究B，2012-2015年，「前近代の地震による家屋倒壊率と津波到達点の研究－1707年宝永地震を中心に－」，同，基盤研究B，2017-2019年，「前近代における巨大地震の家屋倒壊率と死亡者数の研究」。筆者は，いずれもプロジェクトにも研究分担者として参加している。浅倉の研究業績としては，「駿州岩本村の宝永地震被害と復興」（『災害・復興と資料』8号，2016年），前近代歴史地震資料研究会編『前近代歴史地震絵図資料集成』（新潟大学災害・復興科学研究所，2015年）等がある。

3) 「1751年越後高田地震による被害分布と震源域の再検討」（『資料学研究』8号，新潟大学大学院現代社会文化研究科，2011年）。また，太田一成「宝暦元年の大地震」（『上越市史』通史編3・近世一，上越市，2002年）を参照。

4) 妙高市教育委員会編『妙高山雲上寺宝蔵院日記』第1巻（妙高市，2008年）。

5) 寛延4年「今町会所地震書留写」（『新潟県史』資料編第6巻，新潟県，1981年）。

6) 小学館発行，1971年刊行の縮刷版を利用した。

7) 寛延4年「今町会所地震書留写」（前掲）。

8) 寛延4年「今町会所地震書留写」（前掲）。

9) 本節では，矢田氏にならい，上越市公文書センター所蔵のマイクロフィルムを閲覧し，確認を行った。原本は，農林水産省農林水産政策研究所所蔵の斉京氏文書。また，矢田俊文・上田浩介「一七五一年越後高田地震史料・越後国頸城郡吉尾組（桑取谷）地震之節諸事亡所之品書上帳と越後国頸城郡高田領往還破損所絵図」（『災害と資料』5号，新潟大学災害復興科学センターアーカイブズ分野，2011年）で，全文翻刻を行っている。

10) 上越市公文書センター所蔵。

付記：本節は，JSPF 科研費17H02385（2017-2019年度基盤研究（B）「前近代における巨大地震の家屋倒壊率と死亡者数の研究」研究代表者・矢田俊文）の研究成果の一部でもある。

第2節
「社会科的思考力」と歴史学研究者
――「私」の研究体験を教科内容構成学的に記述する――

畔 上　直 樹

1．はじめに――歴史的思考力・社会科的思考力・研究体験記述

　小稿で考えたいのは，個別専門研究における「思考」という問題をいかにして，大学における教員養成教育での「思考力」につなげるのかを，アカデミズムの研究者サイドから生産的に，かつ学問的・体系的に架橋していく方法である。具体的には，その一つの入口として，大学における教員養成教育での「思考力」育成において理論化・体系化された方法で，個別専門の研究者が自身の研究に即しての個別専門研究者の「思考力」発揮過程を自己言及的に説明＝記述する，という試みをしてみる，ということである。

　筆者は人文社会系・歴史学における研究者として自己形成した経緯をもち，個別専門の学知再生産を構造的にくみこんだ専門技術訓練を含む，ある種の徒弟制的要素を含む訓練には慣れている。しかしながら，こうした前提にたたない教員養成系大学における教科専門，特にそこでの「思考力」育成といった中核かつ高度な問題は，個別専門の学知再生産のもとでの教育の自己流応用でなんとかする次元をこえた，教科教育という臨床的な知の次元における専門性を背景として，系統的に蓄積可能な独自の工夫をすべき必要が求められていることはいうまでもない。歴史学の専門研究者である筆者の場合であれば，それは「社会科」という教科専門への自身の専門性の架橋を――当然これまでの歴史学でやりがちなスタイルとは一線を画して――，あらためて考えなくてはならない。それはひるがえって歴史学それ自体に即してみても，歴史学という研究営為そのものが社会的実践と本質的に結合してしかあ

りえず，それをいかに統一的にすすめるかという，近年の学界があらためて強調しはじめている問題意識に，生産的な仕方でつらなることでもあろう[1]。

　こうした問題設定において念頭にあるのは，筆者が所属する上越教育大学社会系コースがすすめてきた野心的試みである。それは上記の様な架橋を，個別学問分野と教科教育の両者の専門性をあわせもちつつ，それ自体独自の学問的専門性をもった営為としてとらえ，これを「社会科教育内容構成学」として理論化・体系化しようとするものである。その際，特に筆者の個別専門である歴史学領域に即し，今回全面的に前提としてふまえようとするのは，第一に，同コース社会科教育の専門家である志村喬・茨木智志・中平一義による論文「社会科教育における「思考力」の捉え方」と（以下「社会科的思考力論文」とする）[2]，第二に，同コースの歴史学研究者（ロシア史）・下里俊行による論文「「21世紀を生き抜くための能力」の「思考力」を育成する世界史教育－「世界史研究入門」での授業実践を例に－」である[3]。下里は，個別専門としての歴史学を支えている「歴史的思考力」作動の特質に軸をおき，それを社会科内容構成学の専門性を支えている教科的特質を有する「社会科的思考力」を軸とする独自の体系性・理論性の場で対象化されるとして，以下のように論じている。(1)「時間」を軸とする歴史的思考は，①過去の意味が将来像との関係で規定され，現在の主体の将来への遡及的眼差しによるという過去・現在・未来の時間軸をめぐる関係性のもとで付与されるため，現在の主体による過去と将来にむけての想像力を発揮する特質をもち，②必然的に現在を生きる主体の自明化された日常性の構造を対象化する作用が生じて，将来に向けて実践的な目的意識を喚起せざるをえない特質をあわせもつ。(2)歴史学の個別専門性に作動する(1)の特質をもつ歴史的思考は，教科専門科目それ自体を学問化した社会科内容構成学が論ずる「社会科的思考力」に媒介させること，具体的には「社会科的思考論文」における❶問題解決・発見，❷論理的・水平的・システム的・批判的・創造的思考，❸メタ認知・学び方という，三段階の思考力の発達プロセスを軸に定式化された体系・理論に組

み込まれる作業を経由することで，大学の教員養成教育での「思考力」養成へとつなぐことができるとした。

　以上をふまえたうえで，小稿でささやかな問題提起をするとすれば，こうした架橋のこころみが，直接教員養成系大学の学生への授業実践への適用をもっぱら想定しているとするならば，それはやや性急ではないか，ということである。個別専門の研究者として自己形成してきた立場から，この架橋についてなにか生産的に語れるところがあるとすれば，それは，個別専門の研究者としての大学教員自身が，最初からいきなり問題の「外部」に超越した権威としてあらかじめ聳立し，学生を「他者」としてあらかじめ対象物化するのではなく，いったん自身の研究体験への自己言及をなんらかのかたちで介入させてみて対峙したらどうか，ということではないか。研究者としての教員自身がその個別専門性のもとでの研究体験をふまえ，人格的にも学生に直接対峙することを教育の基軸とすることは，いくら教員養成系の学校とはいえ，「大学」をなのる以上は否定することのできない大学教育の根幹の特質と思われるが，それ自体を学問的にとらえる営為の一環とする，ということである。

　あらためて考えてみると，個別専門研究の世界でも，「私」の研究過程・研究体験を自己言及的に記述する行為それ自体はおこなわれてきた。たとえば，自己の研究のあゆみや発端の回想録であったり，諸学方法論関係の記述上のエピソード，研究書の「あとがき」等でしばしばみられるそれである[4]。理系の研究世界でいえば，「科学書」タイプの叙述ともいえるかもしれない[5]。講義や卒業論文指導・ゼミ指導で自身の研究体験談をおりこむことも含めてもよいが，ここでは，そうした語り・記述それ自体を個人体験談的な余技のようなものとしてとどめるのではなく，ひとつの専門的な学問的営為のありかたとみなし，教科内容構成学の体系性・理論性のもとで専門学知として対象化した，学的に明確に再構成された記述としてとらえなおす作業として遂行することの意義を強調したい。

以上をふまえたうえで，かつ筆者の歴史学における具体的な研究領域としての日本——近現代——地域社会史に即して，冒頭にあげた作業課題をあらためて，そしてさらに具体的に設定するならば，歴史学の研究者としての「私」の日本史（近現代史・地域社会史）での研究体験の一端を，「歴史的思考力」の発揮を軸に，これを社会科教科内容構成学の専門性にもとづく「社会科的思考力」の理論化・体系化をふまえて再構成し記述・例示する，ということになる。

2．「探究的学習過程」における思考力のありかたと研究体験プロセスの教科内容構成学的記述

　まず，本項では，「私」の研究体験プロセスを「歴史的思考力」の発揮を軸に教科内容構成学上の「社会科的思考力」の理論・体系で記述しようといったばあいの，その理論・体系について，必要な限りでの説明をおこなう。そのうえで，次に「私」の研究体験プロセスを単なる回顧としてではなく，あくまで教育臨床的な専門性をもった理論・体系による記述（以下，これを「教科内容構成学的記述」とよぶ）として再構成しようとする，その際の具体的方針と戦略を説明したい。

　「社会科的思考力論文」では，(1)学習過程論での検討結果である，社会科における思考力養成の要とされた「探究的学習過程」と「思考力の三要素」（問題解決・発見／論理的・水平的・システム的・批判的・創造的思考／メタ認知・学び方の学び，以下，それぞれ「思考力1」，「思考力2」，「思考力3」とする）の対応関係を軸に，(2)学力論での検討結果として，社会科という教科固有の内容を特色づける学力論におけるメタレベルの中核概念の規定「構文的概念」「規範的概念」を重視し，それを(1)に結びつけ位置づけている。(2)を補足しておけば，「構文的概念」は，（学習）対象を見いだし選択する概念（「実体的概念」）に対し，選択された「学習対象を関連づけ主発問，即ち思考」を誘導する概念として，思考力との関連が最も高い概念であると位置づけられ，

「規範的概念」のほうは，社会科教育にしめる規範性の重要性に対応するもので，社会科ではこの態度という価値が思考力と連動すると位置づけられた。以上の(1)と(2)のつきあわせの結果として，「構文的概念」は「思考力2」のⅢ～Ⅴ，「規範的概念」は「思考力2」のⅣ～「思考力3」のⅥという，対応関係が見いだされた。総じていえば，大学の教員養成における社会科的思考力養成の点での重要ポイントは，教科内容構成学的な専門性に照らしていえば，「探究的学習過程」における「構文的概念」「規範的概念」が登場する「思考力2」（「論理的・水平的・システム的・批判的・創造的思考」）段階，とりわけⅢ「分析結果の実証的考察」とⅣ「分析結果の規範的考察」のプロセスが該当するということになろう。

　以上をふまえた小稿の作業戦略は，上記の探究的学習過程の三段階6プロセスと，自己の研究体験プロセスの一端を対応させ，「私」の歴史的思考力の発動過程について，社会科的思考力養成過程に対応させて再構成・記述する教科内容構成学的記述を試みようとするもの，ということになる。その上で，この作業を具体的にすすめる点で「社会科的思考論文」で注目したいのが，そこから導き出されてきた一般的表現で語られた探究的学習過程の「主発問」の例示である。これは，同論文の理論的検討結果を総括的にしめした「表3．社会科における探究的学習過程と思考力等との関係」に登場する。個別専門を教育臨床の専門外から架橋する上で，これはおおきなてがかりとなると考えられる。「主発問」それ自体は，個別専門でもかなりの部分重なるものなのだが，その一般性の高い文章群が，社会科教育内容構成学的な「主発問」として，独自の専門性のもとに配置されていることがきわめて重要なのである。つまりは，この「主発問」をてがかりとすることによって，個別専門の研究体験を探究的学習過程の三段階6プロセスに再構成した教科内容構成学的な記述化を具体的にすすめることができるのではないか。そこで，その前提作業として，この「主発問」の配置に注目して先の「社会科的思考力」論文の表3を簡略化したのが，本稿の表1「社会科的思考力と探究的学

表1 社会科的思考力と探究的学習課程

思考力		探究的学習過程（下位項目）（囲み内は主発問の例）
思考力1 問題解決・発見	Ⅰ	学習対象事象・課題の発見と探究方略策定 → それは何か？ どのように調べるのか？ ・事象を社会科学習対象として見出す。→ それは何なのか？ ・事象にある学習課題・仮説を発見する。→ 何が課題なのか？ ・学習課題・仮説を解決する方法・手順を策定する。 → どのように調べればいいか？
	Ⅱ	資料・情報等の収集と分析 → 資料・情報は何を示しているのか？ ・課題・仮説を解決するために資料・情報等を収集する。 → その資料・情報は何を示しているか？ ・収集した資料・情報等を分析する。 → 資料・情報をどのように分析するか？ ・分析結果をまとめる。→ 分析結果が示していることは何か？
思考力2 論理的・水平的・システム的・批判的・創造的思考	Ⅲ	分析結果の実証的考察 → どのように解釈・説明されるのか？ ・分析結果を構文的概念を核に多面的・多角的に解釈・説明する。 → 分析結果はどのようにしたら解釈・説明できるか？ ・実証的に解釈・説明できないことを峻別する。 → 解釈・説明できないことは何か ・実証的に解釈・説明できたことを表現する。 → 解釈・説明できたことは何か？
	Ⅳ	分析結果の規範的考察 → どのような意味を持っているのか？ ・分析結果を規範的概念を核にした価値次元で多面的・多角的に考察する。 → 対象事象に含まれている価値は何か？ ・自己の分析・考察過程に内在する価値観を省察する。 → 分析・考察している自分の価値観は何か？ ・他価値観に基づく分析・考察結果を確認する。 → 他の価値観から分析・考察するとどのようになるか？
	Ⅴ	課題解決の意志決定 → 自分はどう判断するか？ ・依拠する資料・情報や価値観により考察結果が異なることを理解する。 → 異なる資料・情報や価値観に基づくと考察結果はどうなるか？ ・それぞれの考察結果内容を確認し評価する。

		→ それぞれの考察結果をどのように評価するか？	
		・自身の価値観をふまえて課題解決の意志決定を行い表現する。	
		→ 自分はどの考察結果を支持するか？	
思考力3 メタ認知・ 学び方の学び	Ⅵ	学習過程の振り返りと新たな探究課題の導出　→ 次はどうするか？	
		・学習過程を振り返り，その適切性を検討する。	
		→ 自分の学習過程は適切だったか？	
		・意志決定をふまえ新たな探究課題に気づく。	
		→ 自分の指示する考察結果に基づくと次は何が課題か？	

〔出典〕志村喬・茨木智志・中平一義「社会科教育における「思考力」の捉え方」（国立大学法人上越教育大学　大学改革戦略会議「21世紀を生き抜くための能力＋α」ワーキンググループ編『「思考力」を育てる－上越教育大学からの提言1－』上越教育大学出版会，2017年所収）「表3．社会科における探究的学習過程と思考力等との関係」（54頁）より畔上作成。

習過程」である。その「主発問」をてがかりに，次項では，実際に「私」の研究体験の一端を，この表1におけるプロセスにしたがって記述する作業をおこないたい。

3．研究体験プロセスの教科内容構成学的記述
――「私」の「鎮守の森」の日本近現代史研究着手を素材に――

　以下の作業の素材とする自己の研究体験プロセスは，「鎮守の森」をめぐる日本近現代史研究を「私」が開始する際のそれである。この内容は，勤務校における学部生初年次ならびに大学院3年間在学で小学校免許それ自体の取得も可能とした「免許プログラム」選択者の初年次全体を対象とするオムニバス講義「ブリッジ「社会」」での歴史分野と，学部においてコース選択後，さらに専門ゼミ所属も確定した3年次の社会系コース全員を主な対象とする講義で，すでにその一部を使用しているものである。学部にそくしておおざっぱにいえば，入学時と，卒業論文作成年度（＝最終学年）前年の時点で用いていることからわかるように，歴史学という個別専門に即して学問的な思考にいざない身につけさせていくためのポイントになる学年を対象に，その講義素材として適していると自己判断しているものであり，小稿の課題

にも適した素材と考えた。したがって，この素材の「教科内容構成学的記述」化の試みは，それまで自己流の経験則から，教員養成系大学の学生たちに学問的な思考を歴史学の専門性を介してみにつけるための授業の素材になりうると位置づけているその妥当性を，学問的に検証する作業という意味ももっている[6]。

思考力１－問題解決・発見（Ⅰ・Ⅱ）
【Ⅰ－それは何か？　どのように調べるのか？】
　「鎮守の森」は，歴史学では扱えないイメージが社会通念上も学問上も強い対象といえるだろう。聖地として小さな空間に，常緑の広葉樹である照葉樹林のうっそうとした植生が，周囲環境とするどい対照をなして特異にみられる傾向にあることは，日本列島の人間活動領域の多くの部分での，人為不介入の純粋な自然として本来であれば到達した姿，つまり人間活動以前の原生林が名残として残存していることを示していて，それが局所的に残存するのは人々が聖地として手をいれないよう禁忌を設けて保護してきたからである，それは森の文化を持続的に「日本」が伝えてきた象徴にほかならない——などとされている。「鎮守の森」は人間の歴史の「外部」にある純粋な「自然」であり，かつ歴史を「超越」した持続的「日本文化」の問題であるとして，「歴史的なものではない」ことが二重に常識化している[7]。
　こうした議論は，それにまるで当然であるかのように立脚した全国的な文理融合の研究団体が近年でも発足するなど，研究上ですら疑われない強固な自明性をもっていた[8]。ごく最近の研究によれば，こうした神道を原始的な自然崇拝の伝統とみて，自然との共生といった環境論と結合，「日本」の文化伝統の文明批判的現代的意義を強調する思考枠組は，学者の「科学的」自然保護主張にリードされた「神道環境主義パラダイム」の形成という，1970年代，特にその後半以降，環境問題のたかまりが宗教問題に反映してくる世界的動向の日本的形態として浮上する，すぐれて歴史的な現象と位置づけら

れるようになっている[9]。これは，1969年生れの「私」やその世代以降の自己形成にとって，決定的な影響をあたえるタイミングであることを意味しよう。さらに「私」についていえば，自然保護運動家・植物研究家の父親をもち，そうした考え方に知らず知らずのうちに直接日常的にさらされていた。神道環境主義パラダイムの担い手として大変重要な役割を果たしていくのが植物社会学であるが，それに基づく植生調査は，「私」の少年時代の日常光景の一部であり，家にはいつも植生調査票や現存植生図があった。生態遷移と身の回りの雑木林の関係についての議論もかなり以前から知っていた[10]。こうしたなかで父親たちが関わった東京郊外にある多摩市（東京都）の植生調査において，「生態的にもすぐれている」神社林として「最も貴重」とされ，「原点的な樹林」「郷土の森」として高く評価された，照葉樹シラカシ（*Quercus myrsinifolia*, ブナ科コナラ属アカガシ亜属の照葉カシ（樫）類）中心の「鎮守の森」[11]が身近にあった。こうした身近な照葉樹林の「鎮守の森」について，島のように点々と残る原始林の名残なのだろうねえと父親に説明されて，それは感動したものだった。「私」は，同世代の人間のなかでも，とりわけ神道環境主義的な思想環境に強く影響をうけて自己形成していったといえそうである。

だが，大学で人文社会系の学部に入学，歴史学を専攻し日本現代史のゼミで訓練をうけ，大学院にまで入って近現代の地域神社についての地域社会史的研究をすすめ，研究者を志すようになってしまった「私」は，「鎮守の森」が歴史と無関係であることは，どのように過去の史資料で証明されているのだろうか，とふと思うようにもなった。先の説明に即していえば，「原生林であること」と，「残そうとする文化伝統が存在していること」がどのように証明されて結びついているのか，について関心を端緒的にもつようになったのである。現在の照葉樹林が原生林の名残というなら，過去でもそうであったことが多数のケースで証明されていなければ，そもそも原生林理解も文化的持続も，そしてその結合関係も主張できるようなものではないのではな

いか。特に「私」の専門の近現代史は私たちの時代につながりの強い，いわば「近過去」であるから，少なくとも近現代において「変わらない」ものだったかどうかの検証作業は最低限していないとだめだろうし，それは資料的には比較的いろいろあって容易なことだろう，とぽつぽつ考えるようになったのである。

　ところが，当時の「鎮守の森」を扱った研究では奇妙なことに，「鎮守の森」と歴史との無関係性を証明するという根本的なところでの関心にもとづいた歴史的検証が行われた形跡が，学問的に事実上皆無といってよい状況にあった。「歴史的でない」ことは，歴史的に検証されなければ証明されないというあたりまえのことが，そもそも文理いずれの研究者の問題意識からすっぽり抜け落ちたまま，考察の前提として自明化，そのうえで高度に専門的な「科学的」議論が詳細につみかさねられていたというのが現状だった。そのため，「私」は，しばらくてがかりをつかむことができなかった。先述した研究学会の結成にみられる学際的研究の華やかな盛り上がりに，興味とあこがれを抱きつつも，うまく表現できない違和感と，学際的とはいいながら（20世紀初頭の南方熊楠の神社合祀反対運動等に注目する以外は）「鎮守の森」の近現代史研究の必要性や，そこでの歴史的変化の検証の必要性など，まるで必要ではないかのごとき基本姿勢に強い疎外感をおぼえつつも，どうしたらよいのかわからなかったのである。今から考えれば，こうしたことすべてが，神道環境主義が自明の認識枠組として機能している状況であり，その影響をとりわけ強く受けて自己形成してきた「私」は，違和感をもちつつも知らず知らずのうちに拘束され，検討作業にふみきることもないままになっていた，ということになるのだろう。

　こうした状況にあった「私」が，もやもやした思いから，実際に具体的な検証作業を開始してみよう，と決意することにつながる思いをつめていく起点となった経験が，大学院博士課程時代，父親たちが報告書で高く評価した先述の神社の「鎮守の森」が含まれる自治体である東京都多摩市の歴史編

さん事業に，途中からではあるが，かかわるようになったことだった（1995年～1999年）。近代班にいて，宗教や教育に執筆担当がまわってきたこともあり，父親たちが高く評価した神社に関係する「近過去」の地域史資料にも遭遇することになった。こうしたなかで，具体的な「鎮守の森」の史料のなかに，「近過去」と現在を比較するてがかりがえられるものがあるかもしれないとの感触をもつようになった。それはかならずしも明確なものだったとはいえないものの，それでも，検討作業開始への意欲を確実に高めていったのである。

【Ⅱ－資料・情報は何を示しているのか？】

　実をいえば，検証作業を実際に開始することになるまでには，さらに時間が必要だった。1999年に出身大学の研究職に就職していた「私」に，多摩市の自治体史編さんで収集・撮影された厖大な史料や，同地の旧家文書に含まれる「鎮守の森」史料と格闘するようになる機会が訪れたのは，同地にある博物館施設で2006年開催の特別展関連シンポジウム企画講師として招かれた際の講演準備を通じてだった[12]。この企画は里山景観の歴史的形成や生物多様性などを歴史学・環境生物学・民俗学等をまたいで総合的にとらえようとするもので，「私」への依頼も，地域神社といった宗教的な「聖地」もその構成要素としてふみこんで議論できないか，というものだった。これが「私」が検証作業を実際にスタートする直接のきっかけとなった。それは「鎮守の森」や里山のさまざまな分野の研究文献に集中的にあたる機会ともなり，上述の研究上の欠落をはっきり認識した上で，「鎮守の森」にしぼりこんで，同地域近代の厖大な地域社寺関連史料にあらためてまとめて目を通すことになったのだった。

　この過程で件の地域神社について，明治時代初めの1876年，近代日本の土地税制の大改革である地租改正の過程で作成された，この神社境内の当時の立木調査結果がいわば財産目録として書かれた帳面と体面することになっ

た[13]。全国事業のなかでつくられたものだから，おそらく全国各地におなじような性格の史料があることが推測され，実際に他の神社についても同種の史料がわずかながら見つかった。史料は古文書なので，読むためには多少の技術がいるものの，書いてあるのは，単に合計146本の境内立木についての樹種，高さ，幹の太さ，境内の中心か周辺かの位置，等である。通常，我々歴史屋が見向きもしない類いの史料である。樹種は「松」(以下，マツ)，「杉」(以下，スギ)，「雑木」，雑木中の「カシ」等がかき分けられていて，復元ができそうである[14]。その高木部分が照葉樹に相当する木々でだいたいおおわれているようだと判断がつけば，130年前も（当時，以下同）照葉樹林の森ということになり，それならば原生林的という判定もひとまずは可能だろうと考えた。もちろん，上記のように書上げられた樹種で照葉樹と考えておいてさしあたり問題なさそうなのは「カシ」ぐらいなわけだが，たとえば，針葉樹マツばかりなら，照葉樹林としての判定はあきらかにできないことになる。

　以上の見通しをたて，史料にみる「鎮守の森」の照葉樹林性を判定するため，樹木の種類ごと，樹高階層ごとに集計するなどの処理を加えて表化，130年前の鎮守の森を復元してみた。すると，おどろく結果がでた。マツの高木が全体に林立，主力である。次いで多いのはスギのよく成長したものや若いもの。雑木は低い樹高（5メートル程度）で分布。「カシ」は中層以下に僅か数本。たった130年前，照葉樹林はそこにはなかった。マツの森だった。

思考力2―論理的・水平的・システム的・批判的・創造的思考（Ⅲ～Ⅴ）
【Ⅲ―どのように解釈・説明されるのか？】

　それでは，この分析結果はどう考えたらよいのだろうか。まず，はっきりしているのは，原生林残存とそれを人々が聖地としてずっと守って人手を空間的に遮断してきた状態として「現在」の照葉樹中心の状況を説明することは，この事例についてみると，文献史料でほんのすこし検討をくわえただけ

でもまったくなりたたないことである。父親たちの植生調査での「原点的」という評価は，調査結果の「科学性」があっても，記述それ自体は根拠のない「間違い」だったといわざるをえないことになるが，むしろ，保護すべきとする価値付けのために先験的に自明化され，かつ人々が納得しやすい思考枠組を前提に安易に説明してしまったことが「科学的」記述に混在しているといったほうがよいかもしれない。

　それでは，原生林残存では説明のできないこの「鎮守の森」の姿はどのように解釈・説明すべきなのか。マツの大木が林立し，いろいろな高さのスギが多い鎮守の森であることが強く示唆するのは，この神聖空間に130年前には，人が手を加えないどころか，全く反対に日常的に立ち入ってつよく自然に干渉しており，その干渉状態を地域社会が維持してきた，ということである。これは歴史学等での研究が先行して進んでいた里山景観の歴史的変遷をめぐる知見からの判断で[15]，きりひらかれたような裸地環境や，森林化の圧力が高い日本列島で本来安定して成立しにくい草地環境といった明るい環境に，マツはいちはやく森林を出現させるが，森林化がすすみ，林床が暗くなってくるとまっさきに撤退する。こうした先駆樹種としての生物特性を顕著に示すマツの存在は，人間活動の活発化を示す有力な指標として広く知られているのである。里山が成立するような土地でのスギでの広汎な自然林の維持も，全体としてみると極めて考えにくいことも，これまたよく知られている。130年前のこの「鎮守の森」の状況は，まさに原生林とは対極の，マツがやたら多い半自然・半人工的に様々な遷移の途中相を維持しようとする里山における人々の自然との関係のあり方そのものに類似し，そのやりかたの延長線上で維持された「聖地」だと考えるほうがよほど自然なのである。さらに史料上の「雑木」を東京近郊にごく普通な雑木林としての落葉広葉樹林主体と判断するならば，それが樹高5メートルというのも，里山環境で利用状態の雑木林の樹高が想像以上に低く，森林というよりブッシュ状のものであったという研究成果と合致することになり[16]，里山的な「鎮守の森」の状

態として納得いくのである。

【Ⅳ－どのような意味を持っているのか？】

　この分析結果はどのような意味をもっているのだろうか。それは，「鎮守の森」は日本近現代史・地域社会史という歴史学の研究対象として，むしろ大きな意味を持つ可能性がある，という発見であり，それはごく普通の地域行政史料からも実証可能であるということの発見である。近代のたった130年間に何らかのプロセスで原生林の名残にみえる照葉樹林は外見上できあがってしまうこともあるようなのだ。「鎮守の森」は，そのような歴史的な激変を内包することも十分ありえる。里山的な人間の生活文化と融合した局面も十分歴史的に想定しうる。そしてそれらは史料から把握しうるものである。そうであるならば，「鎮守の森」という対象は，最初から変化しにくい，人間社会とあまり関係ないときめてかかるべきではなく，里山が歴史学の対象として分析が深められていったのと同様に[17]，むしろ，人間の歴史とともに激変する歴史学の検討素材として，積極的にアプローチしていくべき対象とみなすべきでものである，と認識することになった。

【Ⅴ－自分はどう判断するか？】

　当初，圧倒的な信憑性と自明性をもって「私」の前にあった，学問研究ですら疑うことなくその補強に荷担してきた，「鎮守の森」を歴史と無関係のものとするイメージは，上記の様な歴史的思考の発揮による作業で，現段階ではひとまず留保すべきことに属すると考えるようになった（根拠なき自明性の崩壊）。それは「私」の自己形成の深層にもくみこまれていた，近年の研究でいえば神道環境主義パラダイムという，1970年代以降日本社会に形成されていった思考枠組の存在が，この研究過程であぶりだされていく過程にもなっていたのであった。結果として，歴史と無関係とする「文化」や「自然」といった主張がいかに「科学的」に真実らしく響いても，それが歴史的

思考を手続きとして欠如した自明化をすすめるような場合には，そうした立場に与しがたいことをあらためて確認することになった。

思考力3－メタ認知・学び方の学び（Ⅵ）
【Ⅵ－次はどうするか？】

　研究状況は先に述べたとおりだが，筆者が再検討をはじめた2000年代後半は，実は文理横断的な学際的研究「植生景観史」において，様々な画像系資料を扱う方法論が成熟し，「鎮守の森」景観がごく最近ですら歴史的にかなり変化するものであったとする個別検証結果が歴史学の外部で集中的に提示されはじめた時期にあたっていた[18]。筆者は禁欲的かつ慎重な態度をとりつつも，まず自己の検討結果に一定の妥当性や一般性があることを確認した。原生林的に現在の照葉樹林の状況を説明できない「鎮守の森」は，古写真，絵図，地図の植生記号など，さまざまな方法で，ちょっとしらべればいくらでもでてくるものだったのである。さらに，画像系資料での分析に対する，文献史料分析ならではの分析上の優位性の所在や貢献できるところなどについて，自信をふかめることになった。身近な地域文献史料をさらに探し求め分析，「鎮守の森」をめぐる豊かな歴史像を，文献史学の手法で積極的に再構築することをめざすことが次の課題となった[19]。

　また，「鎮守の森」のある特定のイメージが，歴史的思考を欠落したあやふやなまま強固な信憑性をもってしまう現代日本社会とはなんであろうか。この問いは，「私」の歴史的関心というものが，「私」の自己形成の問題の奥深くに思いのほかねざす問題であるとの自覚と関連していて，それゆえに現在と未来への「私」の向き合い方にかかわってくる性格のものである。現代日本社会が持つ危険性はなにか。その回避にはいかなる行動が求められるのか。これも，「鎮守の森」をめぐる豊かな歴史像を再構築する中で，具体的に問うていくことができるだろうと考えるようになったのだった。

4．おわりに

　作業の結論として，特定の研究体験を探究的学習過程において，教科内容構成学的に記述することは十分可能であり，かつ「私」が自己形成してきた個別専門の単なる自己流での適用だけでは，恣意的あるいはブレかねない素材の各部分の説明の仕方の方向性が得られた。また，研究体験を前述のように学問的思考養成においてこれまでとりあげてきた，その妥当性自体も，確認できたと考える。

　そのうえで，今後深める点として考えるべきなのは，確かに，思考力育成のための探究的学習過程において思考力2－Ⅲ・Ⅳがポイントなのだが，これを単なる内容理解ではなく，学生の思考力獲得のための「体得」に資する機会にもちこむためには，思考力2－Ⅲ・Ⅳをあくまで念頭におきつつも，その素地の形成・熟成過程にあたるそれ以前の部分をいかに説得的に説明するかの工夫が重要だ，という点だろう。今回作業してみてあらためて認識したのは，「鎮守の森」の近現代史研究は，最近でこそ，比較的取り組みやすいテーマに成長しつつあるが，筆者に即していうなら，先にみてきたように，それこそ卒業論文以前にまでさかのぼる源流をもちながら，さまざまな諸条件がそろってはじめて検討可能になったという経緯をもっている。探究的学習過程の思考力1－Ⅰ・Ⅱの記述が分厚いことには，それなりの意味があるのである。つまり，今回の記述における思考力2－Ⅲ・Ⅳ部分は，それ以前の時間を必要とする過程の蓄積が出そろい，くみあわさって急速に展開する過程なのであり，その部分のみ外形的に強調したところで，自分自身の思考力養成という当事者性の次元には接触できず，結果的に教育的な思考力養成にはほとんど意味をなさないように思われるのである。この，探究的学習過程はもちろん，教科専門の範囲を超えかねない問題について，どの程度まで社会科教育内容構成学が実質的に貢献できるかは，今後考えてみてもよい課題だろう。

今後の展望について。今回の作業のなかで、教員養成系大学の教科専門における卒業論文作成・修士論文作成がいかなる意味をもちうるか、もつべきなのか、その存廃論や一貫制論も含め、あらためて教科内容構成学的に全く新しい位置づけやあり方を考えてみる必要もあるのではないかと考えるようにもなった。教員養成系大学における思考力の獲得という点に重点をおくならば、ここで記述したような内容を授業に反映させるだけでは完結せず、そのうえでの定着過程としての「実習」が不可欠となるからである。それは当然、教員養成系大学の教科専門の卒業論文・修士論文作成過程との関係性を考えるほかはない。個別専門学知再生産がベースとなっている卒論修論作成法の準用＝劣化版ではない積極的な方向性を──ただしあくまで思考力養成を軸として──どのようなあり方が社会科独自のかつ教科内容構成学的専門性のもとで構想できるのか。時間をかけて考える価値はあるのではないだろうか。

注

1) たとえば歴史学研究会編『歴史を社会に生かす　楽しむ・学ぶ・伝える・観る』（東京大学出版会、2017年）や、「歴史実践」を高らかにぶちあげる、歴史学研究会編『第4次現代歴史学の成果と課題』全3巻（績文堂出版、2017年）の刊行などに、その傾向は顕著にみられる。

2) 国立大学法人上越教育大学　大学改革戦略会議「21世紀を生き抜くための能力＋α」ワーキンググループ編『「思考力」を育てる－上越教育大学からの提言1－』上越教育大学出版会、2017年。

3) 国立大学法人上越教育大学　大学改革戦略会議「21世紀を生き抜くための能力＋α」ワーキンググループ編『「思考力」が育つ教員養成－上越教育大学からの提言3－』上越教育大学出版会、2018年。

4) たとえば、安丸良夫『日本の近代化と民衆思想』（青木書店、1974年）の「あとがき」、中村政則『近代日本地主制研究－資本主義と地主制』（東京大学出版会、1979年）の「地主制研究と私」（補章Ⅱ）。

5) たまたま目についた範囲だと、たとえば、鈴木和雄『日本のイカリソウ－起源と

種文化』(八坂書房, 1990年), 矢原徹一『花の性―その進化を語る』(東京大学出版会, 1995年)。

6) 本項で記述する内容に対応する筆者の研究論文は, 畔上直樹「明治期「村の鎮守」の植生と地域社会：東京都多摩地域の地域史料をてがかりに」(『明治神宮聖徳記念学会紀要』復刊46, 2009年)。ただし, 同論文には本項記述のその後の研究展開の部分も含まれている。また, 本項の記述に関連が深い性格の文章として, 畔上直樹「日本近現代史と「原生林」」(『歴史評論』768, 2014年)。ただし, こちらも本項記述のその後の展開部分が含まれている。

7) たとえば, 上田正昭・上田篤編『鎮守の森は甦る―社叢学事始』(思文閣出版, 2001年), 上田正昭編『探究「鎮守の森」』(平凡社, 2004年), 宮脇昭『いのちを守るドングリの森』(集英社新書, 2005年)。

8) 自然を軸とする日本文化の価値が集約された神社等の調査研究とそれにもとづく保護を学際的にすすめる目的で「社叢学会」が2002年に設立された。

9) 神道環境主義パラダイムについては, Rots, Aike P. 2015 Sacred Forests, Sacred Nation: The Shinto Environmentalist Paradigm and the Rediscovery of *Chinju no Mori*. *Japanese Journal of Religious Studies* 42/2. 同様の議論は, 宗教者の言説に中心においたものではあるが, 地理学でもやや先行してとりあげられている (藤村健一「日本におけるキリスト教・仏教・神道の自然観の変遷―現代の環境問題との関連から」『歴史地理学』252, 2010年)。また, こうした主張に共有されている性格を「エコ・ナショナリズム」と規定して, 朝日新聞社説を例示しつつ広く日本社会に自明化していることを先駆的にとりあげたものに, 環境倫理学者である森岡正博の『生命観を問いなおす―エコロジーから脳死まで』(筑摩書房, 1994年) がある。

10) 当時の「私」の「愛読書」であった東京都公害局自然環境保護部編・発行『自然はともだち』(1976年) は今も手許にあるが, その「雑木林」の説明 (13-14頁) は, 燃料革命後の当時の東京における雑木林を, クレメンツ流の生態遷移論でわかりやすく図解したものである。

11) 曽根伸典・畔上能力・宮下太郎・㈳日本公園緑地協会『多摩市の植生』(多摩市, 1981年) 138頁。東京都多摩市和田の産土神 (の一つ) である十二神社のこと。共著者の一人である畔上能力が, 「私」の父親である。

12) パルテノン多摩特別展「多摩の里山 『原風景』イメージを読み解く」関連シンポジウム「多摩の原風景をさかのぼる」(2006年4月16日開催)。当日, 筆者は「『鎮守の森』の近代史―多摩の社寺林」と題して講演した。

13）八大区六小区和田村「十二社宅地并上知立木取調帳」1876年9月3日，武蔵国多摩郡都和田村石坂家文書，国文学研究資料館（歴史資料）所蔵32V／391-2。
14）ここでいうマツは，内陸性で日本列島に広く自生するマツ科マツ属のアカマツ *Pinus densifolia* とほぼ考えてよい。
15）原田洋・磯谷達宏『現代日本生物誌6　マツとシイ』（岩波書店，2000年），また，注13のパルテノン多摩特別展の図録である，パルテノン多摩編・発行『特別展　多摩の里山―「原風景」イメージを読み解く』2006年所収の論考・富田昇「多摩の里山景観の変遷―とくにアカマツの衰退に注目して」。
16）小椋純一『植生からよむ日本人のくらし』雄山閣，1996年，富田前掲論文「多摩の里山景観の変遷」等。
17）水本邦彦『草山が語る近世』山川出版社，2003年。
18）鳴海邦匡・小林茂「近世以降の神社林の景観変化」『歴史地理学』48-1（227），2006年，小椋純一「古写真と絵図類の考察からみた鎮守の杜の歴史」『国立歴史民俗博物館研究報告』148，2008年（後，同『森と草原の歴史　日本の植生景観はどのように移り変わってきたのか』古今書院，2012年収録）。
19）筆者のこの系列での研究の展開自体については，畔上前掲「明治期「村の鎮守」の植生と地域社会」，同「戦前日本の神社風致論と明治天皇の「由緒」」（歴史学研究会編『シリーズ歴史学の現在12　由緒の比較史』青木書店，2010年所収），同「戦前日本社会における現代化と宗教ナショナリズムの形成」（『日本史研究』582，2011年），同「戦前日本の「鎮守の森」論」（藤田大誠・青井哲人・畔上直樹・今泉宜子編『明治神宮以前・以後：近代神社をめぐる環境形成の構造転換』鹿島出版会，2015年所収），同「創られた聖地―「鎮守の森」をめぐる構造転換と景観改造」（島薗進他編『シリーズ日本人と宗教　近世から近代へ　第4巻　勧進・参詣・祝祭』春秋社，2015年所収）等参照。

付記：本稿は，畔上直樹「21世紀型思考力と歴史学研究者のあいだ―「私」の研究体験を社会科的思考力として記述する」（国立大学法人上越教育大学　大学改革戦略会議「21世紀を生き抜くための能力＋α」ワーキンググループ編『「思考力」が育つ教員養成―上越教育大学からの提言3―』上越教育大学出版会，2018年，所収）をベースとして大幅に増補・改稿したものである。

第3節
「世界史」の教科内容の構成の視座

下里　俊行

1．はじめに

　社会科の教科内容は，第1章でみたように，その内容を認識し実践する主体（子ども）と不可分の関係にあり，その主体自身は，主体の外部から客観的にみれば，地球表面上の特定の空間的場所と有限な持続的時間のうちに，一人の人格として特定の私的な価値観とともに特定の社会的価値観（公共善）を共有して生活している。つまり，「子ども」あるいは「学ぶ主体」という存在はいわば抽象概念であって，教える場面で教員が直面するのは，個別具体の身体と自己意識と名前をもった人格的存在である。それゆえ，社会科の内容を構成するさまざまな知識・技能の在り方も，それを学ぶ主体の個別具体的な体験，それにともなう情動，とりわけ内発的動機と不可分に結びつかない限り，それらの知識・技能は，個々の人格にとっての「生きる力」となることは難しい。それゆえ，社会科の教科の内容は，何時（時間），何処（空間）で，どのような価値観のなかで生まれ育ったのかという生身の主体が置かれた外在的環境との相関関係あるいは被規定性のなかにおかれつつ，同時に，やはり同じ生身の主体が，自らの興味関心にもとづいて自発的に習得していくはずのものという自己組織的性格をもっている。このことは，社会科の教科が念頭においている「社会」とよばれる現象が，自然現象や数学・言語などと異なり，諸個人の関係性の総体からなっており，認識主体が認識対象そのものを構成しているだけでなく，認識主体自身が同時に実践主体として実践対象である同じ「社会」（諸個人の関係性の総体）を変容させることができるという特殊な対象であることに由来している。したがって，社会科の

教科内容は，一方で，時空間的制約，つまり時代的・地域的な諸条件に制約されているが，他方で，それらの制約を超克しようとする自律的・自己規定的性格をもつはずであり，このような受動・能動の二重の性格は，学ぶ主体の子どもだけでなく教える主体の教員の側にもあてはまる。つまり，教員自身も，一方で，特定の時代的・地域的な制約をうけながら，他方で，自分自身の興味関心にもとづく自発的な自己研修のなかで，知識・技能を習得してきたのである。それゆえ，教員養成課程における社会科の教科内容の「構成」を研究するという課題は，第1に教科専門の教員自身，第2に教科専門を学ぶ学生自身，第3に，その学生が将来教えることになる子ども自身という三者関係を前提として，それぞれの世代の時代的・地域的制約を考慮しつつ，学びつつ教える主体の自己組織化への動機を喚起するという課題，つまり，持続的に研究する教員のあり方を明らかにするという課題でもある。

そこで本節では，このような課題を筆者自身に即して概念的に省察することによって，教科としての「世界史」の内容の構成のあり方を検討するための手がかりとしたい。具体的には，筆者がたどった「世界史」像の形成過程を，さらに筆者が担当する教科専門科目「世界史研究入門」の授業構成および教材研究の過程を回想しつつ，それを言語化し，概念的に表現することによって社会化し，つまり，物語化し，他者と共有可能な検討対象にすることである[1]。

2．自己形成史の一環としての「世界史」像の形成

筆者の過去への眼差し（原初的な歴史意識）は，学校での系統的な「歴史」にかかわる教科内容に先立つかたちで，そして，並行するかたちで形成されてきたといえる。それは，周囲の家族・親族の人生の物語に端を発して，盂蘭盆など宗教儀礼のなかで触れる位牌や墓碑を通じて祖先との継承関係の自覚が形成され，さらに身近な地域から出土した遺物や遺跡の観察を通じて，自然史（化石），先史時代（土器・石器），古代（古墳），中世（神社・仏閣），近

世（城跡・石碑）にいたる，「古さの深み」の感覚，つまり，何がより古く，何がより新しいのかについての直観的な感受性が会得されていった。こういった感覚が育まれるうえで，最古のものから最新のものまで多様な遺物・遺跡に体験的に（図版や映像だけでなく現物や現地で）触れ合うことが重要であった。他方で，毎年繰り返される宗教・伝統行事への参加によって，世代交代のなかでの特定の文化が連続しているという感覚，つまり，文化の持続性の感覚が育まれたといえる。いうまでもなく，これらの特定の具体的で個別的な体験は，学校での社会科を中心とする系統的な教科内容と結びつけられることによって，言語化され，概念的な理解へと高められていくことになるが，逆に概念的な理解がさらなる具体的な体験への動機の呼び水にもなる。つまり，身近な地域の具象が概念化され，その概念を通じてより外延的な具象への希求が呼び起こされるという相互関係である。

　例えば，通学路の水田の畦道で拾ったモノとしての「土器片」は，社会科の教科内容を通じて「縄文土器」という概念と結びつき，自分が暮らす「地域」の〈歴史的地層〉のような時間的な重層構造を思い浮かべることができるとともに，この概念を通じて，日本列島内に共通する土器文化というかたちで過去における空間的同質性を思い浮かべることができ，他の地域の似たような土器を見てみたいという動機を生み出す。このように，局地的な時空間で繰り返される日常生活での，子どもの日常的な生活世界が「日本列島における縄文時代」という特定の時空間世界へと拡張されるプロセスで重要な役割を担ったのが，一方で，体験的な「土器片」との出会いであり，他方で，体系的な社会科における概念（地域区分，歴史区分）であった。同じようなプロセスが，具体的な遺物・遺跡・史跡・行事を通じて繰り返されるなかで，個人の人生の有限性を超えて連続する時空間（古代から近代）という歴史的な諸概念の習得がなされていく[2]。

　他方，「近代」と「現代」あるいは「同時代」とのあいだの断絶についての身近な感覚の端緒となっているのは，家族の人生についての物語で知った

「戦中」と「戦後」の激変の印象である。ただし，これらの過去への眼差しは「歴史」への関心の土壌となったとはいえ，その関心をさらに増幅させたのは，自分の身近な「歴史的」体験，一種の心的後遺症をもたらすような出来事であったいえる[3]。具体的には，1970年代初頭の減反政策による田園の景観の激変（稲作から畑作への大規模転換），そして石油ショックによる品不足（商品のない陳列棚）を見た体験である。こうした身近で具体的な生活世界の変容の体験が，将来への不安を背景として世界の変化をもたらす因果連関への関心（「なぜ」という問い）を呼び起こし，小学校社会科における歴史的分野，とりわけ外来的要素への関心を増幅させる役割を果たした。この点に筆者の「世界史」つまり，「自国史」ではなく自国史を包摂する「世界史」への関心の端緒がある。つまり，身近な生活世界の変容が，内発的発展の結果ではなく外在的作用の結果であるという直観が，身近な地域社会・地方自治体レベルを超えて日本国全体への関心，さらには外国あるいは国際社会への関心を呼び起こしたといえる。筆者が体験したトラウマ的出来事は，歴史的な視点からみれば，日本社会の高度成長期における産業構造の転換と，その背景にあった世界経済のグローバル化の作用の一端であったことは後から理解することができたが，肝心なのは「なぜ」という問いを持つこと，持ち続けることであった。

　こうした外部への関心を背景にして，小・中学校での社会科を通じて，筆者の歴史観が形成されていったのであるが，その際，教科書の内容以外に大きな影響を与えたのが，地域社会に即した副読本や学年単位の近隣の他地域への社会科見学であった。副読本は身近な地域の歴史認識を，社会科見学は身近な地域からみた近い外部世界への眼差しを育んでくれた。さらに筆者個人の歴史認識の深化を促したのが，歴史クラブや郷土クラブといった社会科系の課外活動であり，社会科教師によって教示された自治体史（町誌，郡史）の読書である。高校時代は，教科としての「世界史」と同時に哲学・思想に関心をもつようになり，予備校時代には，友人や読書を通じて，歴史的事件

や思想をめぐる解釈の差異や対立の面白さを知ることで，教科書叙述とは違った歴史観の多様性を知ることになった[4]。また日本と外国との関係についての関心を呼び起こしたのは，なによりもまず歴史的事象を題材とした映画である。特定の主人公たちを中心に構成されている映画の脚本は，有名・無名の過去の事象の文脈のなかに具体的な生きた実存的人間を置いて物語を展開している。例えば，筆者にとって衝撃的だったのは，旧満洲と旧ソ連を舞台にした映画『人間の條件，第5・6部』（五味川純平原作，小林正樹監督，1961年）であり，筆者のロシアへの関心もこの映画に触発されている。

　大学の学部時代では，初めて本格的に学術的な歴史学研究や思想史研究に触れることができ，同時に第2外国語としてロシア語を履修したが，そこで学んだことは，第1に，一次史料や原典を精密に読解することの重要性であり，第2に，それら史料・原典（テクスト）の解釈が多様であり，ときには対立しているという研究状況であった。大学受験で問われた教科としての「世界史」の内容のイメージは，一つの問いに対して一つの正答が必ずあるという1対1対応の硬直的なものであったが，大学での歴史学研究の主たるテーマは，同一の原典あるいは出来事が相対立する内容として解釈されるという論争的問題であった。つまり，高校までの歴史教育とちがって，大学での歴史学研究は，歴史上の通説・定説が確立していないようなテーマに主たる関心を向けるのであり，さらに従来の通説・定説に懐疑の目を向けることこそがその最も重要な課題であるとされていた。大学での授業，ゼミだけでなく，有志による自主ゼミでの討論やさまざまな研究書を読むなかでわかってきたことは，歴史研究上の論争的問題は，直接，過去の事象を扱っているように見えて実はその背後に将来実現されるべき価値・理念の対立を含んでいるという点であった。具体的には，初期マルクスの思想形成を巡る論争（疎外論と物象化論）であり，1917年のロシア革命の性格をめぐる論争（勝利した革命と裏切られた革命）などである[5]。これらの事例が大学生時代の筆者に示唆してくれたのは，そもそも思想史研究や歴史研究は，将来の社会の価値

選択をめぐる論争と結びついており，現代社会の諸問題に対する批判的意識に立脚しているということであった。

　大学では所属した学部の専門的な授業だけでなく他学部のさまざまな授業を受講することで，遺伝子工学やチェルノブイリ原発事故（1986年）に触発された環境問題から社会史，女性史，法哲学史など自然・人文・社会系の幅広い問題系列に触れることができた。卒業論文では，近代社会に内在する矛盾や対立をどう克服するのかという問題意識から19世紀ロシアの社会思想家の原典を読解したが，このテーマが大学院時代をへて現在の研究テーマにつながっている[6]。このような問題意識が現在まで持続している背後には，20世紀のロシア・ソ連史が近代社会の問題解決をもたらすことなく，1991年のソ連の崩壊とともに世界史の「新しい時代」が始まったという感覚がある。この感覚は，1992～93年にソ連崩壊後のモスクワで研究生活を送ったという自分自身の体験に裏付けられている。「現代」という時代区分が，現在生きている人々の生活体験上の大きな変化によって規定されるとすれば，筆者にとって「現代」はソ連崩壊以降から始まっている。このように自己形成史を省察した時，筆者の「世界史」像の二つの重心は，1960年代末以降の自分自身の生活史と研究対象領域としての19世紀ロシアであるといえる。さて，この核心的部分から，どのようにして教員養成課程における「世界史」の授業担当者が「世界史」像を意識的に構成してきたのかを以下に記述したい。

3．教科専門科目「世界史研究入門」の授業構成

　現在，筆者は，教科専門の外国史に相当する授業「世界史研究入門」を担当している。1995年に赴任した時は「外国史概説」という名称で授業を担当していたが，高校までの教科内容との接続を重視したカリキュラム改革の結果，現在の「世界史研究入門」という名称に変更した。この授業の内容についていえば，当初は，古代から現代までのヨーロッパ中心の通史的構成になっていたが，もちろん，そこには，自らが体験したソ連の崩壊によって，そ

れまで「東西冷戦」として特徴づけられてきた「現代史」像が解体され，一時的に「冷戦後」という歴史意識が生み出されていたという情況も反映されていた。とりわけ，東アジアにおける「冷戦後」的な雰囲気がうまれるなかで，日本・韓国・中国・ロシアの研究者たちとの「東アジア」の歴史表象を主題とした歴史教育と歴史教育との対話的研究がすすめられ，それ以前のヨーロッパ中心主義や東西対立といった図式の相対化と「国民国家」に還元されない小さな「地域」を軸にした世界史像を構築しようと構想するようになる[7]。しかし，このような構想に衝撃をあたえたのが，2001年9月11日のニューヨークでの同時多発テロであり，それに続く「テロとの戦争」という非対称戦争であった。今からみれば，ソ連崩壊と同時多発テロは，現代史の地政学的風景を一変させたが，このこと自体が，歴史学の根源的な理解と歴史教育の課題について原理的・認識論的に再考することを筆者に促したことはまちがいない。さらに，この再考を加速させたのが，2011年3月11日の東日本大震災と原発事故の体験である。この体験は，歴史認識の問題と主体のあり方との関係性を視野に入れて，歴史学と世界史を根底的に考え直すきっかけになった。

　以上のような経緯のなかで，次の表1に示したような「世界史研究入門」のシラバスの骨組みが考案されたのである。そこでは，歴史学一般の認識論・方法論・史学史的な内容と，古代から現在までのアジアとヨーロッパを包摂するユーラシア大陸を中心とした具体的な歴史的事象を扱う内容（視聴覚教材を含む）とが結びついた構成になっている。この授業の到達目標は，「世界史上の時代と地域に固有の多様な諸問題および全人類に共通する諸課題に対する視野を広げ，当面する歴史教育の課題を念頭に置きながら，現代のグローバル化社会の中で主体的に生きるために必要な歴史的思考力と自覚を養い，具体的で身近な資料や題材を多角的に活用することによって歴史を学ぶ面白さと過去の出来事を尊重しながら現在を意味あるものとして生きる態度を身につけることを支援する」としている。簡潔にいえば，「問題」や

表1 「世界史研究入門」シラバスにおける授業計画・内容とその概要

回	授業のタイトル	理解すべき内容
1	過去の出来事と歴史とを区別する	過去の1回限りの出来事と，この出来事について物語的に記述しているテクスト（text）としての「歴史」とは次元が異なること。
2	書かれたもの＝text としての歴史	
3	過去の出来事の意味づけ方と表現の仕方の問題	歴史（history）は，過去の出来事の痕跡（遺物・記憶・記録などの史料）を特定の問題設定（歴史観）を媒介に意味づけ表現し，物語（story）化することで構築されること。
4	「歴史」の作られ方／読み方	
5	戦後歴史研究の歴史（史学史）——政治史から社会史へ	戦後歴史学研究は，国家権力や統治を軸にした政治史，経済的な制度や利害・階級対立を重視した社会経済史をへて，政治経済を包摂する日常生活や長期変動を考慮した社会史，人間社会のあらゆる領域を文化概念で再認識する文化史へと移行してきたこと。
6	戦後歴史研究の歴史（史学史）——社会史から文化史へ	
7	史料の読み方（史料論）——言語論的転回と文化史	文献史料の読み方は，テクスト上の個々の言葉を，モノや事象が反映されているものとして読解するのではなく，テクストの作者が読者に向かって特定の意味を構築しているものとして読解する必要があること。視覚史料の読解は，画面の切り取り方などその制作の文脈を踏まえて関連する文献史料の読解と不可分であること。動画史料も同様に画面と録音の構築性に注意すること。
8	絵画・写真史料の作られ方とその読み方——平面情報の可能性と限界	
9	動画史料の作られ方とその読み方——動画情報の可能性と限界	
10	歴史学の主要な分析概念：地域区分	等質な空間と歴史上の時間は，特定の基準によって多様に区分されること。歴史的地域区分の多元性と変動，自然地理的区分との相違，古代から現代までの時代区分の歴史性，非連続性と連続性。
11	歴史学の主要な分析概念：時代区分	
12	歴史学の主要な分析概念：国民，民族，宗派	人間集団の諸概念（人類，「人種」，民族，国民，宗派，ジェンダー，子ども，老人），人間の意識に由来する思想・世界観・イデオロギー・文化は，歴史的に形成され変動してきたこと。
13	歴史学の主要な分析概念：思想・世界観	
14	世界表象の諸問題：世界史における「世界性」の意味	歴史学によって明らかにされた歴史事象を統合する原理としての「世界性」についての多様な含意，とくに歴史哲学の歴史。
15	世界史教育の課題と実践をめぐる諸問題	履修者各自の問題意識にもとづく課題設定と授業計画の作成

（著者作成）

「課題」を重視しながら，「具体的で身近な」教材をもちいることで，主体的によりよく生きるための「歴史的思考力」を養うことを主眼としている[8]。15回の授業構成は前頁の表1の通りである。

　この授業案では，高校「世界史」で主として扱うような個別具体的な事象というよりも，それら事象を「歴史」の研究・教育としてのどのように扱うべきかという認識論や方法論に関わる主要概念を軸に構成されている。とりわけこの授業で重視しているのは，過去・現在・将来との関連性で「時間」を考察したうえで，時間のなかで生じる1回だけの過去の出来事と，「歴史」として構築されているものとの区別と相互関係を根源的に理解すること，つまり，歴史的に思考することの根本的な意味を理解することである。このような原理的な歴史的思考に立脚してはじめて，歴史研究や歴史教育の内容を構成する史料のあり方，その解釈の枠組みとしてのさまざまな歴史観，分析枠組み（時代区分，地域区分，集団区分，思想類型等）の意味を掘り下げて理解できるようになると考えている。とりわけ，時代区分，とくに近代と現代との区分の基準は何かという問題は，認識主体が，現在の延長で過去を理解できる範囲が，同時代としての「現代」を構成するのであり，そのような同時代としての近い過去とは断絶された遠い過去の一部が「近代」を構成する。同じような関係が，近代と中世，古代との間にもある。つまり，「近現代」として括られる同時代性とは異質な時代性をもったのが，前近代であり，その前近代における近い過去が「近世」あるいは「初期近代」と呼ばれ，遠い過去が「中世」とよばれ，同じ関係性によって，さらに「古代」が措定される。これらの時代区分を貫通するのが全体性あるいは長期持続である[9]。もちろん，このような抽象度の高い概念の説明に際して，実際には高校までに履修している具体的な歴史的事象を「事例」として取りあげており，結果として，逆に，個々の歴史的事象を深く概念的に理解することが可能になる。したがって，教員養成課程における「世界史」の教科内容は，具体的な歴史的事象を時系列的あるいは地域毎に羅列するのではなく，また高校までの教

科内容の反復でもなく，むしろ高校までに履修した具体的な事象を，学術的な諸概念を通して人類史としての「世界史」の全体性のなかに再定位し，他の事象との関連を構造的に説明することによって，それらの歴史的事象の現在性の意味，つまり，現在において将来を志向して生きている人にとってどのような意義をもっているのかを再考させることが重要である[10]。

4．時間・過去・歴史の概念的考察

現在，筆者は，「世界史」のほかに「教科内容構成「社会」」という授業を担当しており，そこでは，歴史学や世界史を社会科という枠組みで位置づけ直して教えている。そこでは，教科としての「世界史」を社会科の構成原理の一つである「時間」という次元にまで深く掘り下げて理解することを狙いとしている。

ニュートンが提起し物理学が立脚する等質で計量可能な「絶対時間」は，人間主体が関与しない，始点と終点をもたない無限の延長である。しかし，社会科が扱う「時間」概念は，人間主体との関わりにおいて考察される必要がある。それは，ちょうど，アインシュタインが「時間」を観測者が属する座標系との相関関係で規定したことに似ている。そもそも「時間」概念は，ギリシャ哲学およびユダヤ・キリスト教を背景にしたヨーロッパ哲学の系譜と，インド哲学や仏教，中国や日本とでは異なる意味をもっているが，近代に成立した「歴史学」が立脚するヨーロッパ哲学内部においても「時間」概念の捉え方は多様である。例えば，プラトンでは，時間は永遠のイデアの模倣であり，アウグスティヌスにとって時間は心における過去の記憶，現在の注目，未来の予期として理解され，カントでは時間は主観が現象を把握する直観の形式であり，逆にヘーゲルでは時間は存在の形式である。さらに，ベルグソンにとって時間は，空間とは無関係の「純粋持続」として捉えられている[11]。

子どもの生の視点を考慮する時に，このベルグソンの考え方はきわめて重

第 3 節 「世界史」の教科内容の構成の視座　137

要である。彼は，自己意識の本来のあり方，直接の所与を「純粋な持続」，つまり，「空間」も「時間」も関係のない異質で多様な同時性の持続であると直観したうえで，この自己意識の純粋持続が，いわば，大きさを計測することができるような延長をもつ等質な「空間」と混同・類比させるかたちで概念的に構成されてしまったものが等質な「時間」であると捉えている。例えば，私たちが「時間」を忘れる時，何かに没頭している時は，自己意識は，時計によって計測される等質な環境としての絶対時間とは無関係に持続していく（正確にいえば，自己意識すら融解していく）。ところが，この持続する自己意識が「社会化」されるということは，いわば純粋な持続が，外在的な記号化された「自我の外的投影」へと疎外され，言語を媒介に，等質な（計量可能な3次元で構成された）「空間」と，一種の空間的なものとして表象化された（線分tで表記される）「時間」から構成される外的世界に位置づけられることを意味している。このことは，純粋な持続としての自己意識からすれば，自由の喪失であるが，逆に，カントが科学的認識の基盤として考えた，絶対空間と絶対時間によって構成され因果性に貫徹された外的世界が構成されることになり，そこにおいて知性の交流と社会生活が存立することになる[12]。

ベルグソンは，19世紀末の機械論的決定論から自由の概念を救済し，「言語」と「空間」が自由な意識の持続を束縛する側面を明るみに出そうとする意図をもっていた。このような視点は，言語と空間および時間という諸形式の枠組で歴史的内容を概念的に構成している歴史教育のあり方を再考するための重要な視点を提供してくれる。つまり，自己意識の持続という次元からみれば，教科内容としての世界史はこの自己意識から超越した次元において観念的に諸概念によって構築されているものであるから，この構築性を改めて再確認することによって，より高次の自由な自己意識にもとづいて人類の過去の出来事を内発的に思考することが21世紀型の歴史的思考力の核心部分であるといえるのではないだろうか。まさに特定の時点である1687年にアイザック・ニュートンは「絶対の，真の，数学的時間は独自に，また必然的に，外

界のいかなるものとも無関係に一定の速度で流れる」と「絶対時間」を定義した（『自然哲学の数学的原理』）[13]。このような「時間」の数量化あるいは空間的表象化，時間の流れを空間的な線分で表現することは，ヨーロッパでの世界観の変容の一環であり，そのグローバル化とともに現代人の思考を根底で制約し続けているものである。だが，それは，意識の純粋な持続の観点からみても，人類史的な観点からみても，多様な時間観のひとつであることを再認識する必要があるだろう。

そもそも「時間」という観念は，異なる世界観や文化体系によって多様である。また，この時間の区分の仕方も，歴史的にたえず宗教的・政治的な力の作用を受けて変化してきた。日本史に限っても，自然現象としての太陽，月，季節の変化だけでなく，旧暦，西暦，元号，皇紀など複数の異なる時間区分が人々の生活を紀律化してきた。それは，特定の効果をもたらそうとする権力者の実践そのものであり，永遠不変の「当たり前」の事実ではない。このような「時間」を統制しようとする文化としての実践が典型的に現れている領域が「過去」と呼ばれているものである。

そこで，時間を区分するもう一つの規準としての過去・現在・未来（将来）の相互関係についての一つの哲学的考察を見てみよう。

> 過去と将来とは交互的聯関において立つ。〔…〕歴史的時間において現在を介して将来に影響を及ぼす過去は，客観的存在を保つものとして純粋の他者ではなく，可能的自己の範囲における他者性の契機に対応するものに過ぎず，すでに主体の自由に委ねられたるものであり，従ってすでにはじめより将来的性格を有し，すでに将来によって色どられ影響されたるものである。過去は常に将来の支配の下に立つ。単なる事実性実在性〔としての過去〕はもとより主体の処理を拒むであろう。しかしながら〔過去の〕内容は，即ち文化的意義における存在は，観念的存在，意味としての存在である。それ故歴史における過去は単なる既定的事実ではない。それは将来の異なるにつれて変貌を見るべき存在である。歴史的事実は，「歴史的」と呼ばれる得る限り，主体の生の移動と共に絶えず変貌する流動的性

格を担う。過去の回顧は将来の展望によって絶えず新たなる姿と新たなる色彩とを展開する。かくの如く将来の優越性のもとに現在を介して行われる過去と将来との交互的聯関において歴史は成立つ。歴史において人はいつも新たなる将来に生き，更にそのことによって，またいつも新たなる過去において生きる。かくて過去は全く取返しのつかぬ決定的宿命的なる事柄では無くなる[14]。

ここでは，過去の意味が将来像との関係で規定されるという側面を指摘している。例えば，歴史学者 E. H. カーは，名著『歴史とは何か』で「歴史とは現在と過去との対話である」と定義した。それとは対照的に，ここでは，過去の意味は，将来をどう見るかによって左右されること，その意味で，現在の主体の将来への眼差しが遡及的に過去の事象に意味を与えるという関係性が指摘されている。このような「過去」観は，歴史認識をめぐる差異と対立の原因を上手く説明するものである。歴史認識＝「過去の意味づけ」をめぐる対立は，将来像をめぐる対立の代理抗争＝実践という側面をもっているのである。

こうした過去と「歴史」との違いについて，アメリカの歴史家 H. ホワイトは，専門的な歴史研究者が掲げる「歴史」は「過去」のなかでも「一定の時間と場所において歴史家という専門的職業のあいだで通用している前提と方法と目的に従って構成された部分」でしかないと指摘している[15]。彼は，アカデミズムで支配的な「客観性」や「価値中立性」を拠り所として過去をアイロニー的に考察する姿勢を批判して，過去から歴史を構成する歴史家と歴史哲学者に次のような能動的な役割を期待している。つまり，アイロニー的姿勢から脱却して「歴史を概念化し，その内容を理解し，その過程の物語的解釈を描くこと」，「自身の倫理的，審美的志ともっとも合致している様式を選ぶこと」によって，19世紀に歴史学が勃興した時代のように「歴史意識がふたたび大きな詩的，学問的，哲学的プログラムと結びつく可能性」を切り開くことである[16]。ここでいう「歴史哲学者」とは，歴史を素材として思

考することに携わる人という意味で，歴史教育者をも内包していることは言うまでもないだろう。こうして，「歴史」は，歴史的空間上に年表のように固定化された価値中立的な情報群というイメージから解放されて，現在性とそこでの価値次元での自由な選択や想像力と不可分の関係をもつことができるのである。

5．過去の見方の歴史——歴史学の形成と現代歴史学の諸課題

　ヘイドン・ホワイトのいうように確かに歴史学が扱う「歴史」は，現在の歴史研究者や歴史教育者によって，過去の痕跡としての史料や教材をもちいて構築され記述された作品であることは否定できないだろう。だが，「歴史」と歴史小説のような文学作品との相違点についても留意する必要がある。歴史は，それが扱う過去の出来事の「実在性」を前提として存立する学問領域であり，この出来事の実在性の根拠を，人間の意識の外部にある物質的なものとしての史料に求めている。それは，歴史研究が歴史教育とともに，認識対象の実在性を前提にして発展してきた自然諸科学と協働するために不可欠の前提である[17]。そして，「過去の出来事」という研究対象の実在性への確信に立脚するかたちで，歴史研究は古代から現代まで自己同一性を保持してきたし，そこでの持続的発展，つまり，「より優れた，説得力のある」歴史記述の探究がおこなわれてきたのである。そこで，以下では，本節が提起する「世界史」の教科内容の不可欠な部分を構成する過去の見方の歴史，つまり，歴史学の形成と最新の動向についての授業構成を紹介したい。

　三島憲一によれば，歴史（history）の語源となったギリシア語のhistoreinは，情報・知識を得る，集めるという意味であり，ヘロドトスの『歴史』は，各地の見聞，人々の証言，自身の調査によって集めた資料を駆使した無数の逸話や物語の集積であり，アリストテレスの詩学においてヒストリアは，はじめて歴史記述を表す特別な語となり，起きたことの再現的記述とされるようになり，中世では，年代記など事績集が記されたが，多くの場合，そのつ

第3節 「世界史」の教科内容の構成の視座　141

どの「事件の物語」であった。そのなかで，天地創造から世界終末に至る完結した「不可逆の時間」の進行の中で生起する出来事の背後に神の摂理・介入を見るユダヤ教・キリスト教の世界観が，近代西欧の歴史学の形成の根底にあることを見逃してはならない。『聖書』の記述に依拠するキリスト教的世界観にたいして，近代哲学の祖デカルトは，「真の認識」とは数学を頂点とするものであるとみなし，歴史については「書物の知識」にすぎず，「真の認識」とは無関係の「真理らしさ」（信憑性）の領域に属するものとして位置づけていた。これに対して，『新しい学』（1725年）を著したヴィーコは，実践的な賢明さを保証する「真理らしさ」（信憑性）の領域を重視し，過去のテクスト（古典）に関する共通の知・教養を守ろうとした[18]。このヴィーコの立場こそ，数学的に表現される真理探求とは別の形態の認識のあり方，歴史学だけでなく，人文・社会諸科学にとって本質的な認識のあり方を端的に示すものであるだろう[19]。つまり，人間の手ならざる「外的自然」を模倣的に理解するのではなく，人間自身によって創造されたものを認識対象とするという意味で，人間の自己認識を使命とする学のあり方である。それは，本来的に計量化・空間化・言語化・視覚化が困難な人間の自由な意識の純粋な持続の価値，つまり，未知のものをつくりだす想像力と創造力の源泉の価値を救い出し，奨励することにつながっているのである。

　ヴィーコ以降の時代については，どのような世界観によって過去の出来事が歴史として構成されてきたのか？　という観点から，筆者の「世界史研究入門」では，フランス革命を生み出した理性重視の啓蒙思想[20]，必然性に貫徹された弁証法的発展観を提示したヘーゲルの歴史哲学[21]，ヘーゲルの歴史観を転倒させて物質的自然史的な過程として人類史を再定義したマルクスを，近代歴史学に大きな設計思想を提供した重要な歴史哲学として位置づけている[22]。もちろん，19世紀末から20世紀前半にかけては，現代をかたちづくる哲学思想（新カント派，現象学，実存主義）と出来事（ロシア革命と第二次世界大戦）が生まれているが，これらを反省的に内面化するなかで形成されてきた

のが現代歴史学の諸潮流であると位置づけることができる。

　現代歴史学に関して，19世紀歴史学がもっぱら国家や国家間関係を重視した政治史を基軸にしていたのに対して，これへの批判から生じた，マルクス主義歴史学の台頭とともに，戦後のフランスで勃興した，「下からの歴史」を標榜するアナール学派を取りあげなければならない。それは歴史的大事件のはざまにあった日常生活の分析とともに心性（マンタリテ）の歴史を重視し，また短期状況的な事件史に対して「長期的持続」（自然環境や人口動態）の歴史を重視し，歴史学研究における「空間」の重要性を提起した[23]。こうして歴史学において地理学との協働の方向性が生まれたのである。他方，アジア，アフリカ，ラテンアメリカにおける反帝国主義・反植民地主義運動，および毛沢東の第三世界論の影響を受けて，世界史の動態を資本主義的「中心」による「周辺」地域の収奪の過程とみる従属理論が登場した。その流れを継承するかたちで，アフリカ史を専門とした I. ウォーラーステインは，世界史を，帝国経済と「中核－半周辺－周辺」の構造をもつ「世界経済システム」の変遷として描いた[24]。他方，エコロジーやフェミニズムを背景にして，ヴェルホーフ，ミースは，古代社会以来の家長が家産と家族成員を支配・統制する伝統的支配の一類型としての家父長制と近代以降の資本主義的生産様式との一体性を指摘しており[25]，女性労働や低開発国の農民，先進国での派遣労働者など非正規雇用やサービス労働の拡大など最近の雇用形態の特徴を「主婦化」という概念で整合的に説明する理論を提起している。

　これら物質的過程を重視した過去の見方，世界史観とは別に注目されているのが，現代にまで続く「近代」のあり方をどのように見るのかに関する新しい歴史観である。そのなかで一番大きな影響力をもっているのが，ミッシェル・フーコーである。彼は，研究対象として「自己への配慮」，つまり，人々のものの見方やふるまい方・態度，視線のありかた，自己を変容させる訓練，省察などの技術を焦点化することで，近代的主体のあり方の特徴を浮かび上がらせようとした。つまり「真理と主体との結びつき方」の歴史的変

化に焦点をあてることで，(近代的な) 認識主体が「真理」を所有するかのような認識論を相対化しようとしたのである。このような方法は，教育の観点から，子どもたちの真理獲得と主体の形成という課題を考察するうえで有益であろう。つまり，認識の対象とされる「真理」は，「主体と真理」という一体とした関係性の従属項目の一つであり，認識の持ち主とされる「主体」もこの同じ関係性のやはりまた従属項目の一つなのである。「主体」が「真理」を所有すると考えるのではなく，「主体－真理」という関係性が第一義的であり，この関係性の在り方が２つの従属項目を規定すると考えたほうが有益なのである[26]。

　第２に注目すべき過去の見方は，近代のはじまりを，従来のように19世紀ヨーロッパでの商業上・軍事上・思想上・科学上の成果と植民地支配を重視するのではなく，初期近代(近世)におけるイベリア半島の二大帝国(ポルトガルとスペイン)とオランダによる帝国型統治のモデルを，今日のグローバル社会の雛形とみる世界史観である。そこで焦点化されるのは，海洋帝国の特徴(人とモノの遠隔地間での移動・流通，地域研究としての植民地学・人類学の誕生，過剰搾取のはじまり，生殖統制による人口政策，運輸通信，リスク・マネージメント，新しい戦争遂行システムの開発)，世界経済の貨幣化，ヨーロッパ世界から他の地域への新種の動植物および病原菌の拡散，クレオール(植民地出身者)による「植民地独立運動」の発展(例：アメリカ独立革命)，国家・軍事技術・公共圏(エリート市民による国家と社会に対する監視)の連携の成立である。これら世界史上のほかのユーラシア大陸上の「帝国」にはなかった諸特徴は，初期近代の西洋世界に起源するものであり，それが現代世界のグローバル化の先駆形態となったという理解である[27]。

　他方，世界を単一の過程とみるグローバル史ないし世界システム論とは対照的なのが，世界史をそれぞれの国民国家の集合体とみる伝統的な歴史観である。厳密にいえば，それらの世界史の「世界性」は，国民国家にとっての活動の場あるいは環境的空間という消極的な意味しかもっておらず，「自国

史の外部」としての世界史になってしまうが，このような見方は「世界史」教育において根強く持続していることも否定できないのである。

　このように，現代歴史学の状況を俯瞰すれば，世界史叙述の主要な筋立ては，一方での単線的な「国民国家」中心の進化論と，他方で，文化的多元論にもとづく相対主義とに二極分化している。だが，国境を越えて相互作用する性格をもつ「思想」（平和思想，民主主義，人権，環境保護思想，自由貿易主義，など）の動向に注目することで，国民国家の枠組みに拘束されず，多様性を内包しつつ全体性を展望できるような世界史叙述の可能性を模索する動きもある。また，それ以上に世界史の構成枠組みとして注目されているのが，人口動態，環境問題，感染症のグローバル化といった問題群である。西洋に起源する民主主義と個人主義を基調とするライフスタイルが非西洋世界に拡大しつつある今日，水・石油・食糧といった資源をめぐる競争，感染症予防，大規模移民・難民などの世界史的規模の問題は，多国籍企業や国際的なテロリスト・ネットワークと並んで，表面的には復権しつつあるかのように見える一国完結的な「国民国家」中心の歴史叙述に対して，その存立条件にかかわる根源的な問題としてますます影響を及ぼしていくことになるだろう。それゆえ，「グローバル化」という現象を，単一の経済的過程としてとらえて「国民国家」に対立させるのではなく，それぞれの「国民国家」と，その内部に位置づけられたり，あるいはその境界を横断するものとされたりしている大小様々な「地域や集団」とが，互いに結びつきと依存関係を強めていくと同時に互いの差異も鮮明になっていく過程，つまり，人類社会の有機的構成が高度化していく過程＝物語として理解し叙述する世界史こそが求められていると思われる[28]。

6．むすび

　以上が，筆者が構成した「世界史」の教科内容の概要であるが，それぞれの概念的説明に並行するかたちで，筆者によるフィールドワークで得た教材

を活用していることを付言しておきたい。筆者の専門研究の関係上，ユーラシア大陸に限定されるが，空間的にみれば，ヨーロッパ世界と日本を含むアジア世界の境界領域を中心に，遺跡や博物館展示資料の撮影により教材用資料を収集してきた[29]。それは，従来の歴史叙述によって固定化されてきた地域区分（国民国家を含めて）のあり方を流動化・異化する視座を提供すると同時に，世界史の出来事の現場感覚を疑似体験してもらうことを重視しているためである。そのことによって具体的な事物（教材）が，歴史学的な諸概念とむすびつき，現代的な全人類的諸課題や論争的テーマについての思考を刺激することになるのである。

注

1) この検討過程は，歴史学研究における「関わりと切り離し」あるいは「一体感と距離感」の組み合わせといえる。ピーター・バーク「歴史記述における関わりと切り離し」，岡本充弘ほか編『歴史を射つ——言語論的転回・文化史・パブリックヒストリー・ナショナルヒストリー』御茶の水書房，2015年，46〜47頁。あれこれの個人の自己形成と歴史観の形成との有機的連関，そこにおける人格的な出会いと読書経験の重要性についての方法論的視点と具体的な解明としては，下里俊行「あるロシア正教神学生の自己形成史—ニコライ・ナデージュヂンの出会いと読書」『スラヴ研究』58，2011年，91-122頁，を参照されたい。
2) 日常生活のなかでは自動的に意識できないような歴史意識やその前提となる社会意識についての社会学的分析として参考になるのが，アルフレッド・シュッツ，トーマス・ルックマン（那須壽訳）『生活世界の構造』筑摩書房（ちくま学芸文庫）2015年；C. ライト・ミルズ（伊奈正人・中村好孝訳）『社会学的想像力』筑摩書房（ちくま学芸文庫），2017年。
3) 「歴史的出来事」の現在性と，個人ないし集団のトラウマとの関連性については，ヘイドン・ホワイト「歴史的な出来事」，岡本充弘ほか編『歴史を射つ——言語論的転回・文化史・パブリックヒストリー・ナショナルヒストリー』御茶の水書房，2015年，37-38頁，参照。
4) 例えば，マルクスと対立したプルードンやバクーニンに注目したり，1917年のロシア革命をめぐるボリシェヴィキ中心の見方に対して，エスエルやアナーキストの

視点から同じ革命を考察したり，などの動向である。有名な思想や歴史的事件をめぐる多様な見方や考え方を知ることは，出来合いの「世界史」観をただ受容するのではなく，自発的に自らの「世界史」像を構築していくうえで大きな役割を果たしている。例えば，八田舟三『階級闘争の誤謬：無政府主義研究』黒色戦線社，1971年；『ロシア・ナロードニキ――幻の民衆と革命の幻視者達（無政府主義研究7）』玄曜社，1977年；P.アヴリッチ（菅原崇光訳）『クロンシュタット1921』現代思潮社，1977年；G.ウドコック（白井厚訳）『アナキズム』1-2，紀伊國屋書店，1968年。

5）初期マルクス論争については，以下を参照されたい。城塚登『若きマルクスの思想――社会主義思想の成立』勁草書房，1970年；廣松渉『青年マルクス論』平凡社，1971年，良知力『マルクスと批判者群像』平凡社，1971年。ロシア革命の評価については，以下を参照されたい。『ソ連共産党（ボリシェヴィキ）歴史小教程』東方書店，1971年；『ソ連共産党史』プログレス出版所，1985-87年；ヴォーリン（野田茂徳・野田千香子訳）『1917年・裏切られた革命――ロシア・アナキスト』現代評論社，1971年；トロツキー（対馬忠行・西田勲訳）『裏切られた革命』現代評論社，1971年。

6）具体的にいえば，近代ロシア帝国の知識人論，保守思想，ロシア正教神学の護教論，民族誌学研究，ユーラシア世界における地域と歴史の表象研究，マルチ・メディア教材の研究，近代日本農業思想史などである。http://researchmap.jp/simosato/　を参照されたい。

7）下里俊行「地域からはじまる多元的な歴史表象をめぐる対話の可能性」，浅倉有子・上越教育大学東アジア研究会編『歴史表象としての東アジア――歴史研究と歴史教育の対話』清文堂，2002年。

8）歴史的思考力の基礎的理解について以下の文献を参照した。Chris Husbands, *What Is History Teaching? : Language, Ideas and Meaning in Learning about the Past* (Philadelphia: Open University Press, 1996); Peter Seixas, "A Modest Proposal for Change in Canadian History Education", in I. Nakou, I. Barca ed. *Contemporary Public Debates over History Education*. Charlotte, New Carolina: IAP, 2010, pp.11-26. そこでは，問題設定，一次史料，解釈，歴史主体と環境，過去と現在との関連性，イデオロギー利用の問題性が論じられている。

9）時代区分と長期持続との関係，つまり，非連続と連続との有機的結合の重要性についての考察は，ジャック・ル゠ゴフ（菅沼潤訳）『時代区分は本当に必要か？――連続性と不連続性を再考する』藤原書店，2016年，を参照されたい。

10）例えば，授業では，ウズベキスタンで発掘されたガンダーラ仏を教材として示し

て，日本の仏像の世界史的背景としてのヘレニズム文化とインド仏教との結びつきを説明している。より精密な事例のひとつが，17世紀に不純で黒く濁った汚らしい苦みのある悪臭を放つ吐き気をもよおすような「泥水」と見なされていた「コーヒーを飲む」感受性と文化がグローバル化していく様子を説明している，リン・ハント（長谷川貴彦訳）『グローバル時代の歴史学』岩波書店，2016年，第4章，を参照されたい。

11）土屋賢二，中島義道，木村清孝，舘野正美，田中元「時間」『岩波哲学・思想事典』岩波書店，1998年，611-614頁。日本における意志を基軸にした「時間」の考え方については，九鬼周造（小浜善信編）『時間論』岩波書店，2016年，を参照されたい。ただし，世俗の学知としての歴史学が，キリスト教的歴史観との対抗関係のなかで成立した点についても強調しておく必要がある。岡崎勝世『聖書 vs. 世界史－キリスト教的歴史観とは何か』講談社，1996年，を参照されたい。時間の文化史的考察として，スティーヴン・カーン（浅野敏夫訳）『時間の文化史』法政大学出版局，1993年，を参照されたい。

12）ベルグソン（中村文郎訳）『時間と自由』岩波書店，2001年，257-256，281頁。

13）アルフレッド・W・クロスビー（小沢千重子訳）『数量化革命――ヨーロッパ覇権をもたらした世界観の誕生』紀伊國屋書店，2003年，を参照した。近代的な時間概念の誕生と共に，時間を通じて「自己」へと社会的に構成される「主体」が形成されるが，同時に，この「主体」は自己の身体と情動をともなって新しい社会を再構成することになる。個人の主体性とその社会的構築性との相互依存関係については，ハント『グローバル時代の歴史学』122-126頁，を参照されたい。

14）波多野精一『時と永遠』岩波書店，2012年，63-64頁。〔　〕は引用者による補足をさす。波多野は，ここで過去に対して「将来」という術語を採用した理由について次のように述べている。「『将来』と『未来』とが実質的に一致する場合においても，前者は単純な積極的な正面より見ての言い表わしであり，後者は裏に回って主として事柄の含みを見ようとする派生的態度の所産である。言語上の表現について観るも，『将来』は『来らむ』『来らば』などによって代表される動詞の形――文法学上『将然段』と呼ばれる形――によって直接に単純に言い表わされるが，『未来』を言い表わすためには何らかの副詞を附け加えることが必要である。」波多野『時と永遠』20-21頁。

15）ヘイドン・ホワイト（岩崎稔監訳）『メタヒストリー――一九世紀ヨーロッパにおける歴史的想像力』作品社，2017年，11-12頁。日本史であれ外国史であれ，「歴史学」の歴史，つまり，史学史の分析をとおして「歴史学」の歴史的役割と自己の

位置を確認する作業が進行中である。例えば，マーガレット・メールは，近代歴史学の形成について次のように述べている。「近代国民国家としての日本の出現と，専門的歴史家が探求する学問分野 academic discipline としての歴史研究の出現は，密接に関係している。歴史にはある重要な機能があったのである。それはすなわち，歴史には，政治的変化を伝統の所産として表現することで正統化し，さらに世界における日本の位置づけと将来の進路に関する疑問への回答を供給することが期待されたのである」（千葉功ほか訳『歴史と国家――19世紀日本のナショナル・アイデンティティと学問』東京大学出版会，2017年，4頁）。そして，歴史家たちが直面するものとして「真実と神話」，「事実と解釈」，「公平性と党派性」，「科学と芸術」，「研究と叙述」とのあいだの緊張関係を指摘している（同書，210頁）。また，池田嘉郎は，戦後歴史学の根本的特徴を「社会変革への主体的関与」とまとめたうえで，その批判的継承を念頭において，次のように自らの立ち位置を述べている。「問題は社会変革そのものに関与するか否かではなく，社会が問うべき問い，あるいはその立て方を，それまでよりも一歩深めたかたちで発見することができるかどうかである。そして，歴史家も社会の一部である以上，自分と社会とのつながりを捉える努力をすることによってのみ，そのような発見は可能となる」（「ロシア史研究の中の戦後歴史学－和田春樹と田中陽兒の仕事を中心に－」『史潮』37, 2013年，54頁）。二人が指摘している歴史と自己との関係性の問題は，歴史教育の場面でいっそう鋭い形で問われているといえよう。

16) ホワイト『メタヒストリー』660頁。
17) 第1章の多元的実在論についての議論を参照してほしい。
18) 三島憲一「歴史」『岩波哲学・思想事典』1720-1721頁。
19) ヘイドン・ホワイトの理解にしたがえば，「ヴィーコによれば，歴史叙述の問題とはまさに一つだけではなく，もっと多様な複数の合理性の尺度を用いて，純粋に『寓話的』ないし『物語的』であるだけの世界理解が，いかなる合理性の尺度からしてもなお，特殊な種類の歴史的生活様式や行為を理解するのにどの程度まで役立ちうるのかを明らかにすることにある。問題は，ヴィーコが見るところでは，想像力をめぐらせるという非常に非合理な人間の営みのなかにおいてさえ隠されている合理性の契機を明るみに出すことであった。というのもそうした想像するという営みは，ヴィーコの理解によれば，社会的，文明的諸制度を作り上げるための基盤として，作用していた」のであり，「太古のひとびとは，学のうぬぼれに陥ってしまっている狭義の理性に限らず，この非合理だがもっと包括的な働きに基づいて，文明化された生活世界の原初的な形式を構築していた」のであるという。ホワイト

『メタヒストリー』123頁。
20)「啓蒙」概念の多義性を知ることは,「近代」概念の多義性を知ることでもある。最適の入門書としては,ロイ・ポーター（見市雅俊訳）『啓蒙主義』岩波書店,2004年,を参照されたい。「啓蒙」が近代の健康・ヨーロッパ・男中心の市民社会の形成と結びついている点については,弓削尚子『啓蒙の世紀と文明観』山川出版社,2004年,を参照されたい。ポストモダニズムによる啓蒙の否定的評価にたいして,自由・平等・民主主義・政教分離・人権といった「価値」を確立するうえで,穏健派とは区別される急進派啓蒙の主導的役割を再評価しようとする最近の研究として,ジョナサン・イスラエル（森村敏巳訳）『精神の革命——急進的啓蒙と近代民主主義の知的起源』みすず書房,2017年,を参照されたい。それらとは対照的に,「啓蒙主義」を人類史の精神史における「聖なるもの」の多様性のなかに位置づけている,ミルチア・エリアーデ『世界宗教史』(1-8)筑摩書房,2000年,は,ポストモダニズムとは別の視座からの「啓蒙」の理解の仕方として興味深い。
21) ヘーゲル（長谷川宏訳）『歴史哲学講義』（上・下）岩波書店,1994年。「ゲルマン世界」のような地理的区分を「近代」を終着点とする時代区分の単位にしている点で,「中心－周縁」という空間的概念を重視する世界システム論の先駆型であるといえる。
22) マルクス,エンゲルス（大内兵衛,向坂逸郎訳）『共産党宣言』岩波書店,1971年,山之内靖『マルクス・エンゲルスの世界史像』未來社,1969年。最近では,マルクスのような生産様式ではなく,ポラニーの視点（カール・ポラニー（野口建彦・栖原学訳）『[新訳]大転換——市場社会の形成と崩壊』東洋経済新報社,2009年）を取り入れて,交換様式（互酬／略収・再分配／商品交換）の展開を基軸にして,高次の回復された互酬を世界史の将来像として構想しているのが,柄谷行人である（『世界史の構造』岩波書店,2010年）。
23) E. ル＝ロワ＝ラデュリ（樺山紘一訳）『新しい歴史——歴史人類学への道』藤原書店,2002年。他方,地理教育において「変化する環境」の視点を積極的に取り入れた教科内容構成学的な研究として,戸井田克己『青潮文化論の地理教育学的研究』古今書院,2016年,35-39頁,を参照されたい。
24) 川北稔『世界システム論講義——ヨーロッパと近代世界』筑摩書房（ちくま学芸文庫）,2016年。
25) マリア・ミースほか（古田睦美・善本裕子訳）『世界システムと女性』藤原書店,1995年。
26) ミシェル・フーコー（廣瀬浩司・原和之訳）『主体の解釈学』筑摩書房,2004年,

14-15頁。

27) Christopher Bayly, 'History and World Hisotry,' in Ulinka Rublack (ed.) *A Consice Companion to Hisotry* (Oxford UP, 2012), pp. 3-8. イギリスのグローバル史研究者ベイリイは，東アジアにヨーロッパ的近代に対するオルタナティブがあったという次のような世界史像を批判している。アンドレ・グンダー・フランク（山下範久訳）『リオリエント』藤原書店，2000年；K.ポメランツ（川北稔訳）『大分岐——中国，ヨーロッパ，そして近代世界経済の形成』名古屋大学出版会，2015年。

28) Cf. Bayly 'History and World Hisotry,' pp. 24-25. 世界の相互依存性の増大という「グローバル化」の定義については，ハント『グローバル時代の歴史学』56頁，を参照した。世界史を何らかの筋立てにもとづいて構成する際に，今後，真剣に検討すべきテーマが「仮象と存在」，「仮想現実と現実」という問題枠組みである。ノルベルト・ボルツ（山本尤訳）『仮象小史－古代からコンピュータ時代まで』法政大学出版局，1999年，を参照されたい。具体的な食材を軸にグローバル史を叙述したシリーズとして有名なのが，A.F. Smith が編集している「食材：グローバル史シリーズ」である。たとえば，Sarah Moss, Alexander Badenoch, *Chocolate: A Global History (Edible)* (London: Reaktion Books, 2009). などがある。

29) ロシアの歴史博物館や民族学博物館は，エルミタージュ美術館とともに，世界史教材の宝庫である。それ以外に，日本史とロシア史・東アジア史がもつれあう場として極東ロシアの諸都市（ウラジオストク，ハバロフスク，ウスリースク，コムソモリスク・ナ・アムーレ），ソウル，台北の史跡や博物館資料は重要である。太平洋方面ではハワイ島の歴史は日米関係と同時に先住民問題も視野に入ることになる。北欧では，フィンランド史が大国スウェーデン，ドイツ，ロシアに挟まれた小国の事情を理解するうえで重要である。同じく，西欧のオランダとベルギー，中欧のチェコ，ポーランド，中央アジアのウズベキスタン，コーカサスのアルメニア，ジョージアの歴史を知るとき，日本のような国民国家の体裁を整えている地域は特殊な事例であることが浮き彫りになる。逆に，国民国家として確立していると思われているフランスのブルターニュ地方やイタリアの各地方の地域の歴史意識の独自性を反映した教材を提示することは，世界史における地域区分の多元的理解の重要性を理解するうえで有意義である。

第4章

価値次元の社会科

—— 公民諸領域の教科内容構成 ——

第1節
童話「泣いた赤おに」から宗教を読み解く

松田　愼也

1．はじめに——宗教とは何なのだろう

「宗教とは何か」と問われたら，あなたはどのように答えるだろうか。一番多く考えられる回答は，「神仏のような超自然的な存在を信じること」かもしれない。また「人生の指針や死後観を与えてくれることによって安心立命の境地を与えてくれるもの」という回答もあるだろう。他方，「宗教とは人間精神的弱さに起因する非科学的・非合理的な文化現象であり，人智の発達によって克服されるべきもの」と考える人もいるに違いない。

それでは「あなたにとって宗教とは何か」と問われた場合はどうだろう。上記第三の回答をした人が「無意味」と回答することは当然として，第一・第二の回答をするであろう多くの日本人は，一瞬，詰まるのではないだろうか。そして，「自分は格別に神や仏を信じていないし，死後についてもあまり考えたことがない。科学的に言えば，そんなものはいずれも真実存在するものではないだろう」との考えから，「世間的慣習に従って宗教的行為に関わることはあっても，自分自身は基本的に無関係なもの」との答えが返って来そうである。

そのうえで，「自分には直接関わりのないものであるが，宗教がその人の人生においてプラスに働いているなら，それはそれで結構なことである。しかし，多額の献金を強いられる（本人は自発的な気持ちのつもりかもしれないが）等のマイナス面もありうることには注意が必要である。まして，社会と軋轢を引き起こすような教団に入信するようなことがあってはならない。宗教はあくまでも個人の内面的信仰に留まるべきものである」との意見も聞かれる

かもしれない。

　宗教の本来的姿は個人の内面的信仰にありとする見方は，今日の多くの日本人に受け入れられている考え方であるといってよい。この場合の信仰とは，自分はこれこれのことを信じると自覚されているものを言う。この基準に立てば，日本人の多くはそのような自覚を持っていないから，「無宗教」ということになる。事実，このような考え方から「無宗教」を標榜する日本人は少なくない。

　多くの日本人が本当に「無宗教」であるかどうかはさておき，宗教の本来的姿を個人の内面的信仰にありとするなら，一人一人がそれぞれに信仰していればよいはずで，わざわざ教団のよう宗教組織など作らなくてもよいはずである。組織がなければ献金の必要もないだろうし，またそのようにして集まる多額の資金をめぐるスキャンダルも起こることなく，誠に結構なことのように思われる。

　しかし，現実には数多くの教団が存在し活動している。しかもその活動のかなりの部分は，末端信者の献身的努力によって支えられている。なぜ彼らはそこまで献身的になれるのであろうか。

　それは，傍目にはいかに見えようとも，彼ら自身は教団に対していくら感謝してもしきれないほどの恩義を感じているからである。彼らにとって宗教とは教団そのものであり，教団を離れて存在するものではないのである。

　私たちも，普通，「宗教」と言えばあれこれの教団のことを思い浮かべる。冒頭に述べたような思考をめぐらすのは，「宗教とは何か」と改めて問われた場合ぐらいであろう。

　個人的信仰と教団組織，これらはどちらも宗教を考えていくうえで欠かすことのできない視点であるが，では宗教の中で両者はどのように関係しあっているのだろう。そんなことは宗教学の入門書を読めば即座にわかるのではないか。そう思われるかもしれないが，意外にそれがそうでもないのである。

　宗教の定義は，半ば自嘲的に「宗教学者の数ほどある」と言われることが

あるように多様であるが、筆者の見るところ、それらを大別すれば、個人的信仰の視点からの定義か、教団組織の視点からの定義か、のどちらかでしかない。つまり、定義からして二分してしまっているのである。

多くの入門書で紹介されているのは、フランスの社会学者デュルケムの定義である。これは、当然、後者の視点からの定義だが、確かによく考え抜かれたおり、敷衍すればなんとか前者にも繋がる部分がないことはない。だが、そのような解説はまず見たことがない。

さらに、入門書の他の部分、すなわち宗教現象の諸相を採り上げているところでは、定義に遡った説明がない。定義と諸相の紹介が結びついていないのである。しかも、諸相の紹介の中には興味深い事例がいろいろあり、そこに気を取られているうちに、いつの間にか「宗教とは何か」という問いなどどこかへ飛んでいってしまう。そこで、このような入門書は、読めば読むほど「宗教とは何か」がかえって分からなくなってくることさえあるのである。

他方、個人的信仰の視点から書かれた入門書では、定義と諸相との内容的整合性は高い。しかし、そこで取り扱われる信仰は主に宗教的エリートのそれであって、一般信者のそれではない。また、教団論はまず語られることがない。

以上、くだくだと前置きを述べてきたが、筆者の言いたいことは以下のことである。個人的信仰と教団組織とがどのような関係にあるか、このことを明らかにしなければ、「宗教とは何か」を十全には理解できないということである。筆者の見るところ、それは決して難しいことではない。たとえば、浜田広介が書いた有名な童話、「泣いた赤おに」を素材としても解き明かせることなのである。

「泣いた赤おに」は、これまでにも小・中学校の道徳の教材として、長く用いられてきた歴史がある。もちろん、そこでの主題は自己犠牲的行為や真の友情を考えさせることであり、「宗教とは何か」ということではない。そもそも小学校の教育課程では宗教に直接触れる内容はないし、中学校におい

ても社会科の歴史のなかで触れられる程度である。だから，これを用いて宗教が理解できる，宗教を教えられると言っても，それは可能性に留まる。しかし，教師がこのことを心得ていれば，道徳や歴史の教え方にこれまでにない深みを加えられるのではないか。

また，国際化の進展とともに多文化共生への理解が強く求められている現代日本において，教師が宗教の何たるかを理解していることは，別の意味で大事なことと言わなければならない。

そのための格好な素材が日頃手にしている教材の中にあるのである。これを利用しない手はないだろう。

2．「泣いた赤おに」の読み解き

2.1．物語の前提

広く親しまれている物語なので，改めて粗筋を述べるまでもないとは思うが，念のため，最初に確認をしておくことにする。

あるところに，人間と仲良しになりたいと願う一人の赤鬼がいた。家の前に立て札をし，毎日，茶菓の用意をして待っていたが，人々は恐れて訪ねて来なかった。赤鬼からその願いを聞かされた友人の青鬼は，村里に入って暴れ，駆けつけた赤おにに追い出されるという芝居をうった。その結果，村人は赤鬼を信用し訪ねて来るようになった。一方，それ以降，青鬼は赤鬼の前に二度と姿を現さなかった。このことを不審を思った赤鬼は青鬼の家を訪ねた。すると，戸口に書き置きが貼られ，そこには赤鬼との変わらぬ友情を述べつつも，自分の存在によって赤鬼が人間の不信を買うことがないよう，遠い旅に出て永く姿を隠すとのことが書かれていた。これを読んだ赤鬼は涙を流して泣いた。

読解に入る前にまず押さえておきたいのは，物語が前提としているところの鬼と人間との関係性である。

古代より，鬼とは人を食う恐ろしい存在としてイメージされ，その本来的

所在は異界にあるとされてきた。人を食うくらいであるから非情な存在であることはいうまでもない。京の都を荒らしまわったとされる大江山の酒呑童子がその典型である。酒呑童子は朝廷の命を受けた源頼光らによって退治されるが，そのようにまた，鬼は人によって退治されるべき存在でもあった。

　鬼と人とは根本的に相容れない存在なのである。通常は暮らす世界を異にし，一方は非情な存在，他方は情のある存在である。両者の関係は，食う食われるか，逆に退治される退治するか，どちらかしかない。

2.2. 主人公・赤鬼のプロフィール

　読者は，当然，このような前提のもとに物語を読み始める。ところが，主人公での赤鬼は，そのようなイメージとはかけ離れた存在として登場してくる。

　住んでいるところからして，山の崖下とはいえ，その前を木こりが通りかかったり，後には村人も通ってこられるような，人里近い場所である。異界ではない。

　見た目も普通の鬼とは相当に違っている。

　　　その赤おには，絵本にえがいてあるようなおにとは，かたち，かおつきが，たいへんにちがっていました。けれども，やっぱり，目は大きくて，きょろきょろしていて，あたまには，どうやら，角のあとらしい，とがったものが，ついていました。

とあるように，鬼と人との中間的な姿であると読める。

　性質も同様である。

　　　むしろ，やさしい，すなおなおにでありました。わか者のおにでありましたから，うでに力がありました。けれども，なかまのおにどもをいじめたことはありません。おにの子どもが，いたずらをして，目のまえに小石をぽんとなげつけよ

うとも，赤おには，にっこりわらって，みていました。

　鬼の世界にもいじめがあったり，邪慳な子鬼がいるという記述は面白い。鬼の世界も実は人間の世界とあまり変わらないらしいとも読めるし，そうではなく，非情な鬼のことだからいじめたり邪慳にすることは仲間うちでも当たり前のことであるようとも読める。ここでは後者の意味に理解することにしておこう。鬼の世界がそういうものであるとすれば，「やさしい」とか「すなお」などということは，鬼として考えられない性質ということになる。
　このことは，物語のもう少し先の部分，赤鬼が立て札に書いた「ココロノ　ヤサシイ　オニノ　ウチデス」を読んだ木樵の反応からも見て取れる。「読んでみて，たいそうふしぎに思いました。わけは，よくわかりましたが，どうも，がってんがいきません」というわけで，このことを仲間の木樵に告げて言う。

　　「おかしなものを見てきたよ。」
　　「なんだ。きつねのよめいりかい。」
　　「ちがう。ちがう。もっともっと，めずらしいもの，ふるくさくない，あたらしいもの。」

　木樵たちの常識から見て，「ココロノ　ヤサシイ」鬼などというのは，言葉としてはあり得ても，現実的にはあり得ないと考えるから，このような会話になるのである。
　このように，赤鬼は鬼の世界の超異端児といってもよい存在であった。
　この赤鬼が抱いていたのが，次のような願望であった。

　　　わたしは，おにに生まれてきたが，おにどものためになるなら，できるだけ，よいことばかりをしてみたい。いや，そのうえに，できることなら，人間たちとなかまになって，なかよくくらしていきたいな。

「おにに生まれてきたが」という言い方からは，鬼の世界のあり方に満足していない様子が窺える。

「おにどものためになるなら」は，自分が他の鬼たちと違っていることを自覚しているからこそ，出てくる言葉であろう。

「よいことばかりしてみたい」を裏返せば，他の鬼たちは悪いことばかりしているということに違いなく，「自分はそうはならないぞ」という決意でもある。読みようによれば，鬼の世界の変革・改善を目指しているとも取れる言葉である。

「そのうえに」とは，それに加えてという意，つまりは鬼どものために良いことをする他に，ということである。良いことをした結果として，ということであれば「そのうえで」となるはずである。

どうしてここにこだわるのかと言うと，続く「できることなら，人間たちのなかまになって，なかよくくらしていきたい」において「人間たちのなかま」になるのは誰か，ということと関係するからである。素直に読めば，あくまでも赤鬼個人の願望としか読めないのだが，「おにどものため」に引っ掛けて解釈すると，良いこととは人間界における鬼の悪評の払拭，その結果としての鬼と人との和解とも読めてくるからである。だが，このような解釈は「そのうえで」となっていなければ成り立たないだろう。赤鬼は，鬼たちのこととは別のこととして，個人的に人間と親しくなりたいと望んでいたのである。

2.3. 赤鬼の孤独

以上のことから，赤鬼の置かれていた状況は，次のようなものであったと推測される。

やさしく素直であるという，鬼としてはありえない性格から，邪慳でありいじめが当たり前である鬼の世界になじめず，疎外感を抱いていた。あるいは実際に疎外されていたのかもしれない。それゆえ，異界である鬼の世界を

離れて，人里近くに住んでいたのだとも解釈できる。青鬼という友人がいないわけではなかったが，ほとんど孤独であった。

　赤鬼には，鬼たちのために尽くし，鬼の世界をより良いものに変えたいという願いがあった。もしそれが実現されるならば，鬼の世界は赤鬼にとっても暮らしやすいものになるはずである。疎外感，孤独感からくる願望と理解できる。

　他方，赤鬼には人間と仲間になりたいとの願いもあった。赤鬼は，見た目においても心底においても半鬼半人的存在であったから，人間に対して親近感を持っていたのかもしれない。人間と友達になれば孤独ではなくなる。このことは物語の後半，村人たちが赤鬼の家を訪ねてくるようになったところの記述から明らかである。

　　　かべには，ちゃんと，あぶら絵が，かかっていました。…(中略)…あぶら絵そのものが，その赤おにの苦心の作でありました。その絵というのは，おにと，ひとりの人間の子が，かかれていました。人間のかわいい子どもを，赤おにが，くびのところにまたがらせ，しょうめんむきになっているのでありました。たぶん，その絵の赤おにには，じぶんの顔をえがいたものかもしれません。

肩車をしてやれる程に子どもになつかれた姿は，全面的に人間の世界に受け入れられていることの象徴であろう。その願いは家に村人たちが毎日訪ねてきてくれることによって実現した。

　　　こうして，おににには，人間の友だちなかまが，できました。まえとは，かわって，赤おにには，いまはすこしもさびしいことはありません。

「いまはすこしもさびしいことはありません」とは，それまでの状況がいかに孤独なものであったかを如実に表している。

2.4. 赤鬼はなぜ泣いたのか

　赤鬼には，孤独から解放されるための二つの道があった。鬼の世界の変革と人間との友好関係の樹立の二つである。赤鬼は二つとも実現されることを望んでいた。しかし，物語での赤鬼の努力はもっぱら後者のみであった。「おにどものためになるなら，できるだけ，よいことばかりをしてみたい」と思ってみても，その方策が立たなかったのかもしれない。

　赤鬼は，家のなかを綺麗にしつらえ，毎日おいしい茶菓を準備し，表に立て札をして，人間の訪れを待った。だが，誰も訪ねてはくれなかった。それはそうであろう。人は誰も赤鬼の真実の思いを知らない。鬼と言えば人食いと相場は決まっているのだから，そんなことで信じていては命がいくつあっても足りない。警戒を解かなくて当然なのである。

　落胆している赤鬼を見ての青鬼の提案は，ある意味，奇想天外といえる。村里に出て暴れている青鬼を赤鬼が追い払う芝居をするわけだが，言い換えれば，鬼が鬼退治を演じてみせるということだからだ。鬼とは人によって退治される存在ということからすれば，赤鬼は，もはや鬼ではなく，人だということになる。

　もちろん，これは建前上のことである。赤鬼の存在様態に前後で何の変化があったわけではない。現実には鬼のままである。だが，このことにより赤鬼は村人たちの信頼を得ることができた。赤鬼は人間と仲間になることに成功したのである。

　しかし，これを鬼の世界の側から見れば，決して相容れることのない人間の側に荷担した行為であり，完全な裏切りである。許しがたい行為であり，赤鬼は村八分にされなければならない。青鬼が姿を隠した理由はそれであろう。

　そんな提案をしたのは青鬼ではないか，との疑問もあろう。確かにその通りである。しかし，青鬼の提案は，人間と仲間になりたいという赤鬼への友情から出たものであることを忘れてはならない。この時点で，青鬼が赤鬼と

別れなければならないことを覚悟していたらしいことは，以下から読み取れる。

> 「(前略) なにか，ひとつの目ぼしい事をやりとげるには，どこかでか，いたい思いか，そんをしなくちゃならないさ。だれかが，ぎせいに，身がわりに，なるのでなくちゃ，できないさ。」
> なんとなく，ものかなしげな目つきを見せて，青おには，でもあっさりと，いいました。

　提案をしたのは青鬼であるが，退治されるという鬼本来のあり方を演じたまでのことである。鬼の世界において指弾されることは何もない。指弾され，村八分にされるべきなのは，どこまでいっても赤鬼なのだ。
　赤鬼はそのことに気付かなかった。鬼と人間とが相容れない存在であることを理解せず，鬼とも人間とも仲良くすることを夢想していたのである。孤独から逃れたい一心で，鬼退治をする鬼を演じてしまったと考えられる。
　こうして赤鬼は人間と仲間になったが，赤鬼はどこまでも鬼であるから，いくら仲良くしていてもどこかに違和感があったのであろう。

> 日かずがたつうちに，心がかりになるものが，ひとつ，ぽつんと，とりのこされていることに，赤おにには気がつきました。
> それは，ほかでもありません。
> 青おにのこと——したしいなかまの青おにが，あの日，わかれていってから，ただのいちども，たずねてこなくなりました。

　物語では，その「心がかり」を「したしいなかまの青おに」のこととしかいっていないのだが，もう一歩踏み込んで言えば，鬼同士でしか味わえない気さくな関係ということではないだろうか。赤鬼はふいにそれが恋しくなったのである。

そこで，赤鬼は青鬼の家を訪ねたのであるが，そこで見たものは，自分が鬼の世界から村八分にされてしまっていたという事実であった。赤鬼は，鬼という本来の仲間を失ってしまったのである。しかも，人間とは仲良くなったとはいっても，人間と本当に仲間となれたかというと，とてもそうとは思えなかったのである。

鬼の世界において疎外感に悩み，孤独感にさいなまされ続けてきた赤鬼であった。だがそれでも，鬼の一員としてどこか心落ち着くところがあったのであろう。そこから村八分にされ，赤鬼は寄る辺を失い，とうとう本当にひとりぼっちに，孤独になってしまったのである。

赤鬼が泣いた原因はここにあったと考えられる。

3．『泣いた赤おに』と宗教

3.1．孤独感——宗教理解への入り口

以上のように『泣いた赤おに』を読み解いていくと，この物語の主題が赤鬼の孤独感にあることがわかる。実は，この孤独感こそ宗教理解への入り口となるものなのである。

赤鬼は鬼として生まれてきたのであるから，鬼たちが本来的な仲間であるはずである。ところが，赤鬼は他の鬼たちのあり方に違和感を感じており，仲間意識をもてないでいた。そこに赤鬼の不幸があり，孤独感はそこから生まれていた。

これを人に置き換えて考えてみよう。私たちは家族の一員として生まれるが，家族はある特定の血縁組織や地縁組織に属しており，それらはさらに民族や国民というより大きな集団に属している。究極的には人類という一つの動物種集団があるが，今はそのことには触れない。

私たちにとって，通常，家族が最も親しい存在であり，そこからの距離が離れるに従って親しさの度合いが薄れていく。どこまでの範囲を仲間と感じるかは置かれた状況によって変動するが，ともかく，生来，仲間に囲まれて

暮らしているというのが通常のあり方である。

　もちろん，その仲間関係というのは決して完璧なものではなく，絶えず内部に不和の種を宿し，時にはそれが諍いとなって表面化することもある。だが，そうであっても人は，普通，そこから出ていくことはしない。緊急事態にあってはまず頼りとして期待できる存在（実際にそうであるかどうかは別として）であるし，そうでない通常の状態においても，どこかで心の支えとなっているからである。

　ところが，世の中には不幸のどん底に落ち込むことによって，これまでの仲間を信じられなくなってしまい，限りない孤独感に苛まされる人がいる。

　新宗教が語られるときしばしば耳にする言葉に，「貧・病・争」がある。新宗教の信者になる人の多くは，この三つのいずれかの悩みから入信するということを端的に言い表した言葉である。

　働いても働いても極貧生活から抜け出せない辛さ・悲しさ，貧乏人には冷たいのが世間の常である。不治の病と診断され死の影に怯える絶望感，その苦しみを誰もいやしてはくれない。家族の中の泥沼のような諍い，関係の近さがかえって仇となり出口の見えない真っ暗闇の状態が続く。このような中で，当事者たちが一番苦しむのは，心から頼りにできる仲間を見いだせないことである。孤独感である。

　打つ手が尽きたその果てに，苦しいときの神頼みと半信半疑で縋った新宗教により，極貧状態から脱出できた，病気が完治した，家庭に平和が戻る，等の信じがたい御利益に会う。その結果，縋った神仏を信じ，その教えを人々に説き明かしてくれた教祖を信じ，また自分をその教えに導いてくれた先輩信者を信じるようになる。

　このようにして，人生の不幸に悩み，孤独感に苛まされていた人は，新宗教教団の信者になることにより新しい仲間を得，心の支えを得るのである。

　「貧・病・争」の事例は，個人的事情のよる孤独感であるが，社会の変革期においては，社会構造の変化の中で親族共同体や地域共同体のようなこれ

までの仲間組織が揺らぐことにより，孤独感に悩む人が広範に現れる。

例えば，高度成長期がそうである。多くの若者が故郷を離れ，見ず知らずの大都会での一人暮らしをするようになった。仕事関係の付き合いは通り一遍のものになりがちで，心を開いて話せるような相手はなかなか見つからない。このような若者が抱く孤独感に答えたのが新宗教であった。信者仲間の気さくな付き合いや共助が彼らを癒やし，信者の拡大に繋がったのである。

高度成長期以外にも，幕末維新期，終戦直後の混乱期に多くの新宗教が誕生したことが知られているが，いずれも日本の社会構造に大きな変化の見られた時期であったとされる。

逆に考えれば，宗教の活動が活発な時代というのは社会の変革期であった可能性が高いということである。仏教が民衆の間で広く信仰されるようになった奈良時代，念仏の教えが広まった平安時代中期，鎌倉新仏教の諸宗派が誕生した平安時代末から鎌倉時代中期，一向一揆や法華一揆・キリシタンなどで知られる戦国時代がそうである。

さらに言えば，仏教，キリスト教，イスラム教などの世界宗教も，それが発祥し信者を獲得していく過程では，孤独感に悩む多くの人々の存在があったに違いない。それらの人々を仲間としてうまくすくい取れたことにより，大宗教に発展できたのであろう。

3.2. 仲間とは——宗教教団のありかた

先に，赤鬼は孤独感からの解放を望みながら，結果的には鬼社会という本来的な仲間から村八分にされてしまい，完全に孤独となってしまったと解釈した。だが，上記の新宗教について述べたことからすれば，人間という新しい仲間を得たのであるから，そこで心の支えを得たのではないだろうか。完全な孤独というのは間違いではないか。そのような反論もあるだろう。

一見，この反論には理がありそうに思われる。しかし，赤鬼が仲間となった村人たちの社会と新宗教教団とでは，仲間作りの仕方が全く異なる。

第1節　童話「泣いた赤おに」から宗教を読み解く　165

　村人たちの社会とは，血縁共同体と地縁共同体との入り交じったような社会であると想定されるが，まずもって人の共同体であり，そこに生まれついた人というのが仲間とされる基本的条件である。人であっても他所者は，滅多なことでは仲間と見なしてもらえないような社会である。赤鬼を本当の意味での仲間として受け入れることなどありえようか。

　「おには，みんな，らんぼうものだと思っていたのに。」
　「あの赤おには，まるきりちがう。」
　「まったく。まったく。してみると，あのおにだけは，やっぱりやさしいおになんだ。」

　村人たちの会話からわかることは，赤鬼はあくまでも鬼として認識されているということである。例外的にやさしい存在だとしても，やはり鬼なのである。仲間になったと言っても，付き合いはしてやる他所者としての仲間なのである。
　このことは，青鬼を追い払った事件の後も，赤鬼の住まいは崖下の家であり，村の中に移り住んではいないことから窺える。
　赤鬼が本当に受け入れられていたとしたなら，そして赤鬼自身が鬼であることをやめて人間になることを望んでいたのだとしたら，結末において泣いたはずがない。
　受け入れられていなかったし，自身も必ずしもそこまでは望んでいなかったからこそ，泣いたのである。
　宗教にも，村人たちの社会のような仲間作りでできている宗教がある。未開社会や古代社会において典型的に見られたタイプの宗教で，血縁共同体や地域共同体がそのまま宗教組織であり，そこに生まれついた者を仲間とするものである。
　個人的信仰によって仲間であるのではない。だから，信者という自覚を持

っていない成員がいても不思議はない。伝統的慣習に従って普通に暮らしている感覚しかないからである。日本において無宗教を標榜する人が多いのはそのせいであると考えられている。

　生まれによって仲間が決まるのであれば，誰が仲間であるか迷うことなどなさそうなものだが，実際には，集団が巨大になれば，直接的に仲間意識を共有するということは不可能となる。そこで必要になってくるのが，自分たちがどうして仲間であるかを教えてくれる物語，すなわち神話である。

　人類は歴史的に多くの共同体に別れて暮らしてきた。各々の共同体はそれぞれに自分たちの神話を持ち，独自の仲間意識を発展させてきた。複数の共同体が統合するときには，互いの神話も統合することで，より大きな仲間意識を作り出した。

　これに対して新宗教のような宗教では，人とは皆このような存在であり，このようであるべきである，という教義が根本にあり，それを受け入れ信じる者が本当の仲間であると考える。だから，信者には信者としての自覚があって当然である。教義は神仏のお告げを受ける等の教祖の体験から生まれたものであり，その神仏が信仰の中心となる。新宗教に限らず，仏教，キリスト教，イスラム教のように教祖を持つ宗教（創唱宗教。これに対して共同体の中から生まれた宗教を自然宗教という）は皆，同様の構造を持つ。

　それでは，これを『泣いた赤おに』に立ち返って考えてみよう。赤鬼には孤独から逃れるための四つの選択肢があったことがわかる。

　第1は，鬼の社会を改革するかどうかは別として，ともかく鬼の世界に留まる。

　第2は，鬼の神話と人間の神話を統合して，鬼と人間とが共に仲間であるとする新しい神話を作り上げ，それを鬼にも人にも受け入れさせる。

　第3に，鬼であることをやめて人間になり，かつ村人に仲間としてうけいれてもらう。

　第4に，鬼も人間も同じ生き物として，同じ目標に向かって生きて行くべ

きであるという教義を作り上げ，それを鬼にも人にも受け入れさせる。

　赤鬼は第一の方向性は考えていたが，実際には何もしなかった。第三の道は半ばは達成できたが，究極的には失敗であった。第二，第四はどちらも考慮されなかったが，第二の達成はそもそも不可能と思われるので，もしも可能性があるとすれば第四の方向ということになる。だが，その場合には赤鬼自身が教祖となるしかないが，物語を見る限り，教祖になれるとはとても思えないので，やはり無理と思われる。

3.3. 倫理・道徳——宗教と社会規範

　赤鬼は，鬼でありながら鬼退治を演じることによって，鬼の世界から村八分にされた。村八分というのは筆者の解釈で，原作にはそこまでは書かれていないが，

　　　（前略）ボクハ　コレカラ　タビニ　デル　コトニ　シマシタ。ナガイ　ナガ
　　イ　タビニ　ナルカモ　シレマセン。ケレドモ　ボクハ　イツデモ　キミヲ　ワ
　　スレマスマイ。ドコカデカ，マタモ　アウ　日ガ　アロウ　コトカモ　シレマセ
　　ン。サヨウナラ。（後略）

という青鬼の書き置きは，事実上，永別を告げているとしか思えない。赤鬼は唯一の友人であった青鬼を去られてしまったのである。とすれば，これは村八分といっても過言ではないだろう。

　ところで，前項に宗教について述べたことの要点は，宗教とは仲間作りだ，ということであった。ここで注目したいのは仲間ということである。

　仲間があれば，そこには規範が欠かせない。仲間関係をいかに維持していくかということが規範の根底である。規範なしに仲間関係を維持していくことなど考えられない。規範があれば無用な軋轢を起こさないで済むし，万一，もめ事が起きてしまったときにも収拾が容易になる。

となれば，たとえ赤鬼にはそのような意識がなかったとしても，鬼として鬼退治をするという行為は，明らかに鬼仲間に対する裏切りであり，これが決して許されるものではなかったということは容易に理解できるだろう。

世界の諸宗教の戒律にはほぼ共通して，人を殺してはならない，嘘をついてはならない，盗みをしてはならない等のこと説かれているが，これらもまた仲間関係の維持の観点から見ていけばよくわかることである。

故なく仲間を殺すことが許されているなら，一体，誰がそのような社会に留まるだろうか。騙したり盗みをしたりすることが横行していては誰も信用できなくなってしまう。信用できるから仲間なのであって，それが保証されないならば仲間とはいえないだろう。

また，親を敬え，長上を敬え，といった教えもよく見られる。親だから，年長者だからといって必ずしも人物がすぐれているとはいえないが，人は，誰しもいずれは老い衰えていくものであり，そうなっても誇りをもって生きていけることはなによりの幸せであろう。そのことを考えるなら，長い目でみて秩序を安定的に維持するためには，親子関係とか，年齢の上下を考慮することには十分な意味があるのである。

このような理由から，諸宗教の戒律にはそのままで人類普遍の倫理・道徳として通用する項目が少なくないのである。

しかし，他方，仲間を作るということは，必然的に仲間以外も作ることになる。人が仲間を意識するためには，そもそも仲間以外の存在がどうしても欠かせない。もし皆が仲間であるとしたら，それは誰も仲間ではないのと何も変わらないのである。仲間以外を設定することから，彼らとは違う我々という意識が生まれる。諸宗教の戒律には，その違いを生活の様々な場面で明示的に表出されるようにすることにより，常時，仲間が誰であるか確認できるようにするという一面がある。

インドの諸宗教に見られる不殺生主義や菜食，ユダヤ教やイスラム教における豚肉忌避等の食物規制がその典型である。服装や髪型も自他を区別する

重要な指標として用いられる。その他，何気ない生活習慣のなかにも，それぞれの宗教独自のスタイルがあって，それぞれの仲間意識を確保するために役割を果たしている。

　宗教的戒律とは，仲間とは何かを心得ない者にとっては，それらは時に不可解で無意味な規範のように思われる。しかしそうではないのである。

　以上のように，宗教的戒律には，仲間作りの基本として諸宗教に共通する部分と，自他の別を確認し仲間意識を強化する役割を果たしている独自な部分との両面がある。

　前者の部分に着目し，ここだけを強調すると，宗教とは，本来，人々に人倫の道を教える有難いものということになり，それに反して，人を殺すことを奨励するなどというのは宗教としてあるまじきことといった主張を生み出す。しかし，それは仲間作りというものが持つ負の側面，すなわち仲間以外も作ってしまうという面を見落としているのである。

　仲間以外の中には，当然，敵がいる。敵の中には自分たちの存亡をかけて争わなければならないような相手もいるかもしれない。そのような敵との衝突においては，騙すことはもとより，殺すことも躊躇は許されないだろう。

　これが宗教の持つ恐ろしさである。人類普遍の理想を掲げる宗教の場合，人は皆同じ仲間との教えから争いの愚を説き融和を促すこともあるが，他方では，この普遍的な教えが受け入れられないとは人間の名にも値しない者として虐殺に及ぶということも起こりうるのである。

　もちろん，宗教とは基本的に排他的で恐ろしいものだと言いたいわけではない。その仲間組織が安定している間は，異宗教に対し比較的寛容であるのが普通だ。しかし，なにがしかの状況下で自分たちの仲間が脅かされていると感じられる場合には，どんな宗教でも排他的になり，さらには反撃に討って出ることもあるのである。それが宗教というものなのである。

　人類がもし一つにまとまることができるとすれば，それは人類の存続を危うくするような敵が現れた時だろう。宇宙人に攻め込まれた場合がそれに当

たる。これなら地球人として一致団結できる。映画などで宇宙戦争をテーマにしたものが繰り返しつくられるのは，そのような夢をくすぐるからに違いない。現実に我々を取り囲む社会問題としては，地球環境危機の意識に基づく宇宙船地球号という考え方がそれに近いと言える。地球環境が破壊されてしまえば人類は滅亡するしかない。これまでのしがらみを捨てて団結しようではないか。このようなアピールの仕方はまさに宗教的である。

4．社会科のなかに宗教の視点を取り入れる

4.1．歴史と宗教

　ここからは『泣いた赤おに』を離れ，社会科において宗教的視点がどのようなところで生かせるか，思いつくところを書き記してみたい。

　先にも触れたように，宗教は孤独感と深い関係を持っている。諸宗教の開祖の伝記を読むと，立教開宗以前にいずれも深い孤独に悩んだ時期をもっていることがわかる。この孤独感の原因を，当時の社会情勢やその中にあって教祖やその家族の置かれていた状況の面から考えてみることである。

　宗教に対する生来の資質というものもあるだろうが，誰も自ら望んでそのような辛く苦しい状況には陥りたくはないはずである。そうならざるをえなくさせるような社会情勢があったと見るべきである。また，同じ社会状況のなかでやはり孤独感に悩まされていた人々がいたからこそ信者が集い，教団が形成されるに至ったと考えられる。

　しかし，教団の発展段階に入ると，この見方だけでは不足である。もちろん，どの時代，どの社会にも孤独感に悩む人はおり，そういう人の入信は絶えないだろうが，教団が大きくなり社会的力を持つようになると，その集団に所属することのメリットに惹かれて入信してくる人々が出てくる。

　信者相互の扶助による社会保障的な安心感，信者同士ということから生まれる信頼関係による経済活動の安定と進展，敵対勢力に対抗する手段，いろいろな場合が考えられる。

インドネシアのイスラム化の背景には，アラブ商船の入港を期待しての地元王侯の改宗があったというが，これは経済的メリットを求めてのものであろう。日本のキリシタン大名も多くは似たような動機であったようである。仏教が中央アジアを経て中国へ伝播した過程は不明なことが多いが，シルクロード交易と関わりがあることは間違いなかろう。これらもまた，当時の社会情勢を考えるひとつの糸口となだろう。

4.2. 経済と宗教

古代以来，宗教教団には献金等によって多額の資産が蓄えられ，その管理のために数字や文字が発明されたことを忘れてはならない。蓄えられた資産はまた，利殖活動に投資されることもまれではなかった。今日の複式簿記の原形は，中世ヨーロッパの修道院における資産管理にあるといわれている。教団による経済活動というと，とかく教団や聖職者の腐敗といったことに目が行きがちだが，少なくとも中世までは社会的にも無視できない役割を果たしていたに違いない。

4.3. 学問・芸術と宗教

数字や文字の発明が，元来，宗教と深く関わっていたことは上に述べた通りだが，その後の学問も多くは宗教教団の中で生まれ，発達した。特に，宗教聖典の読解と註釈書や教理学書のなかで多くの知識が蓄えられた。そして，古代・中世を通じて宗教施設は学校として機能してきたことを忘れてはならない。

また，少し特異な例であるが，近代初頭のヨーロッパにおける科学的発見が，神の創造物である世界は数学的に美しさを持っていなければならないとの信念に基づいていたことも知っておいてよいことである。

芸術では，世界各地に多くに宗教的芸術的作品が残されている。深い信仰に基づき，その制作に財を惜しみなくつぎ込んだ建築，彫刻，絵画などは，

今日でもなお驚異的な輝きを放っている。

5．まとめ

以上，本稿では，童話『泣いた赤おに』を素材に，宗教を理解するための基本を述べてきた。その要点は以下の通りである。

第1に，宗教は仲間作りである。あるいは，仲間作りの原理である。

第2に，宗教への入り口は，これまでの仲間が仲間として信じられなくなった等のことからくる孤独感にある。

第3に，宗教的に救われるとは新しい仲間を得ることであり，その仲間関係から心の支えを得ることである。

第4に，宗教は仲間組織であるから，そこには必然的に規範がある。規範のなかには人の仲間関係において基本的に欠かせないものが多く含まれており，これらは倫理・道徳に繋がるものである。

第5に，宗教は仲間組織として，他宗教から自らを区別することを目的として，規範のなかにその宗教を特徴づける独特の規範を持つ。

第6に，宗教は仲間組織として，自分たちの存続が脅かされていると感じられる場合には，しばしば排他的なる。

以上である。

参考文献

浜田広介（1976）：「泣いた赤おに」,『浜田広介全集5　童話（五）』集英社．

第2節
教員養成における経済・経済学教育
―その目的・内容・方法に関する検討―

吉 田　昌 幸

　教員養成系大学における経済・経済学教育は，経済学部における経済・経済学教育と同じでよいのか。本章では，先行研究の吟味や教員養成系大学である上越教育大学での授業実践の試みを通して，この問題について考察する。あわせて，経済・経済学教育における教授法のひとつとしてゲーミング・シミュレーションを取り上げ，その効果と課題について検討する。

1．教員養成系大学における経済・経済学教育の目的・内容

　日本学術会議経済学委員会（2014）は，経済学を学ぶ全ての学生が身につけることを目指すべき基本的な素養として以下の2点を挙げている。

　　(1)経済活動の仕組みや市場の役割の理解，経済政策や制度の当否の判断，職業人
　　　として自らの業務の関連で経済社会の仕組みや経済制度・経済政策の意義のそ
　　　の歴史的背景を含めた理解
　　(2)経済学を学ぶことを通じて抽象的思考，演繹・帰納的思考，数量スキルなどの
　　　経済学に固有な能力や，論理的・批判的思考能力，情報収集能力，数値データ
　　　の理解・活用，コミュニケーション能力などのより一般的な能力

　(1)は経済学を学ぶことを通じて身につける基本的な知識や理解，(2)は基本的な能力を指している。ここには，日常生活の意思決定や職業人として役立たせることが経済学を学ぶことの意味であるということが前提となっている。
　その一方で，教員養成系大学における経済・経済学教育には上記のような知識や理解，能力の育成とは異なる目的がある。それは，「多くの教員が一

人で経済学の講義を行い，学生の経済学の受講は一度だけであるという状況から，理論だけでなく，政策や歴史までも範囲を広げた経済学一般の内容にならざるを得ない」(柴田2012，64)という消極的理由によるものというよりは，「大学以前の経済教育を担うための能力を育成するため」(加納2012，38)という積極的な理由があるからである。本項では，先行研究の整理を通じて，教員養成系大学における経済・経済学教育の目的や内容構成はどうあるべきなのかについて見ていく。

宮原（2012）は，経済教育の目標を「経済の基本的概念を学ばせ，様々な経済問題に対し合理的・倫理的に意思決定し解決しようとする責任ある市民性を育成すること」(宮原2012，55)としており，その経済教育の内容として，「個人的・利己的なお金もうけではなく，利害対立を調整し経済福祉を向上させ人々が幸福に生きられるようにする営み」(同上，56)としての経済と，経済合理性と経済倫理性の葛藤としての経済問題を位置づけている。

加納（2012）は，大学以前の経済教育では，(1)経済的な見方や考え方と関連づけて事実や制度の解説を行わなければならないこと，(2)公民的資質の育成を目的とする社会科の中で行われるので，「経済のあり方に関する価値判断や倫理的な評価の問題」(加納2012，39)を扱わなければならないこと，そして(3)歴史，地理，政治，憲法など他の分野とかかわって行われなければならないことを意識して授業を行わなければならないと指摘している。

それゆえ，大学以前の経済教育を担う能力を育成するために以下のような内容を教えることが必要であると加納は指摘している。すなわち，(1)に関しては需要や供給といった市場経済の理解に関する内容と，市場経済を前提とした合理的意思決定という「市場で生きてゆくために必要な知識やスキル」(加納2012，42)に関する内容，(2)に関しては一定の条件の下では自己利益の追求が社会利益をもたらすという経済学的発想を前提としながら，社会的利益となるように人々を促すインセンティブの問題を扱うと同時に，人々がより社会的に望ましい行動をとるための社会的環境を考えるといった内容，(3)

に関しては，「歴史的な出来事や社会の変化を経済の発展と関連づけること」（同上，48）や産業に関することなど歴史や地理に関わる内容，また労働や消費者政策，福祉などに関する法律に関わる内容である。

　さらに，柴田（2012）は教員養成における経済学教育の内容構成は小中学校の社会科教科書や学習指導要領などの内容を把握した上で，経済学との関連性を考察する必要があると指摘している。したがって，「理論だけでなく，政策や歴史までも範囲を広げた経済学一般の内容」（柴田2012，64）にならざるを得ないと述べている。ただし，ここでの「経済学一般」とは何を指すべきなのかについても依拠する学派によって異なる[1]。また，経済学において主流とされる学派も歴史的に変遷してきている。それゆえ，柴田は「主流派と非主流派の理論的構造と論点の相違点について理解できるような内容」（柴田2015，137）が望ましく，それを「比較経済学」という形で位置づけている。これを通じて，「学派によって解釈や説明が異なることを明示的に講義する」（柴田2015，161）ことが求められる[2]。

　これらの議論を見てみると，教員養成系大学における経済・経済学教育の目的は，経済学的な見方・考え方に基づいて意思決定し問題を解決していく責任ある市民を育てるための能力を身につけることになる。そのため，その内容は市場経済社会の仕組みの理解とそれ前提とした合理的な意思決定というスキルを身につけさせること，さらに公民的資質としての価値判断や倫理的問題を扱うと共に，歴史や地理，法律等との関わりやそれら様々な学問分野がもつ固有の価値や考え方を比較的にとらえること[3]，さらに経済学における様々な学派を比較的に扱うことなどが含まれる。

　当然のことながら，これらの内容を1つの授業で全て行うことは困難である。上越教育大学では，複数の講義を通じてこれらの内容を扱う方法をとっている。次節では，上越教育大学における経済・経済学教育の取り組みについて見ていく。

2．複数の講義を活用した経済・経済学教育

　上越教育大学では，他の教育系大学と同様に限られた時間で経済・経済学に関する教育を行っている。経済学の基本的概念の理解を「経済学概説」で行い，これら基礎的概念の背後にある多様な価値や態度が存在することを「経済学文献講読」を通じて認識させる。さらに，地域社会における課題を発見し，その解決策を考えていく授業を「現代社会論」において行っている。これらの授業を一体的に運用することによって，上越教育大学では教員養成系大学における経済・経済学教育の目的を達成しようと試みている。本項では，これら3つの授業の近年の具体的な実態を紹介しながら，成果と課題について検討していく。

2.1．経済学的概念の理解：経済学概説

　「経済学概説」ではテキストを使ったミクロ経済学とマクロ経済学のレクチャーを行っている[4]。受講生は事前に授業に対応した部分のテキストを読み，その内容を要約するとともに疑問や質問をコメントノートに書いて提出することを義務づけられている。この作業は，受講生が自ら学習対象事象や課題を発見し，関連する資料や情報の収集を行うスキルを身につけさせることを目的としている。講義では該当するテキストで取り上げる経済理論の解説を行う。その後，受講生は事後コメントノートに疑問点や質問を記入して提出する。そこでの作業を通じて振り返りと新たな課題の導出を行う。書かれた疑問点や質問については，次回の冒頭にその説明を行う。

　具体的に市場の機能を取り上げた箇所を例にしてその取り組みを見ていく。この回では，需要と供給，税，限界効用，弾力性と市場価格を巡る理論を学んだのちに，市場の限界（市場の失敗）とそれに対する対応策を論じている。本授業においても，3コマを使ってこれら一連の議論を取り上げている。要点は，1) 市場価格は市場参加者の需要と供給のバランスによって決まるこ

と，2) そこで決まった価格は完全競争という条件下で効率的な資源配分をもたらすこと，3) 市場を通じた経済活動が社会に対して被害をもたらすことがある（自動車を利用することによる地球温暖化など）こと，4) 市場がもたらした被害は市場で解決することである。

　ここで重要な点は，例えば二酸化炭素の排出にともなう地球温暖化の問題（外部不経済）に対して，経済学の理論に基づいた解決策の特徴を理解することにある。そのため，外部不経済の問題を取り上げる前に，市場は財やサービスに価格をつけることでそれらが効率的に配分されることを理解する必要がある。授業では，2コマをつかってこれら市場価格に伴う基礎理論を説明した後に，外部不経済という市場の失敗の一事例を取り上げる。

　受講生は事前コメントノートにおいて，「外部費用とは何なのか」や「炭素税って具体的にどんなものですか」といったテキストで取り上げられている用語についての質問を挙げていた。授業では「市場の失敗」の事例のひとつとして温暖化問題を取り上げるが，重点を置くのは1) 完全競争下においても効率的な資源配分が実現できない場合がある（市場の失敗）ことを示し，2) 温暖化問題のような外部不経済がその事例のひとつであることを理解し，3) その対応策のひとつとして増税や補助金をもちいることの3点を余剰分析というツールを用いて理解することである。

　もっとも理解すべき点として強調するのは1点目である。市場を効率的な資源配分をもたらす社会システムとして理解させた上で，それでも市場は完全なものではなく「市場の失敗」のようなことが生じてしまう。その際に市場を否定するのではなく，市場の良さを利用しながら「市場の失敗」の問題を解決していくことが経済学的な価値や態度として示される。

　授業終了時に提出する事後コメントノートでの疑問点や質問では次のような事柄が書かれていた（表1）。

178　第4章　価値次元の社会科

表1　事後コメントノートでの疑問点・質問

- 外部不経済についてもう少し詳しい説明がほしい
- 外部費用のところで，外部不経済と税収が重なり利益が課税しないときより大きくなるといっていたところがわからなった
- 自動車の使用の多い日本において炭素税が導入されていないのは，地球温暖化を防ぐこと以上にメリットがあるからなのか
- キャップ&トレードをもっと知りたい

　最初の2つは余剰分析についての理解が不十分であったことについてのコメントである。これについては次回の冒頭に補足説明を行っている。また，3つ目のコメントについては炭素税という形ではないが日本では「地球温暖化対策のための税」[5]が段階的に導入されている事実を示すことができる。さらに，4つ目のコメントについては，税や補助金といったピグー的な手法に加えて近年では二酸化炭素の排出権に上限を設けてそれを売買する市場を作り取引することによって温暖化問題への対応を図る「キャップ&トレード」について簡単に説明をしたことに対するコメントであった。授業では，これらのコメントに対して答えながら，さらに政府が介入することによって問題がさらに悪化する「政府の失敗」という事例もあることなども受講生に伝える。

2.2. 経済学的概念の背後にある価値や態度：経済学文献講読

　経済学文献講読は，経済や経済学に関連する文献講読を行うことで様々な価値や態度があり得ることを学ぶことを目的としている。これまで取り上げてきた文献は以下の表2の通りである。

表2　経済学文献講読で取り上げてきた本・論文（出版年は原著のもの）

- J.A. シュンペーター（1926）『経済発展の理論』
- 松原隆一郎（2009）『経済学の名著30』
- F.A. ハイエク（1933）「経済学的考え方の動向」（1944）「経済学者になるということ」（1962）「経済，科学，そして政治」

- J.M. ケインズ（1926）「自由放任の終わり」（1930）「孫の世代の経済学的可能性」
- J.A. シュンペーター（1949）「経済理論と企業家史」
- 太田他編（2006）『新版　経済思想史』
- A.O. ハーシュマン（1977）『情念の政治経済学』
- F.A. ハイエク（1988）『致命的な思い上がり』
- J. アカロフ, R. シラー（2009）『アニマルスピリット』
- F.A. ハイエク（1944）『隷属への道』
- F. マーティン（2013）『21世紀の貨幣論』
- J.G. ホワイト（2011）『バランスシートで読み解く世界経済史』
- J. ソール（2014）『帳簿の世界史』
- F. アレン, G. ヤーゴ（2010）『金融は人類に何をもたらしたか』
- A.V. バナジー, E. デュフロ（2011）『貧乏人の経済学』

　受講生は事前に該当箇所を読み，報告者はそれに関するレジュメを作成する。報告者以外の受講生は該当箇所に関する質問や疑問点を記入した事前コメントノートを提出する。授業では，担当者がレジュメを基に報告したのちに，適宜必要な部分についての解説やコメントノートで書かれていた質問に答えたり，議論を促したりする。最終的に受講生は取り上げた文献の1つの章を取り上げて要約をしたのちに，考察を加えたレポートを提出する。

　ここでは，2017年度のバナジーとデュフロの『貧乏人の経済学』を取り上げた時の様子を紹介する。本書は，開発経済学の視点から貧乏な人の暮らしや選択はそうでない人々のそれと何が違うのか，世界の貧困問題とどのように戦っていくことができるのかという問題を扱っている。援助は有効とするサックス（Sachs, 2005）らの議論に対して正しいインセンティブのもとでは人々は自分で解決していくので援助は無用であるとするイースタリー（Easterly, 2006）らの議論に対して，本書ではランダム化対照試行という社会実験の成果に基づいて地に足のついた解決策を提示している。飢え，健康，教育，家族計画といった貧乏な人々の行動を明らかにし既存の社会制度の下での改良策を提示していく点が本書の特徴である。

　受講生の事前コメントノートを見ると，受講当初は該当箇所の文章でわからない部分（例：「貧困の罠」とは何か，貧困の定義とは何か等）の指摘が多いが，

終盤になると該当箇所の文章を読んだ上での意見やコメントが増えてくるようになった（例：発展途上国の場合，汚職をなくすために政治家に補助金を渡したらどうか，投票においてカーストが同じ人を選ぶという原理は納得できる。政治的エリートは国の政治を担当している当事者意識や責任感，貧困に悩む人たちのことは考えていないのか等）。一方，事後コメントノートは議論や解説をふまえた後に出てきたさらなる疑問や関心を持ったところを記入している点で講義の前後で大きな変化は見られなかったが，当初は本に書かれていたことについての批判的コメント（例：蚊帳の効果や使用方法をあらかじめ配るときに伝えればすむ話ではないかと思った）からより自分の問題として貧困問題をとらえるようなコメントが出てくるようになった（例：「3I問題（イデオロギー，無知，惰性）」が起こらないように官僚に考えさせる方法はないのか，官僚に意識させられるように政治家が働きかける方法はないのか，また貧乏人の意見を反映させてくれる政治家はいないのか）。

　授業の中で多くの疑問や問題点を抱きながら文献を読み進めていき，最終的にそれをレポートにまとめる。レポートは本の章から最も関心のあるものを取り上げその要約と考察をまとめるものである。レポートはこれまでの貧困問題に対する議論を扱った章（1名），人口問題を扱った章（3名），教育問題を扱った章（1名），貧乏人向けの保険を扱った章（1名），貧乏人への融資を扱った章（1名），起業を扱った章（2名），政策と政治を扱った章（1名）と，それぞれの受講生の問題関心に基づく考察が展開されていた。

　経済学文献講読は，一冊の本を章ごとに丁寧に追っていくことによって，社会・経済問題に対する課題や考え方の多様性，問題へのアプローチ方法を知ることができる。また，それを通じて経済学の基礎的な概念がこれらの議論にどのように反映されていたり，同じ概念を使いながらも意見や態度が多様であったりすることなどが理解できる。

2.3. 地域社会の課題の発見・解決策の提案：現代社会論

「現代社会論」では，地域社会の課題を発見し，それに対する解決策を考える授業をここ数年行っている。2016年度の「現代社会論」では，これまで行っている直江津地域の地域活性化活動をみなおし，課題を探りながら，さらに必要な活性化策を考案し，それを平成28年12月に上越市で開催された「ペンギン会議全国大会」の中で発表を行うという実践を行った。現在，平成30年春にリニューアルオープン予定である上越市立水族博物館にあわせて，直江津地域では新水族博物館を活用した地域活性化事業を進めている。調査するにあたって，上越市立水族博物館，上越市産業振興課，上越市新水族博物館整備課へのインタビューを行うとともに，地域活性化に関連するイベントである「マゼランペンギンクラフトフェスタ」の取材を行った。

上越市立水族博物館では，インタビューを通じて職員からレジャー観光施設・研究教育施設・環境保全社会教育といった水族館の社会的機能や，このような機能を果たしていくために安定的な収入が必要であること，そしてそのために施設の充実や独創的なイベントや企画の立案が必要なことなどについての話を伺った。さらに，水族館と直江津地域との関係性や水族館が直江津地域の活性化に果たす役割などの考えを伺いながら，水族館の強みとして，マゼランペンギンの飼育頭数が日本一であることやもうすぐ建て替えでこれまでの建物には入館できなくなることなどを聞くことができた。

一方，上越市の新水族博物館整備課へのインタビューでは，新水族博物館の設立経緯やマゼランペンギンのブランド化やイベント企画，上越市で開催されるペンギン会議全国大会などについての取り組みを伺い，産業振興課からは現在進めている「新水族博物館を核とした地域活性化事業」の経緯や遂行している7つの事業についての取り組みについて伺うことができた。その中で，上越市の事業として新水族博物館をリニューアルする以上その成果を地域に還元しなければならないこと，そのためには直江津地域の住民が主体となった活性化の取り組みが必要であることといった考えを伺うことができ

た。さらに，マゼランペンギンの生態や特徴などについては，飼育員や鳥類専門家へのインタビューを通じてその知識を得ることができた。このような形で調査を行い，必要な知識や情報，関係している組織それぞれの価値や考えなどを確信していった。

地域活性化策を考案していく過程では，受講生は(1)水族博物館のことをよく知らず，新しく建て替えられることも知らないこと，(2)マゼランペンギンの飼育数が日本一であること，さらにいえばそのマゼランペンギンのこともよくわからないこと，(3)商店街にどのような店があり，どのような良さが直江津の街にあるのかについてわからないこと，(4)直江津中心部を巡る移動手段がすくないことといった課題をあげていった。そこから，方針として，(1)情報発信，(2)マゼランペンギンを生かした街づくり，(3)交通という3つのテーマを策定して，その具体化策を考案することとなった。具体的には，(1)マップやSNSを使った情報発信，(2)商店街をマゼランペンギンのキャラクターで埋め，空き家を使ったスペース（ペンギンハウス）を作ること，(3)ペンギンバスやペンギン列車のような既存の公共交通機関をペンギンで統一感を持たせる，ゴルフカーを利用したまちなか移動手段の開発という案を策定した。策定した案を，2016年12月に上越市で開催された，全国の水族館関係者やペンギン愛好家などが集まる「ペンギン会議全国会議」で発表した。

発表後，受講生のレポートからは次のような感想や考察がなされていた（表3）。

表3　受講生レポートでの感想・考察例

- ペンギン会議での発表の際に，「夜行バスで直江津にきても休む場所がなかった」という聴衆からの指摘があった。この指摘に基づいて，「直江津駅前休憩処」の設置をして，24時間いつでも気軽に集まれる場所をおき，行ってみたい，また来たいまちにすることが必要
- マゼランペンギンクラフトフェスタを軸にしたマゼランペンギン祭りを実行し，「マゼランペンギンのまち直江津」のイメージを直江津地域全体に根付かせるこ

とが重要
- 「ペンギンのまち直江津」として魅力ある街にするという提案をしたが、まちと水族博物館との連携が不可欠であり、双方が主催となったイベントを行うなどしていくことが重要ではないか
- 直江津は歴史的に長野県や群馬県との結びつきが強く、水族館の来館者も歴史的にみても多い。今後の情報発信には重要な地域である

　学生たちは地域活性化策を策定する過程で基礎的知識の収集や水族館を取り巻く様々な主体の関係性や価値観などについて理解を深め、それらをもとにして活性化策を策定、発表し、その反応を踏まえて改めて活性化に必要な事柄について学習していった。このような過程を通して実践力育成を行っていくことができた。

3．受講生の学習意欲や関心の好循環：ゲーミング・シミュレーション

　前項で見てきたように、上越教育大学では3つの授業を使って一体的に経済学的な見方考え方に基づいて意思決定し問題を解決していく責任ある市民を育てるための能力を身につけさせることを目指している（図1参照）。
　このような形で経済・経済学教育を進めているが、経済学の基礎的概念の習得の段階や、それらに基づいた合理的意思決定のスキルの習得の段階で直面する課題がある。それは、経済学の基礎的概念自体が抽象的であるということ、そして多くの学生が企業活動や金融、税や政策などに対する実体験がないということである。概念自体が抽象的であることは多くの事例を用いながら解説していくことで対応していくことができるが、その際実体験があればなおのこと理解を促すことができる。しかし、そのような体験がないと、抽象的な理論が難しく、それに基づいた経済社会の現象の理解ができず、意欲・関心が低下するという悪循環が生じうる可能性がある（図2左図）。
　このような課題に対処する方法としてゲーミングを挙げることができる。

184　第4章　価値次元の社会科

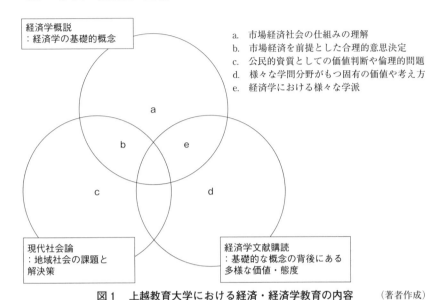

図1　上越教育大学における経済・経済学教育の内容　　（著者作成）

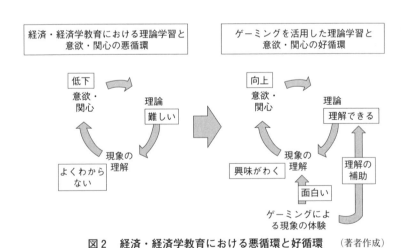

図2　経済・経済学教育における悪循環と好循環　　（著者作成）

ゲーミングとは，参加者に特定の社会状況の理解を促したり，特定の社会状況それ自体の特性を明らかにしたりするための手法であり，その最大の特徴は，現実世界から抽出・形成される社会状況のもとで役割間の動的相互作用が形成されるところにある（Greenblat, 1988）。ゲーミングでの参加者間の動的相互作用を通じて，経済や政治，法などに関する社会状況を自らの問題として体験することによって，現実の社会における現象の理解に対しての興味を促し，それらに関する理論の学習の意欲や関心を高めることができる。また，ゲーミングを通じた体験により，基礎的な理論に対する理解度が高まり，理論に基づく社会現象の理解を促すことができる（図2右図）。

上越教育大学においてもこれまで南北問題や貿易を通じた諸問題を扱う「新・貿易ゲーム」や環境問題を扱った「キープ・クール」などといった既存のゲームを活用した実践や，地域通貨を導入することによる地域経済社会の変化を体験する「地域通貨ゲーム」や機会費用やトレードオフといった合理的意思決定における事象を学ぶ「スマホ製造ゲーム」など自ら開発した実践（Yoshida and Kobayashi, 2014；小林・吉田，2016b）も行ってきている。

ゲーミングは，その実施にあたって時間やコスト，技術面など導入にあたって障壁となっていることが指摘されている（藤本・森田，2017）。本学でもゲームの実施は複数回を用いて実施したり，体験学習において半日を用いて実施したりしている。また，ゲーミングを作成することを授業の目的として行ってもいる（小林・吉田，2016a）。経済・経済学教育においてゲーミングを活用する上での障害をいかに取り除いていくかや，ゲーミングを作成することによる経済・経済学教育のあり方については今後もさらに実践を通じた検討が必要である。

4．おわりに

教員養成系大学での経済・経済学教育は「大学以前の経済教育を担える能力」を養うことが目的である。それゆえ，内容構成も単に経済学の理論を習

得するだけでなく，経済学的な価値や態度を他の人文・社会科学との比較的な視点から理解していくこと，さらに現実の経済社会が抱えている課題を明らかにしそれに対する解決策の考案や実践なども求められる．これらを実践していくためには複数の授業を通じて体系的に行っていくことが不可欠である。上越教育大学での実践はこの点で1つの経済・経済学教育のあり方を示している。また，このような実践を進めて行くにあたってゲーミングという手法が特に経済学の基礎的な概念の理解を促進することを示した。「大学以前の経済教育を担える能力」を涵養するための方法については今後もさらに検討が必要となる課題である。

注

1) 栗原（2012）が指摘しているように，教員養成系の専門教科科目として同じ「経済学概論」であっても，ミクロ経済学・マクロ経済学を教えるシラバスを作成している大学もあれば，マルクス経済学を教えるシラバスを作成している大学もあり，「経済学」に対する「一般的包括的な内容」（栗原2012, 78）は確定されていない。
2) 柴田（2015）は，経済学の主要な学派として新古典派経済学（主流派），ケインズ経済学（非主流派），マルクス経済学（非主流派）をおいている。これらの比較については，柴田（2015）の表9.2（p.164）を参照のこと。
3) 浅倉ほか（2015）は「社会科内容学」という形で地理・歴史・公民分野に関わる様々な専門分野から社会を見る複眼的，比較人文・社会科学的な視点を提示している。
4) 授業では Klein and Bauman（2010）（2011）の翻訳版を以下のような構成で用いている。

テキスト該当箇所	主たる内容
『ミクロ』ch2-3	選択と決定，利子率と割引価値
『ミクロ』ch4-5	期待値，逆選択，比較優位
『ミクロ』ch6-7	ゲーム理論，パレート効率性
『ミクロ』ch8-10	囚人のジレンマ，オークション，市場の類型
『ミクロ』ch11	市場価格決定

『ミクロ』ch12-13	課税,「平均」と「限界」	
『ミクロ』ch14-16	弾力性,市場の限界,ミクロ経済学の課題	
『マクロ』ch2-4	失業,貨幣,インフレ	
『マクロ』ch5-6	GDP,政府の役割	
『マクロ』ch7,9	技術進歩,自由貿易	
『マクロ』ch11-12	外国為替,不況・恐慌の原因と対処	
『マクロ』ch14-16	環境問題,高齢化問題,マクロ経済学の課題	

5) http://www.env.go.jp/policy/tax/about.html

参考文献

浅倉有子・畔上直樹・茨木智志・小島伸之・志村喬・下里俊行・橋本暁子・松田慎也・山本友和・矢部直人・山縣耕太郎・吉田昌幸 (2015):『教科内容構成「社会」』上越教育大学。

Easterly, W. (2006): *The White Man's Burden: Why the West's Efforts to Aid the Rest Have Done So Much Ill and So Little Good*, Oxford University Press, Oxford. (小浜裕久・織井啓介・冨田陽子訳 (2009)『傲慢な援助』東洋経済新報社)。

藤本徹・森田祐介編 (2017):『ゲームと教育・学習』ミネルヴァ書房。

Greenblat C. (1988): *Designing Games and Simulations: an Illustrated Handbook*, SAGE Publications, Newbury Park. (新井潔・兼田敏之訳 (1994)『ゲーミング・シミュレーション作法』共立出版)。

岩田年浩・水野英雄編 (2012):『教員養成における経済教育の課題と展望』三恵社。

岩田年浩・水野英雄 (2012):「教員養成系大学学部における経済学カリキュラムの調査」岩田・水野編 (2012): pp. 84-112。

加納正雄 (2012):「教員養成学部における経済教育のあり方―経済教育を担える教員の要請を意識した授業―」岩田・水野編 (2012): pp. 37-51。

Klein G. and Bauman Y. (2010): *The Cartoon Introduction to Economics Volume One: Microeconomics*, Hill and Wang, New York. (山形浩生訳 (2011):『この世で一番面白いミクロ経済学』ダイヤモンド社)。

Klein G. and Bauman Y. (2011): *The Cartoon Introduction to Economics Volume Two: Macroeconomics*, Hill and Wang, New York. (山形浩生訳 (2012):『この

世で一番面白いマクロ経済学』ダイヤモンド社)。
小林重人・吉田昌幸（2016a）：「フレームゲームとしてのカルテットの可能性－2つの実践を通じて－」『日本シミュレーション＆ゲーミング学会全国大会論文報告集　2016年秋号』pp. 46-51。
小林重人・吉田昌幸（2016b）：「ゲーミングの夕べ－ゲームで学ぶ経済学的意思決定：『スマホ製造ゲーム』－」『日本シミュレーション＆ゲーミング学会全国大会論文報告集　2016年秋号』p. 110。
栗原久（2012）：「教員養成系大学・学部における『経済学』の課題」岩田・水野編（2012）：pp. 73-83。
宮原悟（2012）：「教員養成における『経済教育』のガイドライン－子どもたちに経済を教えよう－」岩田・水野編（2012）：pp. 52-61。
日本学術会議経済学委員会（2014）：『大学教育の分野別質保証のための教育課程編成上の参照基準　経済学分野』日本学術会議。
Sachs, J. (2005): *The End of Poverty: Economic Possibilities for Our Time*, Penguin Press, New York.（鈴木主税・野中邦子訳（2006）：『貧困の終焉－2025年までに世界を変える』早川書房）。
柴田透（2012）：「教員養成系学部における経済学教育のあり方について」岩田・水野編（2012）：pp. 62-72。
柴田透（2015）：『比較経済学教育の研究』三恵社。
Yoshida, M. and Kobayashi, S. (2014): Community Currency Game: a tool for introducing the concept of community currencies, *The Proceedings of the 45th ISAGA Conference*, pp. 788-794.

第3節
憲法学と必修科目「日本国憲法」
——教員養成における教科専門の役割——

小島　伸之

1．はじめに

　平成8（1996）年7月29日，冷戦終了後の「改革」ムードの中，文部大臣奥田幹生は教育職員養成審議会に向けて，「新たな時代に向けた教員養成の改善方策について」諮問を行った。同審議会第11回においては，「いじめ・登校拒否や国際化・情報化」などの「社会的要請」を踏まえたカリキュラム改善の方向性として「学術的知識よりも，教え方や子供とのふれあいを重視（教科よりも教職重視）」することが提言され[1]，翌年7月の第1次答申において，「教科の専門性（細分化した学問分野の研究成果の教授）が過度に重視され，教科指導をはじめとする教職の専門性がおろそかになっていないか。教員スタッフの専門性に偏した授業が多く，「子どもたちへの教育」につながるという視点が乏しいのではないか」という指摘がなされた[2]。すでに昭和63（1988）年の教育職員免許法改正によって教職に関する科目の最低取得単位が大幅に引き上げられていたが，平成11（1999）年の同法改正では，教科に関する科目の最低取得単位が引き下げられる。その引き下げは，特に小学校教員免許に関して顕著であった。教員養成系大学・学部における教科専門に対する風当たりは止まず，平成13（2001）年8月の国立の教員養成系大学・学部の在り方に関する懇談会においても「大学院の重要性はわかるが，現状をみると第二理学部，第二文学部的になっている。それでは現職教員の再研修にあまり役立たない」という批判がなされる[3]。こうした批判を踏まえて，平成20（2008）年より開設された教職大学院においては，その名の通り「教

職」が重視され，教科毎のコースを設置することや教科内容を中心とした履修モデルは避けられた形で制度設計がなされている。さらに，平成28（2016）年11月の教育職員免許法改正と，それに基づいて現在進められている教職課程認定においては，「教科に関する専門的事項」と「各教科の指導法」の科目が大くくり化され，教員養成系大学・学部における教科専門教員の存在を担保してきた法的前提が大きく変化するに至っている。

このように，（これらの動きの背後にある立脚点が仮に他に―例えば，教員養成課程6年制導入論の影響，少子化をにらんだ国立教員養成大学・学部の量的縮小など―あるにせよ）少なくとも表面上は，教員養成系大学における教科専門にかかわる学術的専門性は，近年の大学改革の中で一貫して軽視されてきたといえる。

こうした状況の中，教員養成系大学・学部における教科専門は，改めてその存在意義が問われている。本書の試みる「教科内容構成学」の探求もその延長線上にあろう。こうした探求に一定の意味があることは事実である。各教科の教育の内容には，その背後に専門的な諸学問領域の成果が不可分にかかわっており，教科専門が教科内容の構成に「貢献」できる余地は確かに存在するからである。しかし，教員養成系大学・学部における教科専門の存在意義や役割は，「教科内容」への貢献に限定されるわけではない。

鑑みれば，アメリカ教育使節団報告書（昭和21（1946）年）において，教師養成教育は「三重でなければならない」とされていた[4]。その3つとは，①「一般教育ないしは自由教育。これには語学および伝達方法の習得，文学芸術の鑑賞を含む現代文明の理解，近代世界における科学の位置についての認識，さらには，近代国家の市民が直面する，経済的および政治的な特殊問題についてのある程度の理解が含まれる」，②「教師の養成教育には，その教えることがらについての特別な知識が必要である。初等学校教師の場合には，この教授分野は多様であるが，上級の学校にあっては順次専門化される」，③「教師は自分の仕事の専門職的な側面について特別の知識を持つべきであ

る。比較教育史やその社会学的裏付けについて，また，現在自分がそこにいる教育制度の組織の成り立ちについて，また，子供たちとの実験や経験を通じてもっとも効果的とされるに至った教授法について，ある程度の知識をもっていなければならない。この専門的な仕事の中には，子供たちや学校を観察したり，監督の下で授業を行うことなどが含まれる。こうした専門職的養成教育は，完全な形で，すくなくとも初等ならびに中等の教師全員が受けられるようにすべきである」である[5]。ここでの①，②，③は，教員養成における①一般教育・リベラルアーツ（学芸）教育，②教科教育，③教職教育に当てはまるとみなすことができる。

　仮にアメリカ教育使節団報告の全体をうのみにする立場に立たなくとも，教員養成においてこの3つの要素が（そのあるべきバランスについては常に争点化するにせよ）それぞれ必要であるという点においては，さほど異論はないであろう。すでに概観してきたような近年の教員養成改革の流れは，一貫して③教職教育の重視にあるが，教員養成課程において現実的に課すことのできる科目全体の単位数に一定の上限がある以上，それが①一般教育・リベラルアーツ教育と②教科教育の過度の軽視という形で教員養成のバランスを崩すことは避けられなければならない。

　さて，実は①一般教育・リベラルアーツ教育で養われるべき能力は，文部科学省，OECD，国立教育政策研究所などにおいて，例えば「ジェネリックスキル」，「コアスキル」，「キイコンピテンシー」，「学士力」，「リテラシー」，「21世紀型能力」等の表現のもとで，むしろ来るべき未来の社会において重要となる能力とすら位置づけられている。中でも，平成20（2008）年の中教審答申は，国として養成すべき「学士力」を構成する「知的活動でも職業生活や社会生活でも必要な技能」（「汎用的技能」）として「論理的思考力」や「問題解決力」を挙げ[6]，また平成26（2014）年に国立教育政策研究所によって提案された「21世紀型能力」が「思考力を中核とし，それを支える基礎力と，思考力の使い方を方向付ける実践力の三層構造」とされ，その中核に

「思考力」(問題解決・発見力・想像力，論理的・批判的思考力，メタ認知・適応的学習力) が据えられている点は[7]，これからの教育における①一般教育・リベラルアーツ教育の重要性を示唆するものである。

ここでは，教員養成系大学・学部に対する制度的改革に際しては③教職教育が重視され①一般教育・リベラルアーツ教育及び②教科教育が軽視されている状況が生じている一方，大学教育のみならず教育一般においては今後①一般教育・リベラルアーツ教育によって要請される能力こそが子どもたちが身に着けるべき能力の「中核」とされるというねじれた状況が存在することが浮かび上がってくる。義務教育を中心として今後の教育を担う教員の養成を役割とする教員養成系大学・学部において①一般教育・リベラルアーツ教育が過度に軽視されるとするならば，それはきわめて奇妙なことといえるのではないだろうか？　そして，下図の様なリテラシーの階層を前提とするならば教科専門は，②教科教育に対してのみならず，①一般教育・リベラルアーツ教育さらには③教職教育にも一定の重要な役割を果たしうるのではないか。

本節は，教員養成課程における「思考力」，とりわけ「リテラシーを支え

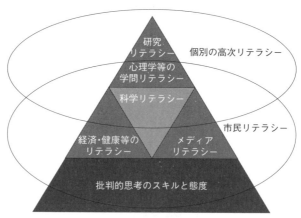

リテラシーを支える批判的思考
(楠見2010より引用[8])

る批判的思考」[9]の重要性を前提に，教科専門の立場から，教員養成系大学・学部における「日本国憲法」の講義内において，どのような試みを行っているのかを紹介し，教員養成系大学・学部における教科専門やその背景となる専門的な諸学術領域の役割・位置づけについて，検討するものである。

2．必修科目としての「日本国憲法」

　教育職員免許法別表第一備考4号，教育職員免許法施行規則第66条の6により，教員免許状を取得するためには「日本国憲法」の単位の取得が求められている。しかし，日本国憲法の内容について授業中扱うこととなる小学校・中学校社会・高等学校公民の教員免許状等に限らず，すべての種類の普通免許状の取得にとって，なぜ憲法が必修でなければならないのかについては，一義的に明確な理由が存在するわけではない[10]。例えば鶴恒介は「国民主権や平和主義，人権の尊重などを学ぶことが重要であるとして，なぜその科目が日本国憲法でなければならないのか」と問うている[11]。

　先行研究においては，主権者教育や憲法的価値の取得といった点にその理由が求められているが[12]，「大学の教員には憲法23条に基づいて，判例も認める通り，教授の自由があると考えられ」ることを前提に[13]，ここでは「思考力」（問題解決・発見力・想像力，論理的・批判的思考力，メタ認知・適応的学習力）の養成という観点を「日本国憲法」講義内に取り入れる試みを紹介したい。

　上越教育大学では，学部1年生及び教育職員免許取得プログラム受講生の中で取得免許のない大学院生を対象として，後期15コマの「日本国憲法」の講義が開講されている。同講義は例年200-250人程度が受講する大教室での「マンモス講義」で，筆者は担当して今年で10年目となる。担当した初期の何年かは，もっぱら憲法入門・憲法概説にあたる内容の講義を展開していた。ある時，電子的出欠管理システムが学生により不正利用された件をきっかけに，毎回コメントシートを配布して講義の感想等を記入させることにしたが，

その結果受講生のなかで「なぜ憲法が必修なのかわからない」という疑問を持つ者が一定程度存在することが判明した。むろん，私の講義の拙さに起因する部分もあったであろうが，講義中にコメントへのリプライなどの時間を設け受講生と応答した結果,「私は小学校（中学校）の教員志望なので，そこまで詳しいことは授業で扱わないだろうからなぜ学ぶ必要があるのかわからない」という声が多く存在することが分かった。また，学生の多くは，入学後,「絶対教員になる」ということについて動機づけられる機会は多くあっても,「教員になるということはどういうことなのか」について考える機会は，意外なほど少ないことも分かってきた。そこで次年度から講義の初回に，教員という職業が「知的職業」であること，および教員の社会的役割とそれに伴う責任について触れ,「皆さん（の多く）は，（小学校・中学校等の）教員になるのであり，よくできる小学生・中学生になるのではない」,「10を知って1を教えよ」という趣旨の説明を行うようにした。学部1年生対象の必修講義であることをふまえてのことである。ここで，図らずも「日本国憲法」は③教職教育の領域により直接的に踏み込むことになったのである。

　さらに，ある種の権威主義・根拠主義的説明と，功利主義的説明も採用した。すなわち「日本国憲法」導入部の説明として，直接授業では扱わないことも含めて知っておくことの必要性を，教育基本法や社会科の目標に，より直接的に結び付けた。つまり，教育の目的である「人格の完成」や「国民の育成」を担う存在としての教員の役割を説き，また，社会科の目標である平和で民主的な国家の形成者として必要な「公民的資質の育成」との関連を明示的に説くこととした。

　受講生の反応をうかがう限り，そうした説明に一応の効果はあったようではあるが，しょせんは「聞いた話」に過ぎない面もあったように思われた。そこで，より実感的に，または主体的に「日本国憲法」に関する知識を学び，同時に「思考力」（問題解決・発見力・想像力，論理的・批判的思考力，メタ認知・適応的学習力）を身に着けた「知的な職業」としての教員となることを動

機づけるための方法を根本的に考えることとした。「日本国憲法」の目的を，「日本国憲法を学ぶ」ことから「日本国憲法を学ぶとともに，日本国憲法で学ぶ」ことへ，積極的に転換する試みである。

3．実感的・主体的に学ぶための方法の模索

　実感的・主体的に学ぶためには，契機となる驚きや発見が不可欠である。そのために導入した方法は，第一回講義までに行う事前作業として日本国憲法のすべてを手書きのノートに書かせること，最初の数回の講義においてそのノートを用いた講義内容を工夫することにあった。その際の指示は，「日本国憲法の一番最初から一番最後まで書いてきてください」というものである。何を参照するのかについての指示は一切行わず，ノートのサイズや表紙に記入する名前等の指示にとどめた。作業は，講義最終回終了後当該ノートの提出を義務付けることにより担保したが，この手法の導入当初における受講生の反応は，当然ながら非常に悪かった。しかし，印刷やスライドに映された文章（条文等）に対する指摘は，あくまで他人事になりやすいが，自ら時間をかけて（不快等の）感情も伴って書いたものには，何らかの執着が生ずる。その執着が生じたものからの「発見」は，実感や主体性を伴いやすいのではないか，という着想である。いわば強制によって，実感的・主体的に学ぶための下準備をしたことになる。

　なお，初回の講義の段階でまだ作業をしていない受講生に対しては，よく知られている「百聞は一見に如かず」ということわざに加え知る学生の少ない「十読は一写に如かず」を板書し，「ここで見＝写とすれば，一回写せば1000回聞いたことと同じだよ」と説明をし，作業を促すことにしている。むろん，提出前ギリギリまで作業を行わない学生も一部存在する（それらの学生の大半も，少なくとも印刷した条文を持ってきてはいるようではある）。大学という場の性格上個人的に作業の徹底の強制はためらわれるところもあり，現在のところ徹底的にチェックすることは行っていないが，是非の余地はあろう。

これは今後の課題とすべき点である。

4．手書きの日本国憲法からの発見

　受講生は，手書きのノートに書かれた日本国憲法から，おそらく想定外の「違い」を発見することになる。それはまず講義中の，「一番最初に書いてある部分を読んでください」という指示の結果によってもたらされる。毎年の講義において，ある学生は，「日本国憲法……」と答え，別の学生は「前文　日本国民は，正当に選挙された……」と答え，そしてまた別の学生は「朕は，日本国民の総意に基いて……」と答えることとなる。何を参照するのかについて，明確な指示をあえてしなかった意図はここにある。少なからぬ受講生は，驚きを伴った最初の「発見」をするのである。

　例えば，現在，インターネットの検索サイトで「日本国憲法」と入力すると，総務省が運営する電子政府の総合窓口 e-Gow の法令データベース，国立国会図書館憲政資料室の「日本国憲法の誕生」という公的サイト，および法庫という私的法令データベースサイトが上位にヒットする。e-Gov では「昭和二十一年憲法　日本国憲法」という見出しに続いて，「日本国民は，正当に選挙された……」（前文）が書かれており（上諭が掲載されていない）[14]，憲政資料室のサイトでは日本国憲法の見出しの下，章ごとのジャンプリンクが張られている目次の下に線が引かれて，「朕は，日本国民の総意に基いて……」（上諭）から書かれており[15]，法庫では日本国憲法の見出しの後，章ごとのジャンプリンクが張られている目次の下に線が引かれて（公布施行年，分野をはさんで）「前文　日本国民は，正当に選挙された……」と書かれている（上諭が掲載されていない）[16]。

　高等学校政治・経済，中学校公民の教科書の巻末資料においては，日本国憲法の見出しの後，公布施行年に続いて，「日本国民は，正当に選挙された……」（前文）となっている（上諭が掲載されていない）。六法全書には，日本国憲法の見出しの後，公布施行年，章ごとの目次があり，「朕は，日本国民

の総意に基いて……」（上諭）とあるのが大半であるが，六法全書の類の中でも，大学院生の受講生が所持していることが散見される教育六法の中には日本国憲法の見出しの後公布施行年が続き，そのあと「日本国民は，正当に選挙された……」（前文）と書かれて，上諭が掲載されていないものもある[17]。

　こうして，受講生はそれぞれが参照元とした情報源によって，手書きのノートに書かれた日本国憲法に「違い」があることに直面するのである。

　日本国憲法が国家の最高法規であることについて知らない受講生は例年（幸いなことに）ほとんどいないため，その内容がきちんと，定型的に正確に伝えられているはずの最高法規に関してですら，情報源によってコンテンツが異なることは一定以上の強い「驚き」につながる。

　この「違い」の発見と「驚き」を動力源にして，続けて「資料・根拠にあたる際には慎重さが求められる」「できれば原典・本物に当たりましょう」「できれば複数の資料にあたりましょう」というリテラシー教育的説明を続けることで，「思考力」（問題解決・発見力・想像力，論理的・批判的思考力，メタ認知・適応的学習力）の基礎のひとつが，重みをもって伝わることとなる。毎年細部は異なるものの，学生からの質問などに応じて，上諭とは何か？　続く御名御璽や副署とは何か？　前文とは何か？　日本国憲法における上諭や前文の法的効力は？　という知識を伝達する展開につなげることも行っている。

　この段階で例年，「歴史的資料としての日本国憲法そのものに合わせ，上諭や副署を書いてない人は，紙を足して張ってもいいので追記しておいてください」という指示をここで出すことになるのであるが，年によっては，「だったら最初からそう指示を出しておいてほしい」というコメントが寄せられることがある。その場合「仮に，最初から〇〇を見て書いてきてください，と指示したら，皆さんはこのような「発見」ができなかったのでは？」とリプライすることにより，納得が得られることが多いように思われる。

手書きノートによる受講生の続いての「違い」の発見は、例年、第1条の説明に進んだところでなされるのが通例である。すなわち、学生を指名して「第一条を読み上げてください」という指示を出した時である。ある学生は「第一条　天皇は、日本国の象徴であり日本国民統合の象徴であつて……」と答え、また別の学生は「第一条〔天皇の地位・国民主権〕……」と、さらに別の学生は「〔天皇の地位と主権在民〕　第一条……」などと答えることになる。その後、国立国会図書館憲政資料室の「日本国憲法の誕生」サイトの日本国憲法の条文をスクリーンに映し、目次の下部に「※各条の見出しは、第一法規出版発行の『現行法規総覧』（衆議院法制局・参議院法制局共編）に従っています。」との記述があることを示す[18]。その意味を暫時考えさせた後、昭和23（1948）年ごろまでの法律には各条文の見出しは存在しないこと、したがって憲法の各条文につけられた見出しは、憲法そのものには無いものであり、あとから読者・閲覧者の便宜のため編集者等により付されたものであること、六法全書などではあとから便宜のため付された見出しは〔　〕でくくられていて、法律の条文そのものにつけられた見出しは（　）で表記されていることについて説明をする。これについても、受講生が最初から説明として聞いてしまうならば、「法律に関するテクニカルで細部にわたる知識」にとどまってしまいかねないが、「発見」と「驚き」を伴うことにより、当該知識そのものよりもある意味で重要な、汎用性のあるリテラシーの重要性の実感的伝達につなげることが可能となる。

5．「事実」と「主張」の区別という基礎的立脚点

以上述べてきたような上越教育大学「日本国憲法」講義の目標として挙げる「日本国憲法を学ぶとともに、日本国憲法で学ぶ」のうち、「日本国憲法で学ぶ」部分に関しては、「事実」そのものと「事実」を根拠とした「主張」（意見・解釈）を厳密に区別する、という点を基礎的立脚点として位置付けている。様々な要素からなる「思考力」（問題解決・発見力・想像力、論理的・批

判的思考力，メタ認知・適応的学習力）の養成にとって，もっとも重要な基本のひとつはこの区別にあると考えるからである。

　これは，日常生活における議論についての合理的評価に必要な「批判力」（経験・洞察力・判断力）を養成するために作られた[19]，D（Data，事実・根拠）W（Warrant，論拠・理由付け），C（Claim，主張・結論），B（Backing，裏付け），Q（Qualifier，限定付け），R（Rebuttal，反証）を要素とするトゥールミン・ロジックのもっとも基礎的な立脚点を参考にしている[20]。トゥールミン・ロジックは，近年学校教育における授業への応用において注目を集めてはいるが，むろんそれ以前に，わざわざトゥールミンを持ち出さなくとも，「事実」と「主張」の違いを区別することの必要性・重要性は，知的営みにおいて当然の前提である。

　「日本国憲法」の受講生である大学生・大学院生はこれまでの学校教育や人生を通じて，「事実」と「主張」が本質的に異なること，およびその区別が大切であることについて，例えば「噂話だけで判断してはならない」などの形で，少なくとも一定程度は身に着けていると自覚している。そして，彼／彼女たちのほとんどは，これまでに受けてきた学校教育に用いられた教科書の記述は（程度の問題はあれ）基本的には正確な記述であると考えている。特に国家の最高法規である憲法に関する記述に関して，その認識は強い傾向にある。そしてこの，一定以上に身に着いていると思い込んでいることが実はそうではないことを知るという「発見」と「驚き」が，「思考力」（問題解決・発見力・想像力，論理的・批判的思考力，メタ認知・適応的学習力）を身に着けさせる契機や動力源として機能するのである。

6．「日本国憲法の三原則」という常識

　本講義の目的が「日本国憲法で学ぶ」ことにも置かれていること，またそれには「事実」と「主張」（意見・解釈）の区別が基礎的立脚点として重要であることについて，それ以前の講義で説明していることを前提に，受講生た

ちがすでに一定以上身に着けていると考えがちな「事実」と「主張」の区別について改めて考えてもらうために，おおむね第3回から第5回目くらいの講義回において（それ以前の講義回においては，憲法の基本的機能及び近代憲法の歴史的展開などを扱っておくことが通例である）「日本国憲法の三原則」を対象として取り上げることになる。ここでの「日本国憲法の三原則」とは，言うまでもなく，国民主権，基本的人権の尊重，平和主義を指す。なお，以下のこの試みは，教科書における「日本国憲法の三原則」の記述にかかわる小田切忍，前田輪音の先行研究に触発されて構想されたものである[21]。

　まず，小学校中学校で誰もが習い，受講生の多くにとって常識と考えられている「日本国憲法の三原則」がなんであるかを答えてもらう。中には，「覚えたはずですが，忘れてしまいました」と答える受講生もいるが，ほとんどの学生が国民主権，基本的人権の尊重，平和主義を挙げることができる。

　続いて，受講生に「では，手元にある手書きのノートに書いてある日本国憲法の中から，日本国憲法の三原則の根拠となる箇所・条文を探してください」と指示をして，検討の時間を与えてから，挙手をもってそれを答えてもらう。例年，多くの手は上がらないものの，何人かの手が上がることが多い。それらの学生は，「前文」「第1条」「第11条」「第97条」「第9条」……と，「日本国憲法の三原則」の根拠を示すこととなる。続いてそれらが「国民主権＝第1条，平和主義＝第9条……の根拠となっている」とする彼／彼女らの説明が正当性を有することを確認したのち，次の発問を行う。

　すなわち「国民主権，基本的人権の尊重，平和主義，それぞれの根拠はわかりました。ではあらためて考えて下さい。「日本国憲法の三原則」のそれぞれの根拠ではなく，「国民主権，基本的人権の尊重，平和主義の三つ（のみ）が日本国憲法の原則」である根拠を探してください」という問いである。例年，怪訝そうな顔を示し，この問い自体が呑み込めない受講生が少なからず存在する。そこで，「皆もすでに高校までで習ってきたかと思うけど，憲法には，国民主権，基本的人権の尊重，平和主義以外に，民主主義，三権分

立，地方自治，立憲主義，象徴天皇制…などの考え方が含まれていることは知っていますよね。では、これらの考え方のなかから、特に国民主権、基本的人権の尊重、平和主義が「日本国憲法の三原則」とされていることの根拠を探してみてください」と説明を加えたうえで、検討の時間を与える。そのあと、「どうでしたか？」と尋ねると、年によっては、高校までにおいて政治・経済や公民を得意とする学生などから、三つの基本原則の相互補完性に立脚した説明がなされることがあるが、「それは説明としては成り立っているし、一般的に広くなされてもいる説明だけれども、今回の問いは「日本国憲法そのものの中からその根拠を見つける」ことなので、他に「日本国憲法そのものの中から三原則の根拠」を見つけられた人はいますか？」と問い続ける。当然ではあるが、「日本国憲法そのものの中から」端的な根拠を見つけ出せる学生は存在しない。

　なぜなら、「日本国憲法の三原則」は「主として学説によって構成されたものである」ため[22]、憲法典自体に「日本国憲法の三原則」の明確な根拠は存在しない。言い換えるならば、「日本国憲法の三原則」は「いわゆる日本国憲法の三原則」であり、それは「事実」ではなく、（広く普及・共有されたものだとは言え）まさにひとつの「主張」（意見・解釈）に過ぎないからである。

　続いて、「憲法そのものや学説以外に法的な根拠があるとすれば……」として、『中学校学習指導要領「生きる力」』第2章各教科第2節社会の第1目標第2各分野の目標及び内容〔公民的分野〕2内容に書かれている「また、日本国憲法が基本的人権の尊重、国民主権及び平和主義を基本的原則としていることについての理解を深め」[23]を示すことにしているが、なぜか例年、笑いが起きることが多い。いずれにせよ、憲法学的には基礎的知見ではあるものの、「日本国憲法の三原則」が「事実」ではなく「主張」であることを理解した受講生の多くは、例年大きな衝撃をうけるようである。

　今年度の講義（平成29（2017）年度）の際の学生からのコメントシートの一部を紹介する。

「日本国憲法の三大原則は小学校で習っていて，それが当たり前であると感じていたため，どうして憲法にはっきり明記されていないのに基本的人権の尊重，国民主権，戦争放棄が三大原則なのかという疑問は浮かばなかった。しかし，三大原則として考えようという主張であることに過ぎないことを知って驚いた。」

「国民主権，基本的人権の尊重，平和主義の日本国憲法の三大原則がどうして三大原則になるのかという理由がはっきりと述べられていないのに，どの教科書にも断定的に三大原則であると記述されていた。今までは何の疑問も持っていなかったことに気づき，驚いた。」

「今まで，三原則の根拠がどこにあるか調べたことがなく，教科書に書いてあるから，先生が教えてくれたから，基本原理はその三つだと考えていました。事実と主張の峻別が大切だと思いますが，これを教える立場になったらどうすればいいのかよく分からなくなりました。」

「当たり前の憲法の三原則がなぜ原則として決められているかは考えたことなかった。また，実ははっきりしたものでもないことも改めて初めて知った。また三原則がいつの間にか変わっていることにも驚いた。」

なお，「日本国憲法の三原則」が「事実」というよりむしろ「解釈」の領域に属するものであるという説明に続けて，例年「「日本国憲法の三原則」があたかも「事実」であるかのごとく扱われるほど，世間的には定着していることは「事実」である」という説明を加えることにしている。「事実」は，多元的に考えなければならないことを示す例としてである。

上に挙げたコメントに「三原則がいつの間にか変わっている」や「どの教科書にも断定的に三大原則であると記述」とあるのは，上記の展開の後，各社中学校公民教科書を，書画カメラを用いてスクリーンに映すことを行ったことによる。中学校公民の教科書を用いるのは，高校の政治・経済の教科書などと異なり，日本の義務教育を受けたものであれば全員が基本的に手にし

たことのある教科書だからである。したがって、今回は受講生の多くが使用した平成17年検定済教科書を用いている（自由社のみ平成23年検定）。

大教室ゆえ、書画カメラの性能により「見づらい」という反応がある場合もあるが、現物にあたることの大切さを示す例として書画カメラを使う旨伝える。

まず、前者の三原則の変化についてのコメントについて、どのような講義内容を前提としているのかを説明する。多くの中学校公民教科書において「日本国憲法の三原則」に関する記述がある頁の周辺には、昭和22（1947）年発行の中学校社会科第1学年用教科書『あたらしい憲法のはなし』が挿絵として採用されている。中でも、上記の展開においてリテラシー教育の観点から有用なのは、『新中学校　公民　改訂版　日本の社会と世界』（清水書院）である。同教科書の挿絵には、右の『あたらしい憲法のはなし』の挿絵が掲載されているからである[24]。見ればわかるようにこの挿し絵においては、主権在民、民主主義、国際平和主義の三つが書かれている（『あたらしい憲法のはなし』の本文においても「一番大事な考えが三つあります」として主権在民、民主主義、国際平和主義が書かれている）[25]。同教科書をスクリーンに示し「挿絵と本文の記述を見て気が付くことはないか？」問うことで、「あれ？　三原則が違う」という「発見」が生まれる。その後、「日本国憲法は今まで何回改正されましたか？」と問い、改正がないことを確認した後、「憲法そのものが改正されていないのに、三原則の内容が変化しているわけですね。つまり、このことはまさに「日本国憲法の三原則」が「解釈」であるから生じることなのです」と説明を重ねると、ほとんどの学生は「事実」と「解釈」の区別を驚きと実感をも

『あたらしい憲法のはなし』より引用

って理解することができる。なお，その際，『あたらしい憲法のはなし』そのものの挿絵と本文も，リテラシー教育の観点から「裏どりをする」実例としてスクリーンに映すことを行う。

続いて，上記のコメント中に「どの教科書にも断定的に三大原則であると記述」とあることについて，どのような講義内容を前提としてのコメントであるか説明する。すでに述べたように講義においては複数の中学校教科書の現物を書画カメラで映すこととしているが，講義中にとりあげる各教科書の「日本国憲法の三原則」についての記述は以下のとおりである。

「日本国憲法の三原則」に関する各中学校公民教科書の記述[26]

出版社	該当部分の記述	記述部分の小見出し
東京書籍	国民主権，基本的人権の尊重，平和主義は，日本国憲法の三つの原理です。	日本国憲法
清水書院	日本国憲法は，三つの基本原理から成り立っている。まず第一は基本的人権の尊重ある。(略) 第二の柱である国民主権の原理 (略) 三つ目の原理が平和主義である。	日本国憲法の原理
帝国書院	日本国憲法は「基本的人権の尊重」「国民主権」「平和主義」を三大原則としています。	日本国憲法の三大原則
日本文教出版	日本国憲法の前文には，この憲法が，なぜ，何のために，どのような考えで作られたのかが書いてあります。それによると，日本国憲法は，国民主権，基本的人権の尊重，平和主義の三つの基本原則から成り立っていることがわかります。	三つの基本原則
教育出版	日本国憲法は，基本的人権の尊重，国民主権，平和主義の三つを基本原則としています。	(見開きタイトル直下) 日本国憲法の三つの柱 日本国憲法の基本原則 日本国憲法の原則とは，どのようなものでしょうか。
自由社	日本国憲法には3原則があるといわれています。第1は国民主権の原則です。(略) 第2は基本的人権の尊重で (略) 日本国憲法の第3の原則は，平和主義の原則です。	日本国憲法の3原則

| 扶桑社 | この憲法は，国民主権，基本的人権の尊重，平和主義などを基本原則としている。 | 日本国憲法の制定 |

　これらの教科書記述を示しつつ，「このことが教科書全体についての評価に直結するとは限らない」旨を説明した後，「事実」と「解釈」の区別の観点から，また「国語の授業をしている教員の観点」から，評価をさせることを行っている。それらの観点を前提にするならば，「日本国憲法の三原則」について「といわれています」と記述する自由社教科書の記述は「事実」と「解釈」の区別を踏まえた正確な表現であり，扶桑社教科書の「国民主権，基本的人権の尊重，平和主義などを基本原則としている」も，「など」が書かれている点で正確な表現であると評価されるべきものとなる。一方，「事実」と「解釈」の区別という点からは問題のある「国民主権，基本的人権の尊重，平和主義は，日本国憲法の三つの原理です」という東京書籍教科書の記述についても，「国民主権，基本的人権の尊重，平和主義は，日本国憲法の三つの原理とされています。」と文末の言い回しを少し修正するだけで，容易に「事実」と「解釈」の区別を徹底した正確な表現となることが可能であることを伝えることにしている。

　以上の様な内容を扱った回の講義の最後またはその次の回の冒頭の振り返りの時間において，「日本国憲法の三原則」を題材にした講義内容の要点について以下の様に確認することにしている。すなわち，「事実」と「解釈」の区別は重要であるが，意外なところでしばしばその区別が十分なされていないこともあること，また，「批判」と「非難」は質的に異なること（概して，「批判」は対話のためであり「非難」は争いのためである），世の中の「事実」や「解釈」にはアナログ的な確度の差（確かなこと⇔そこそこ確かなこと⇔不確かなことなど）があることなどを確認し，批判的思考力に関するリテラシー教育的説明を行う。さらに「日本国憲法の三原則」をそれでも「解釈」として大切だと思うことは自由であり，可能であること，ここでの要点は，「思考力」（問題解決・発見力・想像力，論理的・批判的思考力，メタ認知・適応的学習

力）を身に着けるためには「事実」と「解釈」の峻別が不可欠であること，言い換えれば，「解釈」を「事実」としてそれに基づいて思考することの危うさを理解することであることを説明する。

　以上，受講生の既存の「確かな（と信じている）知識」を前提に，「発見」と「驚き」を導きそれを原動力としながら，憲法に関する知識の伝達にとどまらない，「思考力」や教職の意義の自覚にわたる領域にも踏み込もうという「日本国憲法で学ぶ」試みの一部を紹介してきた。拙いものではあると自覚しつつ，対話のための「批判」を待ちたいと思う。

7．おわりに

　以上が，上越教育大学「日本国憲法」講義のおおよそ1－5回目までに行っている試みの概要である。確認するならば，これは教員養成課程における「思考力」，とりわけ「リテラシーを支える批判的思考」の重要性を前提に，教科専門の立場から，教員養成系大学・学部における講義においてどのような役割を果たすことができうるのか，という関心に基づいたものである。

　表層的に捉えるならば，教科専門教員は各教科の内容について，教科教育教員は各教科の指導法について，主たる役割が与えられていると考えられる。しかし，さらに踏み込んで理念型的な対比をするならば，教育行政との距離感の違いという点が，指摘しうるように思われる。教科教育や教職教育は，その性格上現行の教育行政の在り方を前提にし，そこからの距離感を相対化しにくい。一方，教科専門は，各学問領域の専門性を前提にし，現行の教育行政の在り方から距離をとりやすい。

　そもそも近代公教育は近代国民国家の誕生に伴いその共同性の形成・再生産のために設立した制度という本質的性格を有しており[27]，当該国家の社会的・国家価値に対して中立的ではない[28]。他方，学問の価値や倫理性の根本は，学術的「真実」を第一に重視する点にある[29]。むろん，このことは本稿が反体制的立場を称揚することを意味するものではない。学術的「真実」

であれば，その「真実」が親体制的か反体制的かは主たる関心にならない，ということである。世俗の政治的・経済的・イデオロギー的利害状況によって左右されず，愚直に学術的「真実」を探求することが，中長期観点からは確実に社会に寄与する。これが大学という場の根底にある基礎的理念である。また，将来の社会の担い手たる子どもたちの教育（社会の再生産）に携わる教員はこのようなリベラルアーツ的素養を須らく身につけなければならないという考え方が，戦後教員養成が大学においてなされることになった主たる理由であったはずである。このことからも，旧帝大系の教育学のみが教育における学術性を担い，その他の教員養成は実践的であればよいという発想は，批判されるべきものである。

　以上のような観点から考えるならば，教員養成課程における教科専門教員の役割は，②教科教育に対してその内容的側面から一定の寄与をなし得るという点にのみ見いだされるべきではなく，各学問領域の専門性とその前提である学問の価値や倫理性を背景にした講義や論文指導を通じて，近年の教育政策において改めて着目されている①一般教育・リベラルアーツ教育を担ってきた点にも見いだされるべきである。そして，①一般教育・リベラルアーツ教育は，少なくとも部分的には③教職教育の領域とも不可分に関わるものであり，これについては本稿のつたない試みで示してきた。

　既に述べたように，教員養成課程における教科専門は，従来の教育改革をめぐる議論の中で「第二理学部，第二文学部的」という批判を被ってきた。（発言者の意図はともかく）この批判を敢えて重く受け止めるのであれば，教員養成課程の指導が理学部・文学部と同様のものであった点を反省するのではなく，教員養成学部の教科専門がその指導に際して，「教員になるのであって研究者になるわけではない」を遁辞として学生・大学院生に対する指導を理学部・文学部で行われる指導の非徹底形として行ってきた傾向をこそ反省すべきであろう。

注

1）教育職員養成審議会（第11回）議事要旨
http://www.mext.go.jp/b_menu/shingi/old_chukyo/old_shokuin_index/gijiroku/1315254.htm（平成29年11月20日最終閲覧）。

2）新たな時代に向けた教員養成の改善方策について（教育職員養成審議会・第1次答申）
http://www.mext.go.jp/b_menu/shingi/old_chukyo/old_shokuin_index/toushin/1315369.htm（平成29年11月20日最終閲覧）。

3）国立の教員養成系大学・学部の在り方に関する懇談会（第13回）議事要旨
http://www.mext.go.jp/b_menu/shingi/chousa/koutou/005/gijiroku/010801.htm（平成29年11月20日最終閲覧）。

4）村井実『アメリカ教育使節団報告書 全訳解説』講談社学術文庫，1979年，p. 93。

5）同前 pp. 93-94。

6）中央教育審議会『学士課程教育の構築に向けて（答申）』平成20年12月24日，pp. 12-13。

7）勝野頼彦（研究代表者）『教育課程の編成に関する基礎的研究 報告書7 資質や能力の包括的育成に向けた教育課程の基準の原理』国立教育政策研究所平成25年度プロジェクト研究調査報告書，2014年，p. vii。

8）楠見孝「批判的思考と高次リテラシー」，日本認知心理学会監修楠見孝編『現代の認知心理学3 思考と言語』北大路書房，2010年，p. 146。

9）同前同頁。

10）この問題については，鶴恒介「教育職員免許法上の「日本国憲法」必修規定とそこにおいて求められる学習内容についての考察」『千葉敬愛短期大学紀要』39号，2017年参照。

11）同前 p. 70。

12）同前 pp. 70-74。

13）同前 p. 69。

14）http://elaws.e-gov.go.jp/search/elawsSearch/elaws_search/lsg0500/detail?lawId=321CONSTITUTION&openerCode=1（平成29年11月20日最終閲覧）。

15）http://www.ndl.go.jp/constitution/etc/j01.html（平成29年11月20日最終閲覧）。

16）http://www.houko.com/00/01/S21/000.HTM（平成29年11月20日最終閲覧）。

17）浪本勝利編集代表『2017年版ハンディ教育六法』北樹出版，2017年，p. 14。

18）前掲注14。

19) 氏川雅典「トゥールミンの議論モデルの変容―批判から寛容へ―」『ソシオロゴス』第31号，2007年，p. 5。
20) スティーヴン・トゥールミン『議論の技法　トゥールミンモデルの原点』東京図書，2011年，p. 144。
21) 前田輪音「中学校社会科における日本国憲法の三原理の相互関係の分析」『教授学の探求』第16号，1999年。小田切忍「小学校社会科における憲法学習について―その改善についての一提言―」『東京未来大学紀要』第1号，2008年。小田切忍「日本国憲法の三つの原則（柱）の成立」『上越社会研究』第23号，2008年。
22) 芦部信喜『憲法講義ノートⅠ』有斐閣，1986年，p. 98。
23) 学習指導要領「生きる力」第2章各教科第2節社会
http://www.mext.go.jp/a_menu/shotou/new-cs/youryou/chu/sya.htm#koumin
（平成20年11月20日最終閲覧）。
24) 『新中学校　公民　改訂版　日本の社会と世界』平成17年3月30日文部科学省検定済，清水書院，2008年発行，p. 39。
25) 『あたらしい憲法のはなし』文部省，1947年，pp. 5-6。
26) 『新編 新しい社会』東京書籍，2008年，p. 38。『新中学校　公民　改訂版　日本の社会と世界』清水書院，2008年，p. 39。『中学生の　社会科公民　地球市民をめざして　改訂版』帝国書院，2008年，p. 89。『中学社会　公民的分野』日本文教出版，2009年，p. 34。『中学社会　公民　ともに生きる』教育出版，2009年，p. 34。『中学社会　新訂版　新しい公民教科書』扶桑社，2005年，p. 73。以上，平成17年3月30日検定済教科書。『市販本　中学社会　新しい公民教科書』平成23年3月30日検定済，自由社，2011年，p. 52。
27) 清田夏代『現代イギリスの教育行政改革』勁草書房，2005年，p. 1。
28) 小島伸之「近現代日本の「教育の中立性」」『比較憲法学研究』26号，2014年，pp. 97-98。
29) 例えば，掛谷英紀『学問とは何か　専門家・メディア・科学技術の倫理』大学教育出版，2005年参照。

第 5 章

社会科教育学と教科内容

第1節
イギリス教育界における「知識への転回」と教員養成
――地理教育を中心に――

志村　喬

1．はじめに―「コンピテンシー・ベース」を超える教育―

　中央教育審議会委員をはじめ教育改革へこれまで深く関わってきたカリキュラム研究者である安彦忠彦は，今次改訂学習指導要領の基底にあるコンピテンシー（あるいは「資質・能力」）を重視する改革の大きな方向性は妥当としながらも，「コンピテンシー・ベース」を超える教育を訴えている（2014）。主張の要点は，究極の教育目的としての人格形成をつねに見すえた能力育成の重要性，ならびに能力育成と並ぶ学校教育における認識育成の重要性である。このうち認識育成については安彦・日下部（2014）で，大学での教員養成課程の在り方と関連づけ，教科内容知識面を担う教科専門授業内容と教科教育実践方法面を担う教職専門授業内容とを統合した新「教科教育学」構想を提起している。同論文は，「『教科教育学』が教育方法に偏しているのはおかしい。もっと教科内容を主にし，教育方法を副にしたものとして，再構築すべき」（p.5）との安彦の永年の問題意識――教科内容知識を再評価し教科教育学に組み込む必要性――をもとに主張されており[1]，上越教育大学・岡山大学・鳴門教育大学等における教科内容学・教科内容構成（学）研究も言及されている。

　安彦のようなコンピテンシー[2]あるいは能力に偏った学校教育改革の行きすぎへの教育学的批判は，日本に限ったことではない。筆者が社会系教科教育研究を進めてきたイギリス[3]では，日本に先行してコンピテンシー重視の学校教育改革そして教員養成制度改革が進んだ。しかし，2008年にカリキュ

ラムの教育社会学者 M. ヤングが『知識を取り戻す』（Young 2008）を公刊し，同書が教育界で広く受け入れられていることに象徴されるように，コンピテンシー偏重から，知識とのバランスを求める「知識への転回（knowledge turn）」が広がり，イギリス以外へも影響を与えつつある。

本節は，イギリス教育界における「知識への転回」の理論及び同理論の教科教育・教員養成分野への影響を社会科・地理教育[4]を事例に述べ，教員養成における教科内容構成と教科教育の関係性の究明に，教科教育学の立場から資することを目的とする。

2．イギリス教育界における「知識への転回」

2.1. カリキュラム研究における教科内容知識への注目

イギリスの国際的カリキュラム研究誌 *The Curriculum Journal* は，2011年刊行の第22巻2号で「ナショナル・カリキュラムの20年を再検討する」との特集を組んだ。これは，1988年教育改革法によりイギリスで初めて導入された全国共通カリキュラム（ナショナル・カリキュラム）の施行20年を区切りに企画されたものではあるが，主内容は2010年に成立した保守連立政権による新たな教育政策下でのカリキュラム展望であった。新たな教育政策とは，教育大臣 M. ゴーヴの手による教育白書『教えることの重要性（*The Importance of Teaching*）』で宣言された，伝統的教科知識を学校で教えることを重視するカリキュラム政策である。

そこで特集号には，伝統的教科である数学，理科，国語，外国語，歴史，地理をそれぞれ対象とした論考が掲載された。歴史はケンブリッジ大学教育学部の C. カウンセルによる「全ての生徒への学問的知識―中等歴史カリキュラムと歴史教師の成果」（Counsell 2011），地理はロンドン大学教育研究院（IoE, Institute of Education）の D. ランバートによる「地理の場合の再検討とナショナル・カリキュラムの『知識への転回』」（Lambert 2011）である。2論文の題目において「知識」が共通するのは教育白書『教えることの重要

性』時代（「今現在」）を意識しているからであり，巻末論文もM.ヤング「教科への回帰―連立政権のカリキュラムへの取組みについての社会学的見方―」（Young 2011）である。何故ならば，ヤングが近年唱えてきた知識と学校教育カリキュラムの在り方が，教育政策者までも含んだ教育関係者へ大きな影響を与えているからである。そこで最初に，近年のヤングの知識論・カリキュラム論を確認する。

2.2. 知識の社会実在性を看過した「学習化」授業拡大への危惧

　1970年代の新しい教育社会学の旗手であったヤングは，『知識を取り戻す』（Young 2008）をはじめとした論考で，方法知に偏重した近年のイギリスの学校教育実態を批判的に捉え，知識に基づくカリキュラムの意義を訴えている。氏の理論的変遷は，天童・石黒（2012），柳田（2015）により日本でも知られるようになり，日本カリキュラム学会誌にもヤングの論文が掲載されるにいたった（ヤング2017）。ヤングの理論変遷及びその教育社会学的背景はそれら論考に委ねるが，主張の要点は，学校教育において教授しなくてはならない知識があったにもかかわらず，ポストモダニズム思潮下で知識の社会的構築性・相対性に配慮しすぎた進歩主義的教育実践が拡大するとともに，市場競争的な能力（コンピテンシー）に偏った保守的教育政策が重なったことで，生徒の将来のために身につけさせるべき知識が欠落した授業拡大への警鐘であり，その改善必要性である。

　このような授業拡大の実態は地理教育の場合，次のように指摘されている。『探究学習を通した地理』（2003）で進歩主義的・構成主義的教育観を基底に探究型地理学習論を確立し教育現場に大きな影響を与えてきたイギリスの地理教育研究者ロバーツは2010年，現場教師が主読者の地理教育雑誌に「地理授業の中で地理はどこにあるのか？」と題した論考を寄稿した（Roberts 2010）。本論文は，最近観察する地理授業は，学習方法の工夫に偏り，地理の授業でありながら地理的内容があまりにも少ないことを危惧したものであ

った。このような教科固有の内容が乏しい授業実践が多いことは、ブルックス（2016）で、より具体的に述べられている。彼女は、ICTなど先進的で汎用的な高水準の学習機器活用など一部の授業方法は優れているとしても、学校カリキュラムとして設定された教科固有の目標と内容が担保されない授業が拡大し、生徒が学校で学ぶべきことを学んでいない今現在のイギリスの学校授業を問題視するのである。

教科授業における学習内容の欠如は、国際的に活躍する教育学者ビースタがグローバル競争社会での人材育成方法であるとして問題視している「教育の学習化（learnification）」——教師が教える、生徒が学ぶといった教授・指導といった事象・用語が、全て「学習」なる事象・用語に代替されること（ビースタ 2016）——の現実である。しかし、ビースタやイギリス教育哲学者プリング（Pring 2013）が述べるように、「教育」なるものが全て「学習（learning）」に代替されるものではない。授業では「教授（teaching）」が「学習」とともに必須である。

2.3. 教授すべきは「力強い知識」

学校教育の授業で教授すべき内容の中心が知識であることは、「教育の学習化」を憂慮する教育関係者が共通に認めるところである。しかし、何が教えるべき知識なのかは常に論争の焦点である。

「知識への転回」を主張するにいたったヤングは諸論考で、知識が社会的構築物であることを前提としながらも、その社会的実在性を先ず認める。そこでは知識が、知識量・範囲が果てしなく広がる外延的（extensive）知識と、量・範囲が限定できる内包的（intensive）知識とに大別される。社会科教育での知識分類でいえば、外延的知識は地名や年号などに代表される事実的知識に、内包的知識は立地原理や因果関係などの概念的知識及びそれを支える見方・考え方[5]、ならびに学習過程で必要な方法的知識である手続き的知識に相当する。また、「教育の学習化」の中で極めて重視されているコンピテ

ンシーは，手続き的知識の一部を占めるに過ぎない汎用的手続き（generic skills）知識にほぼ対応する[6]。

このような知識分類をもとにヤングは，将来の社会を創造し幸福な人生を送るために生徒が学校で身につけるべき知識は，内包的知識を主とした知識であるとし，それを「力強い知識（powerful knowledge）」と呼ぶのである。

「力あふれる知識」とも訳出されるこの"powerful knowledge"は，ヤング（2017）を訳出した菅尾の訳注によれば，次のように定義される。

> ①それは日常経験を通して獲得する「常識（'common sense'）」の知識とは区別される。
> ②その諸概念は，互いが体系的に関わり合い，かつ，教科や学界などの専門家集団に共有される。
> ③それは専門化されている。　　　　　　　　　　　　（ヤング 2017, p.97）

2.4.「力強い知識」に基づく未来のカリキュラム

「力強い知識」が上記のように，日常経験知識と異なることは，日常では得がたい経験をする場として学校を位置づける。さらに，「力強い知識」が体系的で教科や学界などで共有され専門化されていることから，同知識を基盤としたカリキュラムは，自然科学，社会科学，人文学に属するアカデミック科目に基づくカリキュラムと同等とされる（ヤング 2017, p.96）。アカデミック科目とは，イギリスで伝統的に教えられてきた科目であり，上記の科学，社会科学，人文学といった学問（ディシプリン）[7]類型に対応する科目としては物理，経済，歴史，地理などが例としてあげられる。

しかし，「知識への転回」は，1970年頃までのアカデミック科目の知識伝達を目指すカリキュラム，知識へ「回帰（return）」するカリキュラムではない。ヤングは，イギリスのカリキュラムの教育社会学史的考察結果から，1970年代半ばまでは，伝統的・保守的教育観に基づき既成社会体制内で重視されている所与の知識の伝達を目標としたカリキュラムであったとして，こ

第1節　イギリス教育界における「知識への転回」と教員養成

れを第1型カリキュラムと呼ぶ。しかし，その後は，進歩主義的教育観に基づく構成主義の教育，即ち知識を構成するための諸能力（情報の収集・整理・論理的分析・批判的考察といったコンピテンシー）を中核としたカリキュラムが伸長したとし，氏はこれを第2型カリキュラムと言う。端的に言えば知識中心カリキュラムから能力中心カリキュラムへ，戦後カリキュラムは大きく見れば転換してきたということである。もちろん，細かく見れば逆方向への揺り戻しもあり，後述する1991年の伝統教科・知識重視の初版ナショナル・カリキュラムは第1型カリキュラムを目指していた。しかし，その後の1995年から2007年まで重ねられた四回の改訂が，知識から能力へという戦後の基底潮流に沿っていたことは間違いない（志村 2010，野間・小泉 2009）。この基底潮流に対し，学校教育の目的が，社会的公正の実現あるいは全ての生徒の社会的権原（entitlement）の拡大とするヤングは，ポストモダニズムの相対主義及びグローバル資本主義下の人材育成競争市場メカニズムが浸透した今現在，能力のみ重視するにいたった第2型カリキュラムではプリングらのいう本来の学校教育目的が実現できないとするのである。同時に，第1型カリキュラムも，かつて自身が批判したように（Young 1971），社会的公正をもたらすカリキュラムにはなり得ない[8]。そこで，両カリキュラムを止揚した未来のカリキュラムのシナリオとして第3型カリキュラムをヤングは提唱する。ここで鍵となる知識概念が前述の「力強い知識」である。したがって，未来の第3型カリキュラムは，「力強い知識」を擁した教科・分野により構成されることになる。

　この「力強い知識」に対しては，伝統的教科は知識の変化が著しい現代世界では不適切（White 2012），日常知と教科知を分断的に捉えすぎているとともに知識の権力性を軽視している（Beck 2013）といった批判と応答（Young 2012, 2013）が教育学理論的にはなされている。しかし，より教育実践現場に近い教科教育や学校教育関係者には広く受容されているのが現実である。以降では，ヤングの知識論・カリキュラム論をいち早く摂取し，国際共同研究

プロジェクトへも展開している地理教育の事例を述べる。

3．地理教育における「知識」の扱いの現代史——教育政策と関連づけて——

3.1．ヤングの知識論と地理教育

　ヤングの「力強い知識」論は現在，理論的にも実践的にも地理教育へ大きな影響を及ぼしている[9]。その際の理論的支柱はヤングの所属するロンドン大学教育研究院で地理教育学教室を主宰するD.ランバートであり，2014年にはヤングらと『知識と未来の学校－カリキュラムと社会的公正』（Young and Lambert 2014）を公刊している。本書は，学校管理職・教師・保護者や教育政策関係者など幅広い読者を対象とした一般教育書で，前半はヤングの手により，社会における学校教育の目的をふまえて「力強い知識」を保証した第3型カリキュラムが未来のカリキュラムあるべき姿として提起される。後半はランバートが実践者とともに，学校教育現場に即した形でヤングの提起を実現する道筋を主に論じている。ここでランバートが教科教育，とりわけ専攻する地理教育を事例に論じる内容は，学校教育において教科が必要な理由，教科の中核をなす「力強い知識」に基づく授業実現のための条件・方策である。以下，ランバートの主張の背景にある戦後イギリス地理教育史を教育政策と関連づけて概説した後，同書並びに氏の諸論文をもとに，これら諸点について述べる。

3.2．戦後イギリスにおける教育政策と地理教育の変遷——ナショナル・カリキュラム制定（1991年）まで——

　第1表は，イギリス地理教育現代史と教育政策の概要を示している。イギリスの教育政策は，政権政党により大きく方向が異なる。1960年代から1970年代にかけては労働党政権により，進歩主義的・児童中心主義的改革が大胆に行われた。階級・進路により分枝していた中等教育学校を一本化した総合

第1節　イギリス教育界における「知識への転回」と教員養成　219

第1表　イギリスにおける1960年代以降の教育政策・教科教育（地理）等の変遷概要

	教育政策面	教科教育面（地理を中心に）
1960	総合制中等学校政策/スクールズカウンシル設立	（アカデミック地理学の革新（概念・理論化））
1970		1970：「GYSL」カリキュラム開発プロジェクト開始
	1972/73：義務教育終了年齢引き上げ（15→16歳）	地理カリキュラム理論研究が本格的に開始(Graves)
		1974：「14-18歳の地理」カリキュラム開発プロジェクト開始
	1976：「教育大討論」始まる。	1976：「16-19歳の地理」カリキュラム開発プロジェクト開始
	1979：保守党（サッチャー）政権へ	
1980		1980：「ワールド・スタディーズ」プロジェクト開始
	「1988年教育改革法」	地理・歴史がGCSEまで必履修に
1990		初版「NC地理（1991）」（過剰な内容をもつ評価主導型）
	1993：ダーリングレポート（カリキュラム精選）	改訂「NC地理（1995）」（削減した内容主導型），地理・歴史の選択化
	1997：労働党（ブレア）政権へ	2000年施行「NC地理（1999）」（内容・概念・技能均衡志向の探究学習型）
2000	2000：アカデミー学校制度始まる	2008年施行「NC地理（2007）」（内容選択の枠組に絞り込んだ概念主導型）
	Young (2008): *Bringing Knowledge Back In*	
2010	2010：保守党・自由民主党連立政権へ	GCSE試験・Aレベル試験シラバスの影響力拡大
	2010：白書「教えることの重要性」（ゴーヴ）	
	Curriculum Journal, 22 (2), 2011：特集「NCの20年を振り返る」(Lambert寄稿)	
	Curriculum Journal, 22 (3), 2011：特集「地理教育」(Lambert編)	
		2012～：地理ケイパビリティプロジェクト開始
		2014施行「NC地理（2013）」（内容・技術重視姿勢の中核知識型）
	Young and Lambert et al. (2014): *Knowledge and the Future School*	
	2015：保守党単独政権へ	英バカロレア等の履修科目政策に地理・歴史が含まれる
2017	2017：保守党・民主統一党（閣外協力）政権	

（著者作成）

制中等学校制度の推進，地方教育委員会・学校現場にカリキュラム開発を委ねる分権化などである。社会系教育の場合，アメリカ合衆国から導入されたカリキュラム理論を援用しながらスクールズ・カウンシルの支援を受け，教科教育研究者と学校教師が協働し斬新なカリキュラムを次々と開発した。地理の場合は，義務教育修了後に進学しない生徒向けカリキュラム *GYSL: Geography for the Young School Lever* が代表で，全学校の三割で採用されたと推測される同教材はスクールズ・カウンシルが当時支援したカリキュラムの中では最も成功したと一つとされる（Walford 2001, p.176）。このカリキ

ュラムの特徴は，教授内容では地域自治といった公民的内容をも大きく取り込んだこと，学習方法では討議など能動的手法を中心にした点であった。これは，社会科という統合的教科が存在せず，地理科と歴史科が日本で言う社会科を担ってきたイギリスにおいて，地理科や歴史科が社会科化したということである。実際，イギリスの地理教師らは，グローバル教育（ワールド・スタディーズ），開発教育といった新しい教育領域の開発を担い，それは日本の社会科教育へも大きな影響を与えてきた（全国地理教育研究会 泉ほか編 2005）。

　しかし，進歩主義的・児童中心主義的教育が普及するにつれて行きすぎた改革あるいは学力低下が問題視され，全国的な教育議論「教育大討論」が1970年代半ば起る。1979年に成立した保守党政権は，この議論を背景に中央集権的な教育改革を1980年代進め，その到達点が，1988年教育改革法の下イギリス教育史上初めて制定された全国共通カリキュラム「ナショナル・カリキュラム」，ならびに共通基準による学力評価試験及び学校評価システムの導入であった。この大改革は，古典的・伝統的知識を重視する保守的教育観に基づくとともに，競争市場原理を学校教育に持ち込むという，それまでの進歩主義教育観に反するものであった。

3.3. ナショナル・カリキュラム制定と改定——1991年以降——

　1980年代の保守・自由主義的改革が学校教育界にもたらした混乱や批判は志水（1994）で生々しく紹介されている。地理教育カリキュラムを例にとれば，初版である1991年「ナショナル・カリキュラム地理」は過剰な教授内容をもつとともに競争的な成績評価を根底原理とした評価主導型であった。そこで，同カリキュラムは，その教育観や運用上の問題から現場の強い反対を引き起こし，1995年に内容を大幅に削減した版に変更せざるを得なかった。このような改訂は，地理に限ったものではなく，歴史をはじめ各教科ナショナル・カリキュラムも同様に大改訂された。本改訂方向は，進歩主義教育観

第 1 節　イギリス教育界における「知識への転回」と教員養成　221

を伝統的にはもつ労働党が1997年に政権を担うと加速し，1999年には概念・技能・価値をも志向した探究学習型カリキュラムである「ナショナル・カリキュラム地理」に改訂され2000年から施行された（志村 2010）。さらに2007年には，教科で教える内容を選択する際の枠組みのみ提示し具体的な学習内容を規定しない概念主導型カリキュラムへ行き着いた（野間・小泉 2009）。筆者の見る限り，2008年施行の本地理カリキュラムは，教科に関する内容知・方法知の双方とも確実に身につけた教師——即ち高い教科専門性を擁した教員——にとっては，授業開発・実践の裁量が極めて大きいため適切である。しかし，教科専門性の低い教員にとっては教授すべき内容を把握することが出来ず，汎用的な指導法を用いた一般的能力育成の授業や，表層的な事実的知識伝達の授業に陥りやすい。実際，教員経験が浅い教員の多くがそのような「地理」授業になっており，冒頭に述べたロバーツの論文題目「地理授業の中で地理はどこにあるのか？」が，まさにこの実態を言い表していた。ヤングの『知識を取り戻す』(2008)，保守党教育大臣ゴーヴ『教えることの重要性』(2010) とも教育観は異なるにせよ，このような授業実態を問題視することから発せられている。そして，保守連立政権下の2013年に制定されたカリキュラムは，知識の伝達を目指した第1型に近似するカリキュラムとなったのである。

　このように変遷した各年版「ナショナル・カリキュラム地理」の特色を，知識とともに，能力及び価値・態度に関する内容の比重をも加えて示したものが第2表である。本表は，初版の1991年版から労働党政権による最後の改定である2008年版までは，①事実的知識から概念的知識への移行，②技術的・実践的能力に加えて技能的・思考的能力の重視へ，③価値・態度内容の導入・重視へ，という一貫性を示している。また，知識，能力，価値・態度のバランスをみた場合，2000年版が最も均衡がとれていることを示している。したがって，教室での地理授業は，右側列に図示したように，1991年の内容・方法・評価を画一的に規定した知識伝達の授業から，教授学習の内容・

第2表　「ナショナル・カリキュラム地理」内容変遷と第3型カリキュラム

	知識		能力		価値・態度	カリキュラムの特色と授業実践の傾向	
	事実的	概念的	技術・実践的	技能・思考的			
1991年版	◎	—	◎	—	—	評価主導型（地誌的事実知識と評価重視）	内容・方法・評価の画一的規定→第1型カリキュラムで知識「伝達」授業へ
1995年版	○	△	◎	△	△	内容主導型（内容量は旧版に比べれば大幅に減少）	
2000年版	○	○	◎	○	○	探究学習型（事実・概念・技能・価値の均衡）	
2008年版	—	◎	◎	◎	◎	概念主導型（具体知識は規定せず）	内容・方法の「学校教育現場」一任→第2型カリキュラムで「学習化」授業へ
2014年版	○	—	◎	—	—	学習対象（事実・技術）のみ規定＝目標・方法・評価は規定せず	外部の試験・学校評価に授業が大きく影響される→第1型カリキュラムへ「回帰」する恐れ
未来のカリキュラム（第3型カリキュラム）						教育的権利（ケイパビリティ拡大）を保障し「力強い学問的知識」が基盤で実践自由度が高い	カリキュラムづくりができる教員養成が授業実現の要

注：記号「◎・○・△・—」は相対的な比重（大～小）を示す。　　　　　（著者作成）

方法とも学校現場の教師の判断に任せる授業に変化したのである。しかし，その帰結として生じている現在の地理授業実態は既述の通りである。そして「今現在」施行中の2014年版カリキュラムを，教員が第1型カリキュラムとして受容し実践するならば，表面的には生徒が最先端の学習能力を習得するアクティブな学習を行っている授業に見えたとしても，本質ではかつて教育界が否定した知識伝達授業へ「回帰」してしまう。これが，本来学校で学ぶべき知識を教授していない授業の出現，すなわち「学習化」の拡大として教育界で広く問題視されている現実である。

4. 地理教育における「知識への回帰」の論理と教員養成

4.1.「力強い知識」を教授しなければならない理由—ケイパビリティの拡大

　学校において学問に根ざしたカリキュラム枠組みが必要な理由は普遍的な論題であるがイギリスの場合，教育哲学者P. ハーストの「知識の形式（form of knowledge）」といった認識論的説明が現代教育学史上は主要論拠である（宮寺 1997)[10]。その際，地理と歴史が社会系教育を担うイギリスでは，歴史教育の必要性は，概略的な認識論的説明——例えば「イギリスや世界の歴史を知ることは英国民・市民にとって必要なので歴史教育は必要」との説明——だけで教育界にも社会一般にも理解され易い[11]。一方，国内外の地理についての情報が容易に入手出来る現在，「地理を知ることは英国民・市民にとって必要なので地理教育は必要」との説明が理解されるためには，追加説明が必要な場合が多い。最初に必要なことは，「地理を知る」との意味が国内外の事実的知識（首都名，人口，面積等々）を知ること，換言すれば事実的知識の伝達が地理教育の目的である，との誤解を解くための補足説明である。前述のように，第2型カリキュラムを構築した1970年代以降のイギリス地理教育は，事実的知識よりも概念的知識の習得を目標としてきた。これは国語教育になぞらえ「語彙知識を数多く覚えさせる教育よりも，文法知識を修得させる教育へ」とも称されてきたものであり，ヤングのいう「力強い概念的知識」教授が既に目指されてきたということである。しかし，なぜ地理の「力強い概念的知識」を教授しなければならないのかという本質的な説明が必要になる（この説明は歴史はじめ全ての教科において実は必須の説明である)。これについて地理教育学者ランバートは，開発経済学者A. センにより提唱され哲学者M. ヌスバウムともに理論化が図られてきたケイパビリティ（capability）論を適用する。潜在能力と邦訳されることもあるケイパビリティは，開発・厚生経済学のみならず教育学にも現在影響を与えており，そこでは学校教育の第一目的が，子どものケイパビリティを拡大し将来選択の自由度を

高めることと規定される。そこで，この観点から学校における地理を検討し，「地理の力強い知識」を身につけることは学習者のケイパビリティを高めるとする地理ケイパビリティ（Geo-Capability）論を主張するのである（ランバート 2017, 伊藤 2012）。

現在のイギリスの教育現場においては，学校全体の評価を高めるために学力資格試験で高得点がとりづらい教科（大方は，地理・歴史・物理・経済などの伝統的教科）よりも高得点がとりやすい教科（職業系教科や新しい汎用能力的教科）の選択へと生徒を誘導する指導（ブルックス 2016）や，教育困難地域における選択教科が職業系教科へ偏る傾向（Weeden and Lambert 2010）が広がり，生徒のケイパビリティ拡大が阻まれる実態が生じている。このような実態は，バーンスティン（2000）の言う「教育の権利（pedagogic right）」の剝奪であり，ケイパビリティ論を用いることで，これら実態の問題性と「力強い知識」教授の必要性が照射され顕在化するのである。この問題性・必要性は地理に限らず，教授される（生徒の立場からしたら学習できる）機会が限定されてきた，歴史や物理をはじめ学問領域に基礎をおく諸教科全体に共通している。

4.2. 教科で教授すべきは「力強い学問的知識（PDK）」

ケイパビリティ論をふまえ教科における「力強い知識」を措定すると，各教科の「力強い知識」は教科が基盤としている学問（ディシプリン）から抽出された知識となる。この知識をランバートらは「力強い学問的知識（PDK: powerful disciplinary knowledge）」と名付け，地理の場合は一般的に次のような特徴を有するとする（Lambert et al. 2015, p.730）。

- 抽象的で理論的である（概念的である）。
- 思考の体系の一部である（体系性を擁する）。
- 信頼できるものであるが，異論（挑戦）には開かれている。

・動態的で進化し変化する。
・(しばしば) 反直感的である。
・教師や学習者の直接経験の外部に存在する。

　これを地理教育で扱う都市を事例に説明すると，次のようになる（Stoltman et al. 2015）。生徒自身は自分が住んでいる都市に関して，自宅や商店街の位置や地名の知識を持っている。何故ならば，これらは生徒が生活を通して身につけることができる日常経験知識であるからである。しかし，これら日常経験知識は事実的知識であり，他都市に適用できる知識ではない。
　一方，学校の地理の授業での都市を学んだ場合には，住んでいる場所を含め「都市」に対して，次のような問を投げかけ思考することになる。

・どんな条件だと都市は成長（衰退）するのか？
・どのように都市は組織されているのか？
・都市は規制・計画・統制できるのか？
・理想の都市はどのような都市か？
・持続可能な都市はどのような都市か？

　これらの発問・思考は，都市地理学にある「力強い学問的知識」（例えば，都市成長理論・都市内部構造理論・都市空間計画理論）に接し・習得し・活用することで生まれるものであり，その機会は学校での地理授業にしかない。日常経験知識だけでは，住んでいる都市の現実だけが都市であり，どうすれば都市の衰退を止めることができるのか，望ましい都市とはどのようなものなのか，その実現のためには都市をどのように計画・管理すべきか，といった発問・思考（見方・考え方）は生まれないのである。ここに，「力強い学問的知識」を獲得するという学校教育教科カリキュラムの存在意義を見出すことが出来るとするのである。
　「力強い学問的知識」自体がどこまで具体的に定義されるのか，そもそも

具体的に定義すべきなのかについては議論の余地がある (Slater and Graves 2016, Lambert 2016)。これはヤングの「力強い知識」, センの「ケイパビリティ」の概念規定をめぐる論争と同様である。しかし, 理論的概念規定よりもアプローチ的概念である「ケイパビリティ」(セン 2011) が教育学へ大きな影響を与えているように,「力強い学問的知識」は, 地理教育界, とりわけ教員養成論に大きな影響を与えている[12]。

4.3. カリキュラムを自主開発し「力強い学問的知識 (PDK)」を教授できる教員の養成

ヤングが未来の在るべきカリキュラムとする第3型カリキュラムを, 授業実践に沿って言い換えると, 事実的知識伝達の教え込みに偏った第1型カリキュラム, 技術的な方法コンピテンシー習得という学習に偏った第2型カリキュラムの何れにも陥らずに, ケイパビリティの拡大という教育本来の目的を基盤にした「力強い知識」の教授・学習カリキュラムを, 授業を掌る教師自身が主体的に開発し実践することである。したがって, 実現の鍵はそのようなカリキュラムを自主開発・実践できる教師の力量であり, 教員養成が問題となる。

イギリスの教員養成では現在, 旧来の大学における教員養成制度——PGCE (Post-Graduate Certificate in Education) 等——と, 近年導入された学校現場中心の教員養成制度—— SCITT (School-Centered Initial Teacher Training) 等——, が並存しているが, 後者の比重が高まるにつれて第2型カリキュラムが拡大し「力強い知識」教授がなおざりにされていること, すなわち教科固有の専門性を持った主体的なカリキュラム開発・実践能力が学校現場ベースの教員養成では十分に育成できていないことが問題視されている (ブルックス 2016)。

この状況を問題視するランバートは, 教師が持つべきカリキュラム開発・実践能力について, 地理教育を事例に「カリキュラムづくり (curriculum making)」能力として第1図のように説明している。同図は，教科の授業は背景にある学問の文脈（「力強い学問的知識」の生成・変化の文脈）をふまえて教師は，生徒の日常経験とそこで獲得した知識，教科を構成し教授すべき知識，教科の教授方法の三要素を自身の教育観をもとに再考し・組合せてカリキュラムを自主開発し・実践することを示している。本図の核心は，三要素の積となる中心点に「教師」が位置づけられていることである。教授学習方法含めカリキュラムは，外部から規定されるものではなく，教師自身が三要素を自らの教育観を確認して取捨選択し配分するべきものなのである。

このように「力強い学問的知識」を擁する教員を養成すること，そしてそれら教員を自主的にカリキュラム開発・実践できる条件下におくことが，第3型カリキュラム実現の要点である。

この実現方策を構想する際，国際学力調査（PISA）で高い評価を受けてきたフィンランドの教員養成カリキュラムの在り方は参考になる。フィンラン

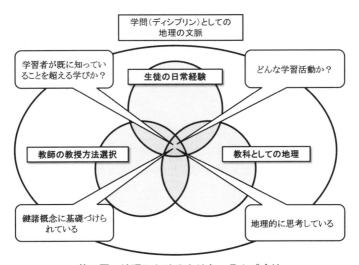

第1図　地理におけるカリキュラムづくり
（出典：ランバート（2017）より転載）

ドの教育について英米を主とする先進諸国との比較で論じた同国の教育学者 Sahlberg（2010, pp.70-95）は，フィンランドの学校教育成果の理由は，競争的な学力試験といった外形的・制度的要因ではなく，教育学と教科の基礎をなす諸学の双方とも深く学んだ教員が，学校環境・生徒の実態に合わせて自由にカリキュラムを開発し授業できること，すなわちバランスのとれた知識専門性と，修得した技能を発揮できる裁量の広さに主に帰している[13]。フィンランドの教員養成制度に関して日本では，修士の学位を1970年代末以降必須としているといった制度的紹介に止まるきらいがある。しかし，具体をみると初等・中等教員免許とも，個別教科の内容と教授方法にかかわる教科専門性の高い修士論文を要求する学問性を重視したアカデミックな教員養成であり，必ずしも教養的で汎用論・方法論に偏った学修ではない。サブジェクト・ダイダクティクス（subject (-matter) didactics）等と称されるそこでの教科教授学の専門性は，教授方法学だけを指すものではなく教科の基盤をなす学問的知識と深く結びついているのである（Kansanen 2009）[14]。したがって，フィンランドにおける学部・大学院を通した教員養成は，教科の基盤をなす学問を修得したうえで教育学的テーマを研究する研究ベースの養成である。この研究ベースのフィンランドの教員養成と，学部での教養的で汎用・方法論的な学修に力点があるノルウェーの教員養成を比較した Afdal and Nerland（2014）は，研究ベースのフィンランドの学校教員は専門職としての教師アイデンティが高く，学生時代に身につけた知識と能力を活用して状況に応じて教育実践を創造的に開発する能力が高いと報告している[15]。これは，教育内容・教育方法双方の基盤をなす知識を確実に修得した教員は，研究し続ける教育実践者として創造的成果をあげ続けるということであり，「力強い知識」論をもとにしたカリキュラムづくり論を支持する。

5．おわりに──「知識への転回」の国際的影響と日本──

本稿はイギリス教育界で広がっている「知識への転回」の実態を，地理教

育を事例に究明してきた。そこでの論点は，学校教育の目的は何か（ケイパビリティ論），学校で教授されるべき・学習されるべき知識とは何か（「力強い知識」論），それら目的論・知識論に基づく授業はどのように実現されるのか（カリキュラムづくり論）である。これら議論は，教育哲学，教育社会学，教科教育学など論じられる領域毎に，議論の背景・論理・主張に差異も見られる[16]。しかし，「知識」を新たな視座から再評価し，「知識」を組み込んだ新たなカリキュラムをめざす方向は通底しており，それは国際的文脈の中で検討・実践されつつある[17]。このようなグローバルな「知識への転回」の中に，日本の学校教育動向をどう位置づけ・評価し・方向性を見出すかは，教科内容構成学と教科教育学が協同して取り組むべき大きな研究課題である。

注

1）但し，統合に際しては，これまでの教科教育学が主導しなくてはならないと断っている。
2）コンピテンシーの定義内容については国際的に異同がある。日本の国立教育政策研究所報告書でも，知識を含めるか否かは明瞭ではないが，その中核が知識よりも能力であることは確かである（志村・茨木・中平 2017）。本稿では，知識を含めない意味でコンピテンシーを用いる。
3）本稿におけるイギリスはイングランドのみを指している。
4）イギリスの学校カリキュラムには統合的教科としての社会科は存在せず，伝統的には地理科と歴史科が前期中等教育までの社会系教育を担ってきた。したがって，以下に述べる地理教育の内容は，日本の教科目「地理」に限るものではない。
5）教科固有の見方・考え方は，教科の中核をなす概念的知識と連動して働く（志村・茨木・中平 2017）。
6）したがって，本節での「知識」は，「知」や「英知」といった意味合いに近い。
7）菅尾が訳注（ヤング 2017, p.98）で断るように，ディシプリン（discipline）は，アカデミック（academic）とは異なる概念であり，学問そのものに加え，その学問分野での知識産出プロセスや探究焦点となる諸概念をも包摂している用語である。例えば，多重知能を論じる H. ガードナー（2008）では，（学問的）教科・分野固有の思考を習得する重要性を述べる文脈での"disciplined"が，「熟達した」と訳出

されている。本稿では読みやすさを優先させディシプリンを「学問」と訳しているが，ディシプリンの包摂する広い意で用いている。

8) 1991年版カリキュラムが E. ハーシュの文化リテラシー論を参考にしたように，第１型カリキュラムは文化的教養・常識を教授学習すべき知識の中核とするもので，その基底には競争社会を担う人材資源育成の教育観があり，社会的公正とは相容れないものがある。

9) 先にあげた *The Curriculum Journal* のナショナル・カリキュラ20年特集号の次号（第22巻３号，2011年）は，地理教育の特集号である。同特集号の編者の１人は前号で地理教育を執筆した D. ランバートであり，氏が前号で主張した内容を基軸に，初等・中等教育カリキュラムと「力強い知識」の関係などが論じられ，M. ヤングもコメントを寄稿している。

10) ヤングの「力強い知識」論の基底には，師であるバーンスティンの理論のみならず，ハースト同様の教科設定における認識論的意識があると推察する。なお，この推察はヤングの研究起点であるロンドン大学教育研究院へ留学した菅尾英代氏の示唆から着想したものであり，菅尾氏に感謝する。

11) その大きな理由には，自国史を学ぶことによる「英国人らしさ（Britishness）」醸成―国民意識の醸成―がある。

12) 「地理の力強い学問的知識」を構成するものとしてランバート（2017）は，①深い記述的・説明的「世界知識」の獲得と発達，②地理的思考を支える関係的な思考の発達，③代替する社会的・経済的・環境的ないくつかの未来の分析を特定の場所の文脈へ適用する傾向，の三つを提案している。これは静態的な内容リストではなく，アプローチ的な説明の仕方であり，要素還元したリスト化を否定するセンのケイパビリティ説明方法と共通する。

13) その他では，教師という職業が，医師や弁護士と同じように社会的に尊敬されているという社会状況が大きい。

14) Kansanen（2009）は，欧州の伝統的な教授概念である subject-matter didactics を，アメリカで1980年代提唱されたショーマンの PCK（Pedagogical Content Knowledge）概念と比較考察し，didactics 概念は分析・研究的な PCK 概念よりも教科固有の知識・価値内容までも含意する複合的で幅広い概念であるという。これは，PCK 論を用いた社会科教科内容知識の独立的存在性・抽出可能性について理科と研究史的に比較検討した結果，PCK 論の適用妥当性は教科特性によりかなりの違いがあり，PCK 論を基盤とした教科内容学の創設は社会科の場合困難であることを見出だした筆者の知見（志村 2017）と通じる。

15) 教師の教科専門職としてのアイデンティティの高さと，生涯にわたるカリキュラム開発・実践能力の高さとの相関は，Brooks（2016）で解明されている。
16) 教科教育では歴史教育や技術教育でも「知識へ転回」が進んでいる（Counsell et al ed 2016）が，そこでの論理・主張には教科間での違いも垣間見える。
17) 地理教育の場合，地理カリキュラムづくりができる教員養成を目指す国際共同開発研究「地理ケイパビリティ・プロジェクト」がイギリス・米国・フィンランド主導ではじまり，現在は世界的活動に広がっている。日本でも2016年から現場教員も参加した研究活動が開始されている（志村・山本ほか 2017a，b）。

参考文献

安彦忠彦（2014）:『「コンピテンシー・ベース」を越える授業づくり——人格形成を見すえた能力育成を目指して』図書文化。

安彦忠彦・日下部龍太（2014）:教科専門と教職専門をつなぐ新教科教育学の構想. 神奈川大学心理・教育研究論集，35，pp.5-11。

伊藤直之（2012）:イギリスにおける地理カリキュラム論争－スタンディシュとランバートの教育論に着目して－. 社会科研究，76，pp.11-20。

ガードナー，H.〔中瀬英樹訳〕（2008）:『知的な未来をつくる「五つの心」』ランダムハウス講談社。

志水宏吉（1994）:『変わりゆくイギリスの学校－「平等」と「自由」をめぐる教育改革のゆくえ－』東洋館出版社。

志村喬（2017）:PCK（Pedagogical Content Knowledge）論の教科教育学的考察－社会科・地理教育の視座から－. 上越教育大学研究紀要，37(1)，pp.139-148。

志村喬（2010）:『現代イギリス地理教育の展開－「ナショナル・カリキュラム地理」改訂を起点とした考察－』風間書房。

志村喬・茨木智志・中平一義（2017）:社会科教育における「思考力」の捉え方－国立教育政策研究所研究報告書「21世紀型能力」を緒に－. 上越教育大学研究紀要，36(2)，pp.489-503。

志村喬・山本隆太・広瀬悠三・金玹辰（2017a）:イギリス発「地理的見方・考え方」に気づく1枚の図－世界の地理教師たちとつくる新しい地理教材 第1回. 地理，62(6)，pp.96-101。

志村喬・山本隆太・広瀬悠三・金玹辰（2017b）:「事象を地図的に見出す力」に気づかせる地図のない図表－世界の地理教師たちとつくる新しい地理教材 第7回. 地理，62(12)，pp.96-101。

セン，A.〔池本幸夫訳〕（2011）:『正義のアイディア』明石書店。
天童睦子・石黒万里子（2012）: M. ヤングの知識論再考―「新しい」教育社会学から「知識を取り戻す」へ―. 名城大学人文紀要，47(3)，pp. 1-13。
全国地理教育研究会 泉貴久・梅村松秀・小林正人・近正美編（2005）:『地球に学ぶ新しい地理授業「地理」50巻8月増刊号（通巻601号）』古今書院。
野間晴雄・小泉邦彦（2009）: 英国の『ナショナル・カリキュラム地理』キーステージ3の内容とその特色. 関西大学文学論集，59(2)，pp. 49-72。
バーンスティン，B.〔久冨善之ほか訳〕（2000）:『〈教育〉の社会学理論―象徴統制，〈教育〉の言説，アイデンティティー』法政大学出版局。Bernstein, B. (1996): *Pedagogy, symbolic control and identity*. Rowman and Littlefield.
ビースタ，G.〔藤井啓之・玉木博章訳〕（2016）:『よい教育とは何か―倫理・政治・民主主義』白澤社。Biesta, G. (2010): *Good Education in an Age of Measurement*. Routledge.
ブルックス，C. (2016):「今現在」のイギリスにおいて地理を教える. 新地理，64(1)，pp. 22-28。
宮寺晃夫（1997）:『現代イギリス教育哲学の展開―多元社会への教育』勁草書房。
柳田雅明（2015）:「知識に基づくカリキュラム」を今日提起する意義とは―「カリキュラムの社会学者」マイケル・F・D・ヤングの近論から―. 青山学院大学「教職研究」，1，pp. 115-125。
ヤング，M.〔菅尾英代訳〕（2017）:「力あふれる知識」はすべての児童・生徒にとっての学校カリキュラムの基盤となりうるか. カリキュラム研究，26，pp. 91-100。
ランバート，D.〔広瀬悠三・志村喬訳〕（2017）: 地理の教室では，誰が何を考えるのか？―力強い学問的知識とカリキュラムの未来―. 新地理，65(3)，pp. 1-15。
Afdal, H and Nerland, M. (2014): Does Teacher Education Matter? An analysis of relations to knowledge among Norwegian and Finnish novice teachers. *Scandinavian Journal of Educational Research*, 58(3), pp. 281-299.
Beck, J. (2013): Powerful knowledge, esoteric knowledge, curriculum knowledge. *Cambridge Journal of Education*, 43(2), pp. 177-193.
Brooks, C. (2016): *Teacher Subject Identity in Professional Practice: Teaching with professional compass*. Routledge.
Counsell, C. (2011): Disciplinary knowledge for all, the secondary history curriculum and history teachers' achievement. *The Curriculum Journal*, 22(2), pp. 201-225.

Counsell, C., Burn, K. and Chapman, A. ed. (2016): *Master Class in History Education: transforming teaching and learning.* Bloomsbury.

Kansanen, P. (2009): Subject-matter didactics as a central knowledge base for teachers, or should it be called pedagogical content knowledge? *Pedagogy, Culture & Society,* 17(1), pp. 29-39.

Lambert, D. (2011): Reviewing the case for geography, and the 'knowledge turn' in the English National Curriculum. *The Curriculum Journal,* 22(2), pp. 243-264.

Lambert, D. (2016): A Response to Graves and Slater. *International Research in Geographical and Environmental Education,* 25(3), pp. 192-194.

Lambert, D., Solem, M. and Tani, S. (2015): Achieving Human Potential through Geography Education: a capabilities approach to curriculum making in schools. *Annals of the Association of American Geographers,* 105(4), pp. 723-735.

Pring, R. (2013): *The Life and Death of Secondary Education for All.* Routledge.

Roberts, M. (2010): Where's the geography? Reflections on being an external examiner. *Teaching Geography,* 35(3), pp. 112-113.

Sahlberg, P. (2010): *Finnish lessons: What can the world learn from change in Finland?* Teachers College Press.

Slater, F. and Graves, N. (2016): Geography and powerful knowledge. *International Research in Geographical and Environmental Education,* 25(3), pp. 189-192.

Stoltman, J., Lidstone, J. and Kidman, G. (2015): Powerful knowledge in geography: IRGEE editors interview Professor David Lambert, London Institute of Education, October 2014. *International Research in Geographical and Environmental Education,* 24(1), pp. 1-5.

Young, M. (1971): *Knowledge and control: new directions for the sociology of education.* Collier-Macmillan.

Young, M. (2008): *Bringing Knowledge Back In.* Routledge.

Young, M. (2011): The return to subject: a sociological perspective on the UK Coalition government's approach to the 14-19 curriculum. *The Curriculum Journal,* 22(2), pp. 265-278.

Young, M. (2012): The Curriculum — 'An entitlement to powerful knowledge': A response to John White.
https://www.newvisionsforeducation.org.uk/2012/05/03/the-curriculum-%E2%80%98an-entitlement-to-powerful-knowledge%E2%80%99-a-response-to-john-whi

te/(2017年9月13日閲覧).

Young, M. (2013): Powerful knowledge: an analytically useful concept or just 'sexy sounding term'? A response to John Beck's 'Powerful knowledge, esoteric knowledge, curriculum knowledge'. *Cambridge Journal of Education*, 43(2), pp. 195-198.

Young, M. and Lambert, D., with Roberts, C. and Roberts, M. (2014): *Knowledge and the Future School: Curriculum and social justice*. Bloomsbury.

Walford, R. (2001): *Geography in British Schools, 1850-2000*. Woburn.

Weeden, P. and Lambert, D. (2010): Unequal access: why some young people don't do geography. *Teaching Geography*, 35(2), pp. 74-75.

White, J. (2012): Powerful knowledge: too weak a prop for the traditional curriculum? http://www.newvisionsforeducation.org.uk/about-the-group/home/2012/05/14/powerful-knowledge-too-weak-a-prop-for-the-traditional-curriculum/(2017年9月13日閲覧).

第2節
国定日本史教科書の中の外国史が担った役割
――歴史教育における自国史と世界史を考える前提として――

茨木　智志

1. はじめに

　本稿の目的は，戦前の小学校で使用された国定日本史教科書において外国史がいかなる役割を担ったのかを明らかにすることにある。

　今日において外国史の教育なるものは基本的には行われていない。しかし，歴史教育における自国史と世界史のあり方を考えるためには，自国史と世界史のいわば間に位置する外国史とは何であるのかを考察の基盤に据える必要があると考える。これは自国史すなわち日本史の教育を考える際にも，世界史の教育を考える際にも大切な要素であるが，中でも中学校社会科歴史的分野そして高等学校地理歴史科で予定されている歴史総合のような「歴史」の枠組みでの歴史教育を批判的に検討するには，重要な視点とすべきものとなる。また，「歴史」の枠組みでの歴史教育は日本のみならず韓国や中国などの東アジア諸国でも検討が進められている題材でもある。

　取り上げる分析対象は，前述したように小学校日本史教科書の中の外国史である。外国史教育といえば，東洋史・西洋史として戦前の中等・高等の諸学校において実施されていたものであるが，ここではあえて小学校の日本史を取り上げた。そもそも自国史は，自国の出来事・人物のみで自国史を構成することはできず，かならず外国の出来事・人物が外国と明記されて特定の箇所に記載されるのを常とする。そのような小学校日本史の中の外国史にこそ，〈自国ではない国々や人々の歴史〉すなわち外国史に課せられた役割が分かりやすく表現されていると考えたためである。また，教科書記述だけで

はなく，小学校日本史の外国史に関わる議論も取り上げた。

小学校の歴史教育は，明治初年に日本史・中国史・西洋史の教科書を使って始まる。このように出発点は日本史と外国史での教育であった。それが1881年からは文部省により小学校では日本史のみとされた[1]。教科書は，1886年に検定制となっていたものが1903年には国定化され，小学校日本史の教科書は文部省が作成することとなった。本稿ではこれ以後の国定日本史教科書を取り上げる。

なお，用語について，筆者は「日本史」を基本的に使用したが，「日本歴史」「日本史」「国史」などが引用以外でも一部で混在していることを申し添える。

2．喜田貞吉の小学校における外国史に対する主張

小学校日本史の最初の国定教科書である『小学日本歴史』（一・二）は，1904年度に使用された。これを第1期国定教科書と呼んでいる。非常に急いで作られたこともあり，まもなく修正の検討が始まる。1908年度の4年から6年への義務教育期間延長にも対応して，『尋常小学日本歴史児童用』（巻一・巻二）が編集され，1910・1911年度用に発行された。これを第2期国定教科書と呼んでいる。これらを文部編修として担当したのが喜田貞吉であった。喜田の書いた字句をめぐって，後に南北朝正閏論争が起こされ1911年に休職となったことでも知られる。その喜田が1910年に『国史之教育』を発行して小学校における「国史の教育」とはいかなるものであるのかを詳述した。

ここで喜田は，小学校で外国史を教えることの可否について論じている。小学校では「日本歴史」のみを教えていることに対して，「世界の一大帝国なる日本となつた」のであるから「将来の国民たるべき者が外国の国情を審にする要」があるという「或る教育家」の主張や，高等教育会議特別委員会で出された「簡単なる外国歴史を授け」て，次学年で「世界に於ける我が国の地位を十分に理会せしめる意味に於て，近世史の補習をさせてはどうか」

という意見があったことを紹介している[2]。これらの主張や意見に対して喜田は，次のように述べている。

　…我が国体の大要を知らしめるを要旨とする小学校の歴史科に於て，未だ思想の固まらない児童に向ひ，特に根本から国体を異にした諸外国の事歴を授ける事の可否如何を考究すれば，問題は決するのである。而して之を決するのは実は甚だ容易で，多くの議論を要せぬ。諸外国の歴史中には，其の教材の性質によつては，啻に我が国民に取りて必要なきのみならず，時としては，非常な弊害があるもの、多い事を知れば，それで十分である[3]。

　喜田は，外国史には国民にとって「非常な弊害」があるものが多いと述べている。その「弊害」とは，「我々は祖先以来万世一系の天皇を以て，絶対無限の君主と崇敬し奉つて居る」のとは異なり，「世界には，君を以て国の為民の為に存在する者だと解し，若し国に不忠実に民に不親切なる君があつたならば，もはや之を君主と認めず，国民は之を追放し，之を排斥し，甚だしきに至つては之に死刑を宣告して，遂に万乗の君を断頭機上に立たせた例すらある」こと，しかも「其の之を敢てしたる首魁が，時として聖人なりとし，或は自由の神なりとして崇敬されて居る」ことと説明している[4]。喜田は，外国史にも「模範となすべきもの」があるが，これは修身や国語に入れ，外国の「国勢・国情」については「外国地理や日本歴史の適当な所で附説するの方法を取れば事が足」りると述べ，「必ずしも態々外国歴史として，兎も角も上下一貫したる知識を授ける様な事は，今の所小学校に於て避くべき事だと思う」と結論づけている[5]。

　日清戦争・日露戦争を経ていた当時において，明治初年とは異なる歴史教育の主張が始まっていたこと，喜田はこれに反対して従来の歴史教育を守ろうとしていたことが示されている。喜田は何を恐れていたのか。それは本書の他の箇所を見ると，特に中国の易姓革命，イギリスのピューリタン革命，フランス革命が念頭に置かれていたことが分かる[6]。喜田は前述のように休

職に追い込まれるが，小学校歴史教育での「日本歴史」限定は堅持された。

3．第2期国定日本史教科書における外国史

ここで，「我が国体の大要を知らしめる」ために喜田が完成させた小学校日本史で採用されている外国史を確認しておく。以下の表1は，第2期国定教科書の内容とその中での外国史である。

表1　第2期国定日本史教科書（1909年9月・1910年9月発行）の内容と外国史記述

『尋常小学日本歴史巻一児童用』1909年9月発行
第一　天照大神，第二　神武天皇，第三　日本武尊，第四　神功皇后（三韓服従　学問技芸の伝来【王仁】），第五　仁徳天皇，第六　物部氏と蘇我氏（仏教の伝来と物部蘇我両氏の争），第七　聖徳太子（太子の摂政〔三韓・支那の長所をとる〕　支那との交際），第八　天智天皇と藤原鎌足，第九　天智天皇と藤原鎌足（つづき）（三韓の離叛），第十　聖武天皇（奈良京），第十一　和気清麻呂，第十二　桓武天皇（最澄と空海〔入唐〕），第十三　菅原道真，第十四　朝臣の栄華と武士の起，第十五　源義家，第十六　平清盛，第十七　平清盛（つづき），第十八　源頼朝，第十九　承久の乱，第二十　元寇（蒙古襲来），第二十一　北条氏の滅亡，第二十二　建武の中興，第二十三　南北朝
『尋常小学日本歴史巻二児童用』1910年9月発行
第一　足利義満（義満の驕奢〔日本国王の称号〕），第二　応仁の乱，第三　戦国時代，第四　織田信長，第五　豊臣秀吉（朝鮮征伐），第六　徳川家康，第七　徳川家光（欧羅巴人の渡来と切支丹宗の伝来　切支丹宗の禁制　鎖国），第八　徳川綱吉　新井白石（白石朝鮮の使者の待遇法を改む　白石財政に注意す），第九　徳川吉宗（吉宗の政治〔洋書の禁の緩和〕），第十　尊王論（松平定信〔海防〕　慷慨家出づ〔林子平〕），第十一　外艦の渡来と攘夷論（攘夷論起る　和親条約の締結【ペルリ】　通商条約の締結【ハルリス】　下関の外艦砲撃と長州征伐），第十二　大政奉還と明治維新，第十三　台湾征伐と西南の役（新政府の外交方針　台湾征伐　征韓論），第十四　憲法発布（帝国憲法の発布〔西洋に調査〕），第十五　明治二十七八年戦役と条約改正（朝鮮と修好条約を結ぶ　朝鮮事変と天津条約【李鴻章】　日清の開戦　下関条約と遼東還付【李鴻章】　台湾平定　条約改正），第十六　明治三十七八年戦役（北清事変　日露間の交渉と日英同盟　日露の開戦と我が軍の勝利），第十七　平和克復と戦後の経営（平和条約の締結【ルーズベルト，ウキッテ，ローゼン】　樺太及び租借地の経営　韓国の保護と清国領土の保全　日英同盟の拡張と日仏日露の協約　韓国の併合　国民の覚悟）

注1：第2期国定日本史教科書である文部省『尋常小学日本歴史巻一児童用』（修文館，1909年9月13日発行，1909年11月3日翻刻発行）と文部省『尋常小学日本歴史巻二児童用』（東京書籍，1910年9月20日発行，1910年11月20日翻刻発行）により作成した。
注2：全40の課名を挙げ，その中で外国史に関わる記述のある「見出し」を（　）内に記載した。
　　〔　〕は筆者の補足であり，【　】は記述のある外国人名である。

小学校日本史における外国史は，神功皇后が「海を渡りて新羅を討ち給」い，百済・高句麗も「我が国に従」うようになった「三韓服従」から始まる[7]。これにより学者の王仁が日本に来るなど「学問技芸の伝来」がなされたことも説明されている[8]。そして欽明天皇のとき仏教が百済から伝来したことが物部氏と蘇我氏の争いに関わって触れられている[9]。聖徳太子について，「太子は三韓・支那の長所をとりて我が国の利益をはか」ったこと，「支那に使を遣はし，留学生をも送」り，これより「交通やうやくしげく」なり，三韓を経ずして直接に「支那」から学問技芸が伝わるようになったことが述べられている[10]。その後，中大兄皇子（天智天皇）のときの新羅と唐による百済滅亡に関わって，「ながく海外において軍を労することの我が国に不利なるを見給ひ，遂に三韓をすて給ひし」こと（三韓の離叛）を説明している[11]。奈良の都について「此の頃に至りて，唐との交通繁く，世の中大いに開け来りしかば，都も壮大になり，容易に遷されざることとなりたり」と説明を添えている[12]。最澄と空海については，「二人唐に渡りて仏教を学び，帰朝の後おのおの其の学び来りし宗旨を弘めたり。これより仏教は益盛になれり」と述べている。元寇については一つの課を設けて説明している。「武勇果断」の北条時宗のもと「我が将士」が「強大なる」元による襲来を防いだことを中心に，弘安4年の「大風」のこと，亀山上皇の祈りや幕府による逆襲の計画なども触れられている[13]。足利義満では，「義満の驕奢」として「明主より日本国王の称号を受」けたことを「大義名分を忘れた行為」として厳しく批判している[14]。豊臣秀吉の「朝鮮征伐」では「大いに国威を海外に発揚せんと欲し」，「路を朝鮮にかりて明を伐たん」として大軍を出して朝鮮全国を「風靡」し，さらに明を破ったこと，明が和を求めたため諸将を召還したが再び兵を出して間もなく秀吉が病死して兵を収めたことが詳しく述べられている。徳川家光の鎖国に関わり，「葡萄牙の商船」が種子島に来て小銃を伝えたこと，また「基督教の一派」である「切支丹宗」が伝えられ，信長・秀吉・家康を経て家光が禁止したこと，家光が禁を厳にして海外渡航

も禁じ，島原の乱を平らげた後に，長崎で「和蘭人のみ，支那と共に」貿易を許したことまでの経緯が説明されている[15]。また，ここでは「鎖国の政策は邦人をして外国の事情にうとからしめ，世界の進歩におくれしめたるの憾み」を指摘している[16]。新井白石に関わり，朝鮮の使者の待遇が「厚きに過ぎ」るのを「適当の程度に」改めたこと，金銀の多く外国に流出するを防がんが為に」貿易の額を制限したことが説明されている[17]。徳川吉宗では「洋書を読むの禁を緩め」たことが「吉宗の政治」の中で述べられている[18]。「尊王論」の課において，松平定信がロシア船の来航に関わり海防に意を用いたこと，「外国の事情に通」じた林子平が書にて「海防の急務」を論じたことが説明されている[19]。

「外艦の渡来と攘夷論」では，徳川家斉の頃から「西洋にては既に汽船の発明ありて，…外国船の東洋に航するもの漸く多く，我が国に来りて通商を請ふものの少なからざりし」状況であったこと，「亜米利加合衆国の使節ペルリ」の来航により和親条約を結び，幕府は勅許なしに通商条約を結んだこと，長州藩が下関で外艦を砲撃したことが述べられ[20]，「大政奉還と明治維新」に続いている。

明治維新後は日韓併合までを述べている。これまでの記載に比べて外国との関係の詳細が教科書の大半を占めるようになる。「第十三 台湾征伐と西南の役」では，「新政府の外交方針」として「諸外国との和親」を定めて，清国と条約を結んだことと「台湾征伐」のことを述べ，朝鮮との外交に関わる征韓論により西郷隆盛らが辞職したことが西南の役に絡んで説明されている[21]。「第十四 憲法発布」では「参議伊藤博文を西洋に遣はして」調査させたことを記している[22]。「第十五 明治二十七八年戦役と条約改正」では，江華島での事件後の朝鮮との修好条約，2度の「朝鮮事変」を経ての日清の開戦，日本の勝利による下関条約と三国干渉，台湾の平定と北白川宮能久親王の戦病死，欧米諸国との一部を除いた条約改正について詳細に説明されている[23]。「第十六 明治三十七八年戦役」では，北清事変とその後の清国と

韓国の状況，日露間の交渉と日英同盟，日露の開戦，日本の勝利が説明されている[24]。「第十七　平和克復と戦後の経営」では，ポーツマス条約の締結とその内容，欧米諸国との親交，清国の保全，韓国の保護国そして日韓併合までを述べ，「かくの如くにして我が国は漸次に国威を海外に宣揚し，遂に世界の列強と肩を比するの地位に達せり」として最後に「国民の覚悟」を求めて終えている[25]。

以上が，第2期国定日本史教科書の外国史となる。第一は対外関係として登場する。対外関係は戦争・外交，国防が基本となる。国威発揚に焦点を当てた分かりやすい教材となっている。第二は文化受容である。特にいわゆる古代を中心としながら他の時代でも取り上げられている。登場する外国人の名前をあげての記述は非常に少ない。「新羅王」「百済王」「元軍」「明主」「朝鮮王」「欧羅巴人」などと記載されるのが普通であった。

4．第3期国定国史教科書と外国史

日露戦争から第1次大戦を経た時期は日本内外の政治・経済・社会の状況が急激に変化したときであった。その対応の一つとして政府は臨時教育会議を1917年に設置した。翌1918年5月の第3回答申では，「国史ノ教科ニ一層重キヲ置キ其ノ教授ノ法ニ改善ヲ加ヘ国民道徳ニ資スルノ本旨ヲ完ウセシムコトヲ要ス」と書かれ，授業時数の増加や教授法の改善などを求めた[26]。

こうして作成されたのが，1920年・1921年に発行された『尋常小学国史』（上巻・下巻）であった。第3期国定教科書と呼ばれる。書名が「日本歴史」から「国史」へと修正されており，教科書の文体，分量などもそれ以前のものとは大きく変えられている。この第3期国定国史教科書の内容と外国史記述を整理したのが以下の表2である。

表2：第3期国定国史教科書（1920年10月・1921年12月発行）の内容と外国史記述

『尋常小学国史上巻』1920年10月発行

第一　天照大神，第二　神武天皇，第三　日本武尊，第四　神功皇后（新羅を討ちたまふ　三韓　三韓我が国にしたがふ　皇后の御てがら【王仁】），第五　仁徳天皇，第六　聖徳太子（十七条の憲法を定めたまふ　使を支那につかはしたまふ　仏教をおこしたまふ），第七　天智天皇と藤原鎌足，第八　天智天皇と藤原鎌足（つゞき）（兵を出して百済をすくはしめたまふ），第九　聖武天皇（奈良の最も盛なりし御代），第十　和気清麻呂，第十一　桓武天皇と坂上田村麻呂，第十二　弘法大師（真言宗を伝ふ），第十三　菅原道真，第十四　藤原氏の専横，第十五　後三条天皇，第十六　源義家，第十七　平氏の勃興，第十八　平重盛，第十九　武家政治の起，第二十　後鳥羽上皇，第二十一　北条時宗（蒙古おこる　時宗蒙古の使をしりぞく　文永の役　時宗の決心　弘安の役　上下一致して元寇をうちはらふ），第二十二　後醍醐天皇，第二十三　楠木正成，第二十四　新田義貞，第二十五　北畠親房と楠木正行，第二十六　菊池武光，第二十七　足利氏の僣上（義満の僣上　義満国体をないがしろにす），第二十八　足利氏の衰微，第二十九　北条氏康，第三十　上杉謙信と武田信玄，第三十一　毛利元就，第三十二　後奈良天皇

『尋常小学国史下巻』1921年12月発行

第三十三　織田信長，第三十四　豊臣秀吉，第三十五　豊臣秀吉（つゞき）（秀吉明と交を修めんとす　兵を朝鮮に出す　碧蹄館の戦　和議破れ再び兵を朝鮮に出す　蔚山籠城　泗川の戦），第三十六　徳川家康，第三十七　徳川家康（つゞき），第三十八　徳川家光（外国との交通盛に行はる　キリスト教ひろまる　キリスト教を禁ず　家光の鎖国），第三十九　後光明天皇，第四十　徳川光圀（光圀歴史を読みて感ず），第四十一　大石良雄，第四十二　新井白石（朝鮮の使のもてなし方を改む　貨幣を鋳直し又外国貿易を制限す），第四十三　徳川吉宗（洋書の禁を解く），第四十四　松平定信（意を海防に用ふ），第四十五　本居宣長（古事記伝を著す），第四十六　高山彦九郎と蒲生君平，第四十七　攘夷と開港（海国兵談を著す　攘夷論起る），第四十八　攘夷と開港（つゞき）（開国論者出づ　孝明天皇勅を幕府に下したまふ　米国の使節ペリー来る【ペリー】幕府和親条約を結ぶ【ハリス】通商条約を結ぶ），第四十九　孝明天皇（攘夷親征の詔を下さんとす），第五十　武家政治の終，第五十一　明治天皇　一　明治維新（内外の政を整えたまふ），二　西南の役（征韓論），三　憲法発布，四　明治二十七八年戦役（朝鮮事変　天津条約　日清の開戦　平壌黄海の大勝　威海衛の占領【丁汝昌】下関条約【李鴻章】台湾の平定），五　条約改正（条約の改正をはかる　改正条約相いで成る　改正条約行はる），六　明治三十七八年戦役（北清事変　露国と国交を絶つ　日英同盟　陸軍の進撃【クロパトキン】海軍の活動　旅順の開城【ステッセル】奉天の大戦　日本海の決戦　ポーツマス条約【ルーズベルト，ウィッテ】），七　韓国併合（韓国を保護国となす　韓国の併合），八　天皇の崩御，第五十二　今上天皇　一　天皇の即位，二　欧洲の大戦と我が国（欧洲の大戦　独逸と国交を絶つ　青島を陥る　南洋諸島を占領す　印度地中海に出動す　平和条約を結ぶ　国民の覚悟）

注1：第3期国定国史教科書である文部省『尋常小学国史上巻』（日本書籍，1920年10月22日発行，11月20日翻刻発行）と文部省『尋常小学国史下巻』（日本書籍，1921年12月5日発行，12月

25日翻刻発行）により作成した。
注2：全52の課名を挙げ，その中で外国史に関わる記述のある「見出し」を（　）内に記載した。
　　【　】は記述のある外国人名である。

　第3期は同じ題材でも具体的で詳細な内容を取り上げて，分かりやすい文章に直され，さらに「史実ニ対スル批判ヲ加ヘ」ている[27]。例えば，神功皇后の「三韓我が国にしたがふ」では，第2期では「新羅王皇威の盛なるを見，大いに恐れて出降り」[28]とあったところを，第3期では新羅王が「東の方に日本といふ神国ありて，天皇といふすぐれたる君いますと聞く。今来れるは，必ず日本の神兵ならん。いかでかふせぎ得べき」[29]と言って降参したと記載している。そして第2期で「学問技芸の伝来」[30]とあったところを神功「皇后の御てがら」[31]と位置づけている。聖徳太子のところでは「朝鮮の学者について，深く学問ををさめたまひしかば」[32]という説明を追加している。また，遣隋使に関わり，当時の「支那」が「他の国々を皆属国の如くにとりあつか」っていたのに対して「太子は少しも其の勢に恐れたまふこと」がなかったとして国書の文を紹介している[33]。元寇の課では，「国民も皆奮いおこり，上下心を一にして，遂に此の強敵をしりぞくることを得たり」と追加している。「第三十八　徳川家光」の「外国との交通盛に行はる」「キリスト教ひろまる」の部分では，「日本町」のことや「西洋の学問もやうやく行はれ」たことが追加された。「第四十　徳川光圀」の「光圀歴史を読みて感ず」では幼時に史記伯夷伝を読んで義に感じたことを伯夷・叔斉の話とともに紹介するようになった。「第四十五　本居宣長」の「古事記伝を著す」では「漢学者の中には，みだりに支那を尊びて，かへつて我が国を卑しむの風」があったことを宣長が嘆いたことが述べられている。以下，明治維新前後から「欧州の大戦」（第1次世界大戦）の平和条約までの各課を詳述し，「五大国の一として，世界に於ける重要な地位を占むるに至」ったことが強調されている。

5．第3期国定国史教科書の時期の外国史教育論

　雑誌『研究評論歴史教育』が1926年に創刊されるなど，1920年代に入って教育に関わるメディアが発達し，1930年前後には新たな多くの歴史教育論が刊行された。論の中心は国史（日本史）教育であるが，外国史に触れたものも少なくない。特に小学校を対象としたものではないが，外国史が歴史教育論でどのように位置づけられていたのかを確認しておく。

　東京文理科大学の中山久四郎は『歴史及歴史教育』において，「我が国史以外の諸外国の歴史をも学び，広く知識を世界に求め，世界の大勢に通じ，長を採り短を補ふ等の事」がなければ，「固陋頑迷となり，井中の蛙の如き狭隘偏小となつて，世界列国と共栄並立すること」は難しいと述べ，結論として「何国でも，本国史とヽもに外国史を学ばなければ，其本国史も十分に瞭解する事は出来ない」と主張している[34]。東京帝国大学の中村孝也は『国史教育論』において「外国歴史を学ぶことに依つて得られる利益は二つになる」として，「日本文化の淵源を尋ねて，これを培養して来た力の根柢を尋ね求める」という「積極的の利益」そして「日本国家に有つて他国に無いこともあり，他国に有つて日本国家にないこともあり，それを知つて日本国家将来の発展に資する」という「消極的の利益」をあげて，中等諸学校では国史・東洋史・西洋史の教育が分離せずに国史を中心に3つの教育が「連絡綜合」される必要を主張している[35]。特に興味深いのは東京高等師範学校の中川一男『歴史学及歴史教育の本質』である。中川は外国史教育の目的は，第一に「外国の歴史そのものを理解せしむること」とそれによって「それらと我が国とを比較することにより一層鮮明に我が国を知らしめなければなら」ないこと，第二に「現代及び将来の国民生活を完成せしむるため世界に発達せし文化の諸相を知らしめまた現代世界各国の事情を明らかにし世界の大勢を知らしむること」と述べている[36]。ただし，教授法に関わり，「知的陶冶」の他に「情操陶冶」「意的陶冶」が必要な国史教授と異なり，外国史教授は

「情操陶冶」「意的陶冶」は「副次的なもの」であることを主張している[37]。

　全体として，外国史教育を否定したものはなく，その意義を強調している。ただし，その意義は国史教育との関係において存在するもので，なおかつ国史とは明確に区別された存在とされていた。中川はその後，「我が国民のためとしての西洋史教育」[38]，「西洋史教育の日本化」[39]を執筆して，西洋史を国史教育に合わせていくべきことを主張している。

6．第3期国定国史教科書の時期の小学校外国史教育の主張

　この時期に小学校でも外国史が必要であるという主張が出てくる。一つは，小学校から主張された奈良女子高等師範学校附属小学校の大松庄太郎の構想である。大松の「小学校に於ける外国史の問題」では，日本文化の歴史的性格や子どもの「関連意識」の発展の観点から，小学校において従来よりも外国史を重視して外国史を系統的に学習させることを主張する[40]。喜田の言うような外国史の「弊害」については，「一理」はあるが「取扱方にもよる」と批判している[41]。しかし，国史と定められた「我国の制度」のもとにある小学校ではできないため，修身・国語・地理に掲載されている古今東西の人物や出来事を「外国材料」として，これを「国史科学習」と関連させて「外国史に多少の体系的観念を与へる」ことを目指した[42]。そして，将来的には高等小学校で「日本を中心とした外国史の体系的学習を課するやうにならなければならぬ」と主張した[43]。大松はその後の著書で尋常科5年から高等科2年を対象とした具体的な「外国史課程案」を提示している[44]。小学校からの外国史教育の主張と具体的な案の提示として注目される。制度上の制約により他教科の「外国材料」を活用せざるをえなかった点が興味深い。

　もう一つは広島文理科大学の新見吉治の「小学校歴史教授に外国史教材を加味するの議」である[45]。「国史教授を以て偏狭なる愛国心を養成する嫌がある」と説かれることがあるが，これはその「全く反対の立場」の「愛国心養成」を根拠としての外国史加味であると主張している。「愛国心は外国史

教授によつて却て益々助長せらるべき」であり，「世界に於ける我が国の地位を考へ，我が国体が世界の各国に異る所以を明にせんとするには，外国史の知識を籍りなければ，到底その目的を達することは出来ぬ」と説明している。そして，「小学校国史教科書中に併せ記入すべき外国史教材について私案」を提示した。この教科書は前述の第3期のものとなる。20項目中のいくつかをあげると次のような私案であった。

(一) 神代史の教授に当りて国体の特異なる所以を諒解させなければならぬ。それについては，支那の禅譲放伐の古制を述べる必要があり，又西洋に於ても古代は皆王制であつたがギリシヤ，ローマ，古代には国王選挙の制度であり，且つ早く王制が廃せられて，共和国となつたことを説き，尚ほ祖神を祭るの風あり，その氏族制は我が国に似たところがあるが，君民一家の理想を現出するに至らなかつたことを説くがよい。

(四) 仏教の伝来についてアレクサンドル大王の東征にまで遡り，ギリシヤ式芸術の様式がわが国にまで伝来した経路を物語るもよい。

(八) 鎌倉幕府の創設に関連して，西洋史に於ける法王と神聖ローマ皇帝との関係について知らしめ，又英仏二国では法王との争から国会が起り，ついで二国間百年戦争から国民精神が盛んになり，国民文学が起つて来たこと，伊太利に於ける古学の復興によつて学問が宗教の束縛を離れるやうになり，それで諸国王及び諸侯が法王より独立するの気運が生じたことを説くがよい。

(九) 元寇については，バツの征西についても説き，元寇が未曾有の国難であつたことを深刻に諒解させるがよい。

(十二) 西洋人渡来について語る前に，アメリカ発見，西洋人の東洋貿易競争のことを述べるがよい。支那印度関係のことを挿むことが出来る。

(十四) 江戸幕府の衰微に関しては，西洋史フランス革命及びナポレオン戦役によつて自由統一の運動が起つたこと，を説き，我が国尊王論から維新の大業が出来たとは，全く趣を異にして居る次第を明にするがよい。

(二十) 列国の社会経済的情勢を叙述し，我が国の現状と比較し，改造思想にも触れ，国体に関する反省と自覚とを喚起すること[46]。

これを見ると，対外関係として教科書に記載されている内容に関わって，

その世界的な背景を説明したり，その意味を捉え直させたりするものがあり，その一方で，教科書には記載されていないが，教科書内容に関連して同時代の外国の状況を説明するもの，同様な外国での例から日本との違いを強調するもの，現在の状況について補って考えさせるものなどがある。単に国史教科書の説明を深めるための外国史ではなく，新見自身が述べているように「愛国心養成」のために外国史をどのように活用するかの私案になっている。

1933年5月発行の雑誌『教育』は「歴史教育」を特集した。ここで，京城帝国大学哲学科教授・安倍能成が国史の教育の欠点を列挙する中で「国史が世界史的見地の下に見られなかつたということ」を指摘し[47]，自由学園教授・日本大学講師の羽仁五郎が「国際連盟的歴史教育」と「日本文部省的歴史教育」をともに厳しく批判している[48]。これとは全く逆に，第3期国定教科書を執筆した文部省図書監修官・藤岡継平が小学校での外国史教育の主張に反対している[49]。藤岡は次のように言っている。

　　歴史教育の制度では，現下の如き国際的な立場から小学校にも外国史を課しては如何との問題があるが，私はその必要を認めないと思ふ。国史教育の際に我国に関係の深い外国史を加味して行けば充分で，特に外国史として教へる必要は毫もないと思ふ[50]。

小学校で外国史を「外国史として」教えることを否定したものである。では，藤岡は外国史をどのように捉えていたのか。同論文で中学校の国史・東洋史・西洋史の学年配当に関わって以下のように述べている。

　　…，私は決して外国史を軽視するのではないので，今日のやうな世界共通の時勢に当つては，国民がよく外国を知る事が必要であり，又外国なるものがあつて我国家観念も大いに明徴にされたのであり，又外国文化の摂取なくして自国の文明が発達するものでない事実に徴しても，外国史の知識が或程度まで必要な事は申すまでもないのである。然し物には本末があつて，我国民としては我国史を明ら

かにする事が最も肝要で，普通教育の外国史は国史を明らかにするための教科に過ぎないのである…51)。

　前段の外国史の必要性を認めた箇所は，前述した中山・中村・中川・新見と同様の捉え方をしている。後段の「普通教育の外国史は国史を明らかにするための教科に過ぎない」という言葉は象徴的であるが，中山以下の論者の考えと本質的な違いはない。ただし，藤岡は「末」である外国史をより厳しく区別することを主張した。

7．第4期の国定教科書と小学校での外国史の主張

　1934年・1935年に『尋常小学国史』（上巻・下巻）が発行された。これを第4期国定教科書と呼んでいる。文章が口語体となったのがこの時期の教科書の特徴である。内容構成に大きな変更はないが，ワシントン会議から「満州国」建国，国際連盟脱退までを追加している。また最後の課を「国民の覚悟」として独立させて国史学習のまとめとした。

　このように追加部分以外にあまり変化のない中で，わずかの字句の違いながら外国史教材での以下の修正が注目される。まず，遣隋使の位置づけを修正している。聖徳太子の遣隋使に関わり，国書の文面を紹介した後に，「どこまでも対等のつきあいをなさつた」と書いた52)。これまで国定教科書では「対等のつきあい」という位置づけはされていなかった。次いで，「神風」が登場した。元寇の弘安の役について，「その時，にはかに神風が吹きおこつて，敵艦の大部分は沈没し，溺れて死ぬものは数へきれないくらゐであつた」と書いた53)。これまでは「大風」であったのが「神風」に変えられた。

　第4期の『尋常小学国史』が発行された時期に，天皇機関説問題を一つの背景に国体明徴運動が進められた。政府は1935年の8月と10月に国体明徴声明を出し，11月には教学刷新評議会が組織された。教学刷新評議会は翌1936年10月に答申を出して，国体明徴の実現を求めた。中学校・高等女学校・師

範学校などの中等段階の諸学校に対しては「国体に関連する学科目」である修身・公民科・国語漢文・歴史・地理などの教授要目を1937年3月に全面的に改訂した。実業学校では歴史の教授要目がこのときに初めて制定された。そして，歴史の検定教科書は新しい教授要目に沿った修正が求められ，すべて検定を受け直すこととされた。1937年7月には日中間の全面戦争が始まる。このような状況のもとで小学校での外国史の議論が継続していた。

　第4期の『尋常小学国史』の外国史記述に対して批判をしたのが羽仁五郎であった。羽仁は「児童の歴史観とその表現」を雑誌『教育』に3回にわたって掲載する中で，綴方に表現されている小学児童の歴史観の欠陥を指摘し，その問題点の一つとして使用が強制されている国定国史教科書を取り上げた[54]。羽仁は，藤岡継平の「国史教育の際に我国に関係の深い外国史を加味して行けば充分」という主張を引き，その努力がどのように教科書に表われているかを，国史教科書の記述と関連する修身・国語読本の記述をも対象に詳細に検討した。結論として，外交史の加味ではあっても外国史の加味ではなく，「我が国史の世界史的考察または，我が国史の意義の国際史的解明といふやうなことも，何処にも見えず，その努力も遺憾ながらまだはっきりとは認められない」こと，そして「他国の歴史に学ぶ或は世界の歴史に学ぶ知識的態度は，……全然見えない」ことなどを，それぞれの記述を紹介しつつ非常に厳しく批判した[55]。羽仁の主張は，当時の歴史教育の問題点を根本からきわめて明確に批判したもので，今日から見てもその指摘は評価できる。ただし，このような批判を無視する形で議論は展開した。

　1930年代半ばを中心に，特に教科書執筆に携わっている東洋史学者・西洋史学者による外国史教育を論じた論文が多くなる。その背景としては，1931年2月の中学校の歴史科教授要目での国史授業時数の増加による外国史授業時数の減少があった。その後，国体明徴に関わるさらなる国史重視の風潮も重なったため，日本にとって，いかに外国史教育が必要であるのかが積極的に主張されるようになった。論調の基本は，京都帝国大学の西洋史学者であ

る時野谷常三郎が述べたように「国史教育の完成の為，敢へて外国史の時間を削減せんとするのは却へつて国史教育の趣旨を徹底せしめざる結果になる」[56]というものであった。これは以前からの外国史教育論と同様の主張であるが，特にこの時期には，満州事変，ヒトラーの政権掌握，日本の国際連盟脱退，日中戦争勃発などに絡めての文が目立つようになった。

東京帝国大学の西洋史学者である村川堅固は，講演をもとに『普通教育に於ける国史と外国史』を発行した[57]。ここで村川は，国体明徴問題は明治以来の歴史教育に欠陥があったことを示していると述べ，結論として次のように主張した。

> …日本は白人の諸国が非常な脅威を感ずる程の進歩発展を遂げ得るところの有能なる民族である。吾々は斯ういふことを歴史の上からチヤンと自覚して行くやうに歴史教授はやらなければならぬと思ふのであります。それは国史ばかりではいかぬ。広く世界情勢の由来を歴史的に見渡して，又正しく把握することが非常に必要なことと考へるのであります。従つて普通教育に於ける国史と外国史とは，結局同等の重要性を有つものであつて，何れを偏重しても偏軽してもならぬ。而して両者の教授は個々独立のものとならぬやう，常にそれを連繋せしむることによつて，生徒をして自然に我国体の特異性を感得せしめ，是に由つて国家精神を涵養し，国民感情を燃え立たせねば，歴史教育は其の使命を遂行することはできないと思ひます[58]。

村川の主張の特徴は，普通教育において国史と外国史は「同等の重要性」を持つとしたところにある。国史は「本」で，外国史が「末」という位置づけを批判したものであった。話は中等教育・高等教育を中心としたものであったが，「外国史といふものが小学の学課目にないといふことは，私は国民教育に於て一つの欠陥であると考へて居るものであります」と述べ，「学科の上に於て日本の国民たるに必要な世界の知識を，今以上に豊富に有たせる」ことも提案している[59]。

東京文理科大学の東洋史学者である有高巌は，満州事変前に改訂された中学校教授要目の東洋史は「不幸にして今日の時勢に適応せざる幾多の箇所を発生するに至つた」として「東洋史独自の使命」と新たな東洋史教育のあり方[60]，さらに東洋史教育の「重要性」やその「革新」を積極的に論じ[61]，1937年の教授要目改訂に自己の主張を盛り込むことになる。その有高が1938年に「小学校・青年学校の外国史教材に就いて」において次のように主張した[62]。「支那事変」以後の状況により，「帝国臣民」たるものは東洋の地理とともに歴史に「相当の認識」を持つべきであり，東洋史の「若干の基礎的知識を国民教科の中に編入する必要がある」。尋常小学校では外国史の時間は全くないが，国史の時間や修身・国語にも関連した東洋史の知識は断片的ながら有している。そこで学校にある「時代対照表」を利用して，国史の中で対外関係が現われるごとに「大陸方面の事情を略説して国史の理解を助けると共に東洋史の大体の変遷もおぼろげ乍ら弁へさせる」ようにしたい。その中で特に，「日本と隋唐や，渤海国，宋，明等との平和的の交通」，元寇や日清・日露の戦争についての開戦の原因と勝敗の理由，日清戦争以後の最近の東洋の有様などを認識させなくてはならない。有高のこの主張は，東洋史学者の立場から現今の情勢に対応して小学校国史授業に組み込むべき必要不可欠な東洋史の提示となっている。

　1938年の雑誌『研究評論歴史教育』には他にも小学校での外国史教育を主張した論文が書かれている。立正大学教授・国学院大学講師の東洋史学者である志田不動麿は「義務教育に於ける東洋史教授の重要性」において，できるだけ速やかに「東洋史的知識を少年少女に授くべき必要を切望」した[63]。それは，「最後の勝利も畢竟するに国民が事変の意義を諒解すること以外に措いてな」く，我々が「支那社会」を正確に理解するには「東洋史に対する正確無比なる認識を有しなくては，到底不可能」であり，「少年少女諸君にも，東洋史の本質を理解納得せしむるべき」であるためとした。加えて，志田は「隣邦支那」への「偏見誤解行き過ぎの観念」，「青少年の誤れる慢心」，

「理由なき排外の思想」への陥穽を戒めている。新見吉治は「小学校に於ける外国史教授」において，「将来の国民教育の立場からは東洋史・西洋史の事蹟を出来るだけ多く教授して世界に於ける国民の覚悟を固めさせたい」と強調した[64]。また，東京高等師範学校の浅海正三は「国民教育に於ける外国史の教材」を6回にわたって連載した。これは，「小学校に於て外国史を教授する場合に選択すべき教材」[65]について「一，建国の話」から「十五，東亜の新秩序」まで具体的に説明したものであった[66]。浅海は国史と外国史とが「並立すべきもの」という「外国史家」からの主張を否定し，あくまで国史を中心に「国史の中に融合させて取扱ふ」形での「外国史的教養」であるべきであり，さらに「今日の諸問題を説くための外国史の教養」であるべきことを強調している[67]。

8．第5期・第6期の国定国史教科書の中の外国史

第4期国定教科書は6年ほどで改められ，1940年・1941年に『小学国史尋常科用』(上巻・下巻)が発行された。これを第5期国定教科書と呼んでいる。この教科書の背景には，教学刷新評議会の答申や継続していた日中戦争があり，教科書の巻頭に初めて天照大神の「神勅」が掲げられた。課の名称などに若干の修正があり，「ドイツ・イタリヤと同盟する」(1940年)までが追加されて記載されている。

外国史について見ると，以下のような修正がなされている。第4期で聖徳太子は「朝鮮の学者について深く学問をおをさめになつた」[68]とあったところを，「朝鮮の学者などをお召しになつて，深く学問をお修めになり」[69]とした。また，第4期で遣隋使の国書に関わり「対等のつきあひをなさつた」[70]としていたところを，「わが国威をお示しになつた」[71]と修正した。奈良の都については第4期で「この頃は，たびたび唐とゆききして，世の中がたいそう開けていつた。それで，都も唐の風にならつてりつぱになり」[72]とあったところを，「都はますますりつぱになつた」[73]とだけ書くように修正

した。最澄と空海については，第4期では「最澄が天台宗を伝へた」「空海が真言宗を伝へた」[74]とあったのを，「最澄が天台宗を開く」「空海が真言宗を開く」[75]と改めた。第4期では「徳川家光」の課で鎖国のことまでの説明していたのを，「諸外国との交通」という課に改め，マルコ・ポーロやコロンブス，山田長政の名をあげ，「海外発展要地図」を掲げての説明に修正した。さらに日露戦争の勝利が「これまで欧米諸国に圧迫されてゐた，東亜諸国の自覚をうながすことも多かつたのである」という位置づけを追加した[76]。

編纂趣意書には「日本文化の特質たる自主性・包括性の強調に力め，外国文化を摂取醇化せる跡を明らかにすること」[77]とあり，個別には「太子ノ対隋外交ニ於ケル自主的御態度…強調」，「唐文化ノ摂取ニ関スル叙述修正」，「天台・真言両宗ノ日本仏教タル意ヲ明ラカニス」[78]，「ヨーロッパ人ノ東洋来航・国民ノ海外発展ノ記事増補」[79]などと説明されている。以上のいくつかの例を見ても，外国史教材に関わる各論者の主張が盛り込まれて外国史を入れた部分と，逆に，外国との切り離しを図って外国史を外した部分があることが確認できる。

第5期国定教科書が発行された時点では，すでに教育審議会により小学校は国民学校となり，国史は国民科国史となることが決まっていた。そのため，第5期の使用期間は3年ほどであった。新たな国民科国史は，「我ガ国ノ歴史ニ付テ其ノ大要ヲ会得セシメ皇国ノ歴史的使命ヲ自覚セシムルモノ」とされ，国民学校初等科（旧・尋常小学校）の国民科国史では「肇国ノ宏遠，皇統ノ無窮，歴代天皇ノ鴻業，忠良賢哲ノ事蹟，挙国奉公ノ史実等ニ即シテ皇国発展ノ跡ヲ知ラシムベシ」と新たに規定された[80]。

この頃には，「新しい国史として，日・満・支一体観の新東洋史」の学界・教育界への提唱[81]，国民科国史で「皇国臣民としての深き自覚に導」くための「大東亜史教授」をいかにすべきかの検討[82]，従来の歴史観を破り，「皇国史」の中に「大東亜史」そして「世界史」を「包含」「包摂」させた「大東亜史の教育」の主張[83]などがなされていた。

254　第5章　社会科教育学と教科内容

　1941年4月の国民学校発足，対米英開戦（太平洋戦争開戦，1941年12月）をはさんで1943年に国民学校初等科の国民科国史のための『初等科国史』（上・下）が発行された。これを第6期国定教科書と呼んでいる[84]。すべてを一新することを目指したものであった。章節の題名から人名（・神名）を外して見出しを廃止し，挿絵をすべて差し替えたうえで，読みを重視した歴史読本の体裁の教科書とした。内容の上記の規定にそって，伊弉諾・伊弉冉から1942年5～6月のマダガスカルの英艦攻撃と米領アリューシャン列島攻撃までを記載している。教師用書によれば，「内に大義名分を明らかにし，外に海外発展の気宇を盛んならしめる…適切な史実」を選んでいる[85]。外国史教材に関しては，「海外発展の壮図を特筆する」とともに「大東亜建設の由来をたづねる」が挙げられている[86]。

表3　第6期国定日本史教科書（1944年2月・3月修正発行）の内容と外国史記述

『初等科国史上』1944年2月修正発行
第一　神国　一　高千穂の峯，二　橿原の宮居，三　五十鈴川（崇神天皇の任那救援，神功皇后の新羅出兵，百済・高句麗の服属，帰化人の増加）
第二　大和の国原　一　かまどの煙（応神天皇・雄略天皇による帰化人の殖産興業），二　飛鳥の都（仏教の伝来，聖徳太子による仏教の日本化，隋，遣隋使），三　大化のまつりごと（唐，沿海州の粛慎の討伐，百済・高句麗への救援とその滅亡，百済人の保護，水城）
第三　奈良の都　一　都大路と国分寺（新羅と唐の争い），二　遣唐使と防人（大仏開眼儀式・正倉院御物，遣唐使，「弓を作る材料を唐へお送りにならうとする」，渤海との通交，防人による防備）
第四　京都と地方　一　平安京（最澄と空海の入唐，真如親王），二　太宰府（菅原道真の遣唐使廃止奏上），三　世のさまざま（刀伊の入寇，唐・渤海・新羅の滅亡）
第五　鎌倉武士　一　源氏と平家，二　富士の巻狩，三　神風（高麗・金・宋，成吉思汗の蒙古統一とヨーロッパ進出【鉄木真・成吉思汗】，文永の役，弘安の役）
第六　吉野山　一　建武のまつりごと，二　大義の光
第七　八重の潮路　一　戦をよそに（明，明との通交と断交），二　八幡船と南蛮船（八幡船，高麗の滅亡と朝鮮の建国，ヨーロッパ人のアジヤ来航，南蛮船，ポルトガル・イスパニア，鉄砲・キリスト教伝来），三　国民のめざめ
『初等科国史下』1944年3月修正発行
第八　御代のまもり　一　安土城，二　聚楽第，三　扇面の地図（朝鮮の役，朱印船）

第2節　国定日本史教科書の中の外国史が担った役割　255

　第九　江戸と長崎　一　参勤交代，二　日本町（オランダ・イギリスとその活動，朱印船，日本町，山田長政・浜田弥兵衛・支倉常長・天竺徳兵衛など），三　鎖国（天主教の禁止，鎖国，新井白石の長崎新例と朝鮮使節待遇）
　第十　御恵みのもと　一　大御心（朝鮮使節来朝についての霊元天皇の和歌），二　名藩主（徳川吉宗の洋書の禁緩和と洋学，イギリス・フランス・ロシヤの東亜侵略，松平定信の海防），三　国学
　第十一　やたけごころ　一　海防（イギリスのインド侵略，アメリカ合衆国，ロシヤのシベリヤ侵略，打払令，阿片戦争，攘夷論），二　尊皇攘夷（ペリー来航【ペリー】，和親条約，通商条約）
　第十二　のびゆく日本　一　明治の維新，二　憲法と勅語（アメリカ横断鉄道，スエズ運河，清との条約，征韓論），三　富国強兵（岩倉使節，条約改正）
　第十三　東亜のしづめ　一　日清戦役（ロシヤの東亜侵略，日朝修好条規，京城の変，清との天津条約，日清戦役【丁汝昌，李鴻章】，下関条約，三国干渉，台湾経営，韓），二　日露戦役（欧米諸国の支那侵略，福建不割譲，義和団・北清事変，日英同盟，日露戦役【クロパトキン，ステッセル】，ポーツマス条約【ルーズベルト】，東亜諸民族の自覚）
　第十四　世界のうごき　一　明治から大正へ（米国の東亜に対する欲望，日韓併合），二　太平洋の波風（大戦前のヨーロッパ，ヨーロッパの大戦，青島・南洋占領，ソビエト政府，パリー平和会議，米英の野心，パナマ運河，ワシントン会議，移民排斥，中華民国）
　第十五　昭和の大御代　一　満州事変（中華民国の排日，ロンドン会議，満州事変，満州国建国【溥儀】，国際連盟脱退），二　大東亜戦争（蘆溝橋事件，支那事変，新国民政府【汪精衛】，欧州大戦，日独伊三国同盟，米英開戦），三　大御代の御栄え

注1：第6期国定国史教科書の1944年修正版である文部省『初等科国史上』（日本書籍，1944年2月18日修正発行，同年3月15日翻刻発行）と文部省『初等科国史下』（日本書籍，1944年3月14日修正発行，同年3月31日翻刻発行）により作成した。
注2：全15章（全40節）の題名を挙げ，外国史に関わる記述の項目を選んで（　）内に記載した。各項目名は教科書（年表を含む）での表記を基本としたが，一部は原文の通りではない。記述されている外国人名を【　】で記載した。

　第6期国定日本史教科書（1944年2月・3月修正発行）の内容と外国史記述を整理した表3を見ると，数多くの新たな事項が挿入されていることが分かる。当時のアジアの状況の記載とともに，例えば，「日本の国がらに合ふやうにして，おひろめに」なった聖徳太子の仏教醇化[87]，「日満親善の由来をたづね」る渤海との通交[88]，桓武天皇の孫で「唐からインドへおいでにならうとして…不幸にもその途中，薨去あらせられ」た真如親王[89]，「児童の史的関心に『皇国と東亜及び世界』なる観念」の「萌芽」を健全に育む意図と関連して大きく取り上げた「蒙古のヨーロッパ進出」[90]，「八幡船」と総称し

て「新しい意味内容を附与し，大東亜建設の見地から，これを更生せしめ」て「永年の冤罪をそそ」いだ倭寇の活動[91]などが追加されている。さらに従来からの外国史教材もその位置づけを変更あるいは大きく拡大したものも多い。例えば，遣唐使は「荒波をしのぐ海洋国民の面目と儼然たるわが自主外国の伝統とを闡明する」教材とし[92]，元寇には「長期に亘る戦時態勢，防諜の重要性等」の教材，「わが挙国一致の態勢と，元軍の欠陥たる統制上の不備」の対照，「元軍の海軍力の欠陥」の暗示などが新たに盛り込まれ[93]，豊臣秀吉の朝鮮出兵は「東亜経綸の一環」として「海国日本の面目を発揮した秀吉の雄図」を評価するもの[94]とした。このように「東亜」を舞台に活躍する日本国民を歴史的に描くと同時に，「南蛮船」の時代以来の欧米諸国の「東亜」への侵略を詳細に記述した。これは，従来の国定教科書における対外関係の基本であった〈中国〉対〈日本〉という構図を，〈米英を中心とする欧米諸国〉対〈日本を盟主とする東亜諸国〉という構図に転換することを目指したものであった[95]。

これまで小学校日本史に外国史をどのように組み込んでいくかが問題となっていた。それが，戦争中の第6期国定教科書では「皇国を主体とする世界史的視野」[96]，すなわち日本史の論理を外国史に拡大して世界史と称する方針で日本史を記述するに至った。

9．おわりに

以上，戦前の小学校日本史教育において外国史がいかなる意味を与えられてきたのかを追ってきた。当初，小学校歴史教育は日本史と外国史を並べて教育するものとして開始されたが，まもなく制度的に日本史のみを教育するものに改められた。これは日本と外国との間に，いわば壁を立てたことを意味した。しかし，日本史のみとは言え，日本史の教育のためにはその中に外国史が必要であった。外国史がなければ，日本の国威発揚の対象もなく，日本の文化の由来を示すこともできなかった。加えて，明治維新以降の当時の

第2節　国定日本史教科書の中の外国史が担った役割　257

日本の政治・外交・経済・社会の動きを説明するにも外国史は不可欠となっており，当時の特に欧米諸国は対抗しつつも学ぶべき対象でもあった。日本史の中で天皇および国家・国民のあり方をいかに示すかの検討と不可分なものとして，外国史の扱いが問題とされ，修正が加えられていった。

　多くの論者により外国史は，日本が特別な国であることを歴史的に理解させるためにも，日本の文化を発展させていくためにも必要であるとされた。そのため，外国史教育は全く不要という主張はなかったが，小学生に外国史そのものを教えることは拒まれ続けた。外国史は「国体」の異なる国々の歴史であるため，それを教えることは教育上〈危険〉と見なされ，外国史をどのように日本史に組み込むべきかが議論の中心であった。それとは反対に，世界史の中に日本史を置くことにつながる日本史教育批判は当時ほとんど取り上げられることはなかった。

　現在（当時）の日本の合理化が教科書で推し進められていくに従い，国威発揚の対象としての外国史は次第に強化され，日本文化の由来としての外国史は次第に弱められていった。最終的には戦時中において外国史記述を大幅に増大したが，これは「大東亜建設」という当時の日本の合理化のために，米英に対する〈日本を盟主とする東亜諸国〉の観点から日本史を独善的に外国史に広げる方向であった。外国史は，あくまでも日本史に従属すべき存在に過ぎなかった。

　結論として言えることは，外国史を取り上げれば，世界史の教育となるわけではないということである。このことは戦前の日本の歴史教育に限定されたことでなく，現在の，そして日本以外の歴史教育においても考えていくべきことである。

　自国史（日本史）の教育において世界史の中の自国史（日本史）を教えることは可能であるし，それが目指されてもいる。逆に，世界史の教育において自国史（日本史）とは峻別された外国史を教えることも可能であり，その傾向の克服が目指されてきた。関連して，特に問題となるのは「歴史」の枠組

みでの教育における自国史（日本史）と世界史である。日本では中学校社会科歴史的分野や高等学校地理歴史科で検討されている「歴史総合」がこれに当たる。「歴史」の場合，日本史と外国史という想定はなく，当然ながら日本史と世界史とされており，さらには日本史と世界史を分けないという想定もされている。この「歴史」の中の世界史を本稿で述べたような外国史としてしまわないためにも，自国史の中の外国史が担ってきた役割を踏まえたうえで，自国史と世界史に対する十分な検討をなすべきであると考える。

注

1）「小学校教則綱領」，1881年5月4日，文部省達第12号。
2）喜田貞吉著・日本歴史地理学会編纂『国史之教育』三省堂書店・六合館書店，1910年，23～26頁。
3）同上，29頁。
4）同上，31～32頁。
5）同上，32頁。
6）同上，33～54頁。
7）文部省『尋常小学日本歴史巻一児童用』修文館，1909年9月13日発行，1909年11月3日翻刻発行，10～12頁。以下，「第2期・巻一」と略記する。
8）第2期・巻一，12～13頁。
9）第2期・巻一，16頁。
10）第2期・巻一，18～19頁。
11）第2期・巻一，23～24頁。
12）第2期・巻一，27頁。
13）第2期・巻一，67～71頁。
14）文部省『尋常小学日本歴史巻二児童用』東京書籍，1910年9月20日発行，1910年11月20日翻刻発行，3頁。以下，「第2期・巻二」と略記する。
15）第2期・巻二，36～40頁。
16）第2期・巻二，40頁。
17）第2期・巻二，43～44頁。
18）第2期・巻二，46頁。
19）第2期・巻二，47～50，53～54頁。

20) 第 2 期・巻二，54〜58，60〜62頁。
21) 第 2 期・巻二，69〜73頁。
22) 第 2 期・巻二，76頁。
23) 第 2 期・巻二，79〜86頁。
24) 第 2 期・巻二，86〜93頁。
25) 第 2 期・巻二，94〜98頁。
26) 文部省内教育史編纂会『明治以降教育制度発達史』第 5 巻，1939年（教育資料調査会，1964年），116〜117頁。
27) 「尋常小学国史上巻編纂趣意書（大正十年三月）」3 頁（文部省『小学国史編纂趣意書』国定教科書共同販売書，1929年〔中村紀久二編『復刻版国定教科書編纂趣意書』第 5 巻，国書刊行会，2008年〕）
28) 第 2 期・巻一，12頁。
29) 文部省『尋常小学国史上巻』日本書籍，1920年10月22日発行，11月20日翻刻発行，18頁。以下，「第 3 期・上巻」と略記する。
30) 第 2 期・巻一，12〜13頁。
31) 第 3 期・上巻，19頁。
32) 第 3 期・上巻，23頁。
33) 第 3 期・上巻，23〜25頁。
34) 中山久四郎『歴史及歴史教育』共立社書店，1930年，155〜162頁。
35) 中村孝也『国史教育論』章華社，1934年，183・201〜212頁。
36) 中川一男『歴史学及歴史教育の本質』四海書房，1927年，255〜257頁。
37) 同上，258頁。
38) 中川生（中川一男）「外国史教育の意義」『研究評論歴史教育』第 3 巻第 3 号，1928年 6 月，47頁。
39) 中川生（中川一男）「西洋史教育の日本化」『研究評論歴史教育』第 8 巻第 5 号，1933年 8 月。
40) 大松庄太郎「小学校に於ける外国史の問題」『学習研究』第 9 巻第 3 号，1930年 2 月，62〜69頁。
41) 同上，69頁。
42) 同上，70頁。
43) 同上。
44) 大松庄太郎『現代の国史教育』明治図書，1931年，309〜317頁。
45) 新見吉治「小学校歴史教授に外国史教材を加味するの議」『研究評論歴史教育』

第5巻第9号，1930年12月。
46）同上，3〜6頁。
47）安倍能成「歴史と教育―特に国史と教育に就て―」『教育』第1巻第2号，岩波書店，1933年5月，1頁。
48）羽仁五郎「歴史教育について―「アジア的」歴史教育と「国際連盟的」歴史教育―」『教育』同上所収。
49）藤岡継平「歴史教育に於ける諸般の批判」『教育』同上所収。
50）同上，74〜75頁。
51）同上，75頁。
52）文部省『尋常小学国史上巻』日本書籍，1934年2月27日発行，1934年3月11日翻刻発行，26頁。以下，「第4期・上巻」と略記する。
53）第4期・上巻，118頁。
54）羽仁五郎「児童の歴史観とその表現㈠〜㈢」『教育』第4巻第5・7・8号，岩波書店，1936年5・7・8月。
55）羽仁五郎「児童の歴史観とその表現㈡」『教育』第4巻第7号，岩波書店，1936年7月，118〜121頁。
56）時野谷常三郎「外国史教育の一見解」『研究評論歴史教育』第10巻第8号，1935年11月，87頁。
57）村川堅固『普通教育に於ける国史と外国史』日本文化協会出版部，1936年。
58）同上，54頁。
59）同上，30〜31頁。
60）有高巌「外国史教育論―東洋史―」有高巌・内藤智秀『外国史教育論』四海書房（歴史教育講座第3輯），1935年，1頁など。
61）有高巌『東洋史教育の革新』刀江書院，1936年。同『歴史教育』藤井書店，1936年。
62）有高巌「小学校・青年学校の外国史教材に就いて」『研究評論歴史教育』第12巻第11号，1938年2月。
63）志田不動麿「義務教育に於ける東洋史教授の重要性」『研究評論歴史教育』第13巻第2号，1938年5月。
64）新見吉治「小学校に於ける外国史教授」『研究評論歴史教育』第12巻第12号，1938年3月。
65）浅海正三「国民教育に於ける外国史の教材㈠〜（六・完）」『研究評論歴史教育』第13巻第4・5・7〜10号，1938年7・8・10〜12月・1939年1月。

66）浅海正三「国民教育に於ける外国史の教材㈠」『研究評論歴史教育』第13巻第4号，1938年7月，41頁。
67）同上，42～45頁。
68）第4期・上巻，25頁。
69）文部省『小学国史尋常科用上巻』日本書籍，1940年2月27日発行，1940年3月11日翻刻発行，26頁。以下，「第5期・上巻」と略記する。
70）第4期・上巻，26頁。
71）第5期・上巻，27頁。
72）第4期・上巻，38頁。
73）第5期・上巻，38頁。
74）第4期・上巻，52～53頁。
75）第5期・上巻，49～50頁。
76）文部省『小学国史尋常科用下巻』東京書籍，1941年3月31日発行，1941年4月22日翻刻発行，143頁。
77）文部省『小学国史尋常科用上巻修正趣意書　高等小学国史上巻修正趣意書』大阪書籍，1940年，2頁（中村紀久二編『復刻版　国定教科書編纂趣意書』第7巻，国書刊行会，2008年）。
78）以上の3点は，同上，6～7頁。
79）文部省『小学国史尋常科用下巻修正趣意書』東京書籍，1941年，5頁（中村紀久二編・同上書）。
80）「国民学校令施行規則」第5条，1941年3月14日，文部省令第4号。
81）及川儀右衛門「東洋史はもはや外国史ではなくなつた」『尚志』第215号（尚志教育叢書第15編），広島文理科大学尚志会，1940年，35頁。
82）高原治良助「国史に於ける大東亜史教授」『学習研究』第19巻第12号，1940年12月，64頁。
83）鴬淵一「大東亜史の教育」『興亜教育』第1巻第7号，1942年7月，22～24頁。
84）『初等科国史』（上・下）は1943年に発行された後，1944年に修正版が発行された。本稿では，戦前最後の国定教科書である1944年修正版を取り上げた。その書誌等の詳細については，拙稿「国民学校初等科の国民科国史教科書『初等科国史』に対する基礎的考察」（『歴史教育史研究』第1号，2003年）を参照されたい。
85）文部省『初等科国史下教師用』日本書籍，1944年6月29日翻刻発行，29頁。以下，「第6期・下・教師用」と略記する。
86）第6期・下・教師用，29頁。

87) 文部省『初等科国史上』日本書籍，1944年2月18日修正発行，1944年3月15日翻刻発行，32頁。以下，「第6期修正版・上」と略記する。
88) 文部省『初等科国史上教師用』1943年12月27日原本発行，85頁。以下，「第6期・上・教師用」と略記する。
89) 第6期修正版・上，68～69頁。
90) 第6期・上・教師用，163頁。
91) 第6期・上・教師用，240頁。
92) 第6期・上・教師用，85頁。
93) 第6期・上・教師用，160頁。
94) 第6期・下・教師用，27頁。
95) 『初等科国史』の東アジア史記載については，拙稿「大日本帝国の東アジア史教育－国民学校教科書『初等科国史』の考察を通して－」(加藤章編著『越境する歴史教育』教育史料出版会，2004年) を参照されたい。
96) 中村一良「「初等科国史上，下」の編纂趣旨」日本放送協会編『国民学校五，六年教科書編纂趣旨と取扱ひ方』日本放送出版協会，1944年，96頁。

参考文献一覧

海後宗臣『歴史教育の歴史』東京大学出版会，1969年。
加藤章・佐藤照男・波多野和夫編『講座・歴史教育1　歴史教育の歴史』弘文堂，1982年。
唐澤富太郎『教科書の歴史』創文社，1956年。
子安宣邦『「アジア」はどう語られてきたか―近代日本のオリエンタリズム―』藤原書店，2003年。
寺﨑昌男他『国定教科書における海外認識の研究』中央教育研究所（研究報告，No. 41），1992年。
中村紀久二『複刻国定歴史教科書解説』大空社，1987年。
原田種雄・徳山正人編『小学校にみる戦前・戦後の教科書比較』ぎょうせい，1988年。
福田喜彦『昭和戦前期初等歴史教育実践史研究』風間書房，2012年。
山住正己『日本教育小史－近・現代－』岩波書店，1987年。
吉田太郎編著『歴史教育内容・方法論史』明治図書，1968年。

第3節
社会科教育における価値教育の規範的研究
──公民教育研究から──

中平　一義

1．はじめに

　本稿は，子どもの価値観の形成に対して社会科教育はいかに在るべきなのかについて考察をするものである。近年の社会科教育（以下では，主に公民教育[1]を示す。）における価値教育の現状と課題を踏まえ，子どもの価値観形成を目途とする価値教育の在り方について論じる[2]。

2．教育の質の転換と価値教育

　価値多元の現代社会において，学びの質の転換を求める声が存在する。いわゆる，コンテンツ・ベース（内容知）からコンピテンシー・ベース（資質・能力）への転換である（松下2010，石井2015）。例えば，教育再生実行会議（2015）は「成熟社会において新たな価値を創造していくためには，一人一人が互いの異なる背景を尊重し，それぞれが多様な経験を重ねながら，様々な得意分野の能力を伸ばしていくことが，これまで以上に強く求められる。」とし，そのために「主体的に判断できる人間」を育成する必要性に言及した。そして，そのような人間像の育成方法について，「他者に対して自分の考え等を根拠とともに明確に説明しながら，対話や議論を通じて多様な相手の考えを理解したり自分の考え方をひろげたりし，多様な人々と協働していくことができる人間であること。」と具体的に述べた。つまり，これまでの教育はコンテンツ（内容知）を中心に行ってきたが，成熟社会の到来にともない新たな価値の創造が求められるようになった。そこで，コンテンツ（内容知）

だけでなく，それを他者との対話や議論などにより活用することができるコンピテンシー（資質・能力）へと学びの質の転換が求められたのである。このような学びの質の転換は，次期学習指導要領にも影響を与えている（文部科学省2017）。

　学びの質の転換にともなうコンピテンシー（資質・能力）の育成に重きをおく教育は，積極的に子どもの価値観形成に関わる。なぜなら，ある教育内容に対して，子どもに思考させる際や，それを他者にわかりやすく表現させる際，さらにはお互いの考えをもとにして議論を行わせ何らかの判断（価値を創出）させる際には価値観の表出がなされるからである。また，子どもの価値観を形成するための教育内容自体にも価値が含まれている。例えば近年の公職選挙法改正による"18歳選挙権"にともなう主権者教育では，価値の中立性が課題となっている。そこには，教育内容に内包する価値と，さらにその教育方法に対する2つの価値中立性という課題が存在する。

　では，価値教育をどのように考えればよいのだろうか。ここで，ガート・ビースタ（2016）を参考に述べる。ビースタは，学習者主体の「学習化（Learnification）」と呼ぶ学習が個人主義的な概念で捉えられる近年の教育の在り方には問題があると指摘した。なぜなら，そこには教育が何のためにあるのか，よい教育とは何かという教育の目的についての議論が見当たらないからである。そこでビースタは，教育の目的を考えるために「教育の機能的側面」を3点に分けて示した。すなわち，「資格化・実質化（qualification，学習者に知識，技能，理解を獲得させる）」，「社会化（socialization，社会の既存の秩序に学習者を導く）」，「主体化（subjectification，学習者が自律的に判断する）」である。ビースタは，何がよい教育なのかを考えるときには，これら3点の教育の機能的側面を複合的に捉える視点が必要であるとした。

　このビースタの指摘は，価値教育の在り方を考えるうえで大きな示唆を与えてくれる。それは，将来にどのような社会を形成したいのか（主体化）を子どもに考えさせるためには，教育を提供する側が子どもに何を獲得させな

ければならないのか（資格化・実質化，社会化）を予め設定しておかなければならないということである。つまり，子どもの価値観形成に関わる教育を行うためには，教える側が目的をもった価値教育を展開する必要性がある。ただし，この価値教育は特定の態度形成をするために，ひとつの価値観を子どもに注入するような教育ではない。学習者が自律的に判断して未来の社会を形成（主体化）するために必要な資質や能力を育成するための価値教育なのである。

そこで本稿では，社会科教育における価値教育の規範的研究を行う。研究は，次に示すように行う。はじめに価値教育に対する分析の視点を明らかにする。そして，近年の社会科教育で行われている価値教育の概要を論じ，分析の視点をもとにしてその成果と課題を明らかにする。さらに，その課題について考察することにより社会科教育における価値教育の在り方について論じる。なお，課題を考察するための判断の足場として法学の議論を参考にする。

3．価値教育に対する分析の視点

まず，本稿における価値教育を分析するための視点を示す。参考にするのは，中西（2008）の価値教育に対する指摘である。中西は，子どもへの価値教育の在り方として次の6点を示した[3]。それは，①「価値観形成の自由が子どもたちに保障されなければならない。」，②「子どもたちの価値観形成の自由の行使は，社会的，歴史的，発達論的に制約されている。よって，価値形成・選択の主体としての大人とは同じではない。」，③「価値をつたえるといういとなみの成果としてのみ，子どもたちに価値形成の自由な主体であるべしという価値はつたえられる。」，④「教育は意識的・無計画，無自覚，自然発生的に子どもたちに何らかの価値をつたえる（あるいはつたえない）ことによって，価値観形成過程に不可避に関与する。」，⑤「価値形成過程への教育の関与は，統制不能な次元が存在する。つまり，つたえたくてもつたわら

ないことや，つたえるつもりも努力もしなくてもつたわるものがある。」，⑥「子どもたちの価値観形成の自由を保障すべき責任を担っているのは多岐にわたる。親（家庭），学校教育，教員，国家，市場組織，メディア，ピア・グループ等の相互介入的関与の総体から成り立っている。」である。

　まず，中西は（①において），子どもは価値観形成の自由をもつ固有の存在であることを示した。しかし（②において），子どもであるからこそ大人とは異なって価値観形成の自由の行使が制約されているとした。大人と比べて子どもは精神的あるいは肉体的に未成熟の状態であり，大人としての判断能力などを欠く。そのため，他（保護者や教師・学校など）からの保護を受ける対象となる。保護の対象であるということは，子どもは大人としての判断能力を成熟させる権利をもつことを示す。つまり，子どもは大人として価値判断・選択の主体となるために教育を受ける権利をもつ固有の存在なのである。それを人権論から言えば，子どもの精神的自由を守るためには教育しなければならない内容があるということを示している（北川2012）。

　そのような価値判断・選択の主体であることを子どもにつたえることは，価値をつたえるといういとなみの成果としてのみ可能になる（③）。それは，価値判断・選択の主体として子どもの成熟化を図るためには，いかなる内容と方法で価値教育が行われなければならないのかという課題を生じさせることになる。その価値教育の内容と方法について中西は，（④において）いかなる教育も価値観形成に関与するとした。さらにその関与には（⑤において），規範的限定性（政治的中立性など）や実質的限定性（つたえる努力にもかかわらずつたわらない），実質的無限定性（つたえないつもりでもつたわる）が存在するとした。また（⑥で示されたように），子どもの価値観形成は様々なアクターが責任を担っている。それは，子どもが常にさまざまな価値にさらされているともいえる。そうであるならば，（①の前提を守るために）公教育において責任をもって子どもに価値教育を行わなければならない。

　この中西の価値教育に対する指摘は，それぞれに関係性をもつ。つまり，

①の子どもの固有性については，②により価値形成・選択の主体としての子どもを導き出すことにより，その存在を証明している。そして，大人とは異なる子どもの固有性を認めるからこそ，子どもの精神的自由を守るためにも価値教育の必要性に言及しており，その成果として③から価値形成の主体であることが子どもにつたわるとした。さらに，③のためにはいかなる教育内容や方法が必要であるのかについては，④において教育は子どもの価値形成の自由に関与することが避けられない存在であるとともに，⑤において制御不能な次元が存在するからこそ子どもの精神的自由を守るためにも教育によりつたえなければならないことがあるとした。もちろん，教育は⑥で示したように関与アクターのひとつであるが，学校における教育は多くの人に関わるという意味で公共性をもつものであるからこそ大きな役割と責任をもつ。

以上のような中西の子どもの価値教育の在り方論をもとにして，次章の近年の社会科教育における価値教育の分析の視点を以下の(ⅰ)〜(ⅲ)のようにする。分析の視点(ⅰ)は，いかなる教育内容を価値として扱っているのかとする。分析の視点(ⅱ)は，いかなる教育内容をどのような教育方法でつたえているのかとする。さらに分析の視点(ⅲ)は，子どもの固有性を認めて教育されるべき存在としているかとする。つまり，子どもの価値観形成をどのように捉えているのかについて分析の視点とする。このような3つの分析の視点をもとにして，近年の社会科教育の中でも価値教育を積極的に取り組んでいるいくつかの論考を分析する。

4．社会科教育における価値教育の現状と課題

4.1．従前の社会科教育における価値教育

従前の社会科教育でも，子どもの価値観の形成に関わる研究がなされてきた。例えば系統主義や注入主義ではなく，子どもの切実な問題を解決していくことにより理解と態度や能力の統一的な育成をねらいとしていた社会科の初志をつらぬく会の社会科教育研究がある（山田1971）。一方で，あえて子ど

もの価値観の形成に関わることに抑制的な教育もなされてきた（森分2001）。社会科が子どもの価値観の形成に関わることにより、子どもの認識を閉ざし市民的活動を方向づけたり、子どもの認識・活動を主観的恣意的にしたりすることを避けるためである。そのために、事実認識をもとにした社会認識の育成を主たる目的とする社会科が行われてきた（大杉2011）。もちろん、価値観形成の重要性を認識している。しかし、先述のような課題を鑑みて、子ども自身の成長に委ねたものと考えることができる。

ただし、現在はこれまでに述べてきたように子どもの価値観形成に関わる教育が求められているとともに、学校における価値教育には必然性がある。そこで本稿では、近年の社会科教育研究において価値に関する教育を展開している、溝口（2002）、大杉（2011）、樋口（2013）、小貫（2016）の各論考を分析の対象とする[4]。分析対象とした理由は、それぞれの概要を説明する中で述べる。

4.2.「開かれた価値観形成」の社会科

はじめに、溝口（2002）の「開かれた価値観形成」について、その概要を述べる。溝口（2002）を分析対象とした理由は、子どもの価値観形成をめざす社会科教育として1980年代以降にひろまり、現在も展開されている「意思決定」主義社会科の課題を指摘し、それを乗り越える提案を示しているからである。溝口は「意思決定」主義社会科の成果を認めつつも課題を指摘し、その解決のために「開かれた価値観形成」の社会科を提唱した。

溝口は「意思決定」主義社会科について、次のように述べた。「意思決定」主義社会科は、論争問題を対象とすることで社会体制や構造の問題に直接目を向けさせる。これは、問題解決学習が陥りがちであった日常的常識的な生活上の問題レベルで「はい回る」ことなく、子どもの社会認識を促すものとして評価できる。しかし、意思決定を授業論レベルで考えると課題が生じる。例えば、決定すべき論争問題の設定と選択をいかに行うのか、個人レベルの

決定なのか集団レベルの決定なのか，多様な意見を調停できればよいのか生産的な議論ができればよいのかなどである[5]。「意思決定」主義の社会科を活動主義に陥らなせないためには，育成すべき学力像を明確にする必要がある。そこで，社会体制や構造そのものが，人々の選択・判断の積み重ねにより形成されているのであれば，社会の運動法則や規則性を理論的・科学的に捉えるだけでなく，子どもが選択・判断をすることで社会の在り方を評価させることが考えられる。そのような子どもの選択・判断を形成するためには，ふたつの判断力が必要である。一方は，社会問題に対して疑似的集団的解決ではなく，それを問題とみなすことができる自主的な判断力を形成することである。もう一方は，個人の問題視点を手がかりとして，より普遍的で根源的な問題についての自律的な判断基準を構築していくことである。このように，社会の在り方に対する子どもの自主的自律的な判断により価値観形成をめざすものを「開かれた価値観形成」の社会科とした。

　具体的な教育内容と方法の事例は，まず論争のある社会問題（煙草をめぐる社会状況）に対する立場を子どもにそれぞれ自己決定させる。次に，その社会問題に対する社会的判断基準を吟味させる。ここでいう社会的判断基準とは，裁判事例（裁判の結果，法的判断）である。なお，裁判事例はひとつではなく，同じ煙草をめぐる社会状況に関する裁判事例が時代により変容していく様子を扱うために複数の裁判事例を学習させる。最後に，その社会的判断基準を踏まえて，もう一度，社会問題に対して自己決定させることにより，子どもたちなりの自主的自律的な判断基準を確立させることを狙うものである。

4.3.「倫理的価値を吟味」する社会科

　次に，大杉（2011）の価値学習に関する論考の概要を述べる。大杉（2011）を分析の対象とした理由は，「開かれた価値観形成」の社会科の課題を指摘し，価値教育に対する新たな視座を示しているからである。

大杉は「開かれた価値観形成」の社会科の課題を，次のように指摘した。価値の内容を吟味させることにより子どもの価値観を形成させる点は評価できるが，その価値の吟味が法律の含意する保護法益となっていることに課題がある。法益の解釈は時代や状況に依存し，限定的で適用範囲が狭いものである。そこで，限られた時間の中で子どもの価値観を形成させるためには，抗状況的な立脚点となる根本的な価値にすべきである。

　大杉は，倫理的価値を子どもの価値観形成のために必要な価値とした。倫理的価値は，個人の選考を反映した主観的な芸術的価値や宗教的価値と異なり社会的共存への関心を基礎にしているからである。社会科が，個人と個人，個人と社会の関係を取り上げ，社会の在り方を考察する教科であるならば倫理的価値が相応しいものであるとした。大杉によれば，倫理的価値には個人道徳，社会倫理，法[6]が内包される。その中でも個人道徳は，個々人で異なり価値的に優劣はない。さらに法は，特定の状況を規制する適用範囲が狭いものである。それらに対して社会倫理は，法では捉えきれない社会生活の問題をひろくカバーし，様々な対立に通底している根本的な価値であることから価値学習の内容にふさわしいものであるとした。

　具体的な教育内容と方法は，倫理的価値を学習させるうえで4つの思想（功利主義，社会契約主義，自由至上主義，共同体主義）を根拠にするとした。提示された授業事例は，価値の注入を避けて子どもの自主的自律的な価値観を成長させるために，自明な社会制度と他の倫理的価値にもとづく異なる制度（日本とアメリカの医療保険制度）を比較させるものである。そこで，子どもに倫理的価値を批判的に吟味させることにより子どもの価値観の質を担保することをめざす価値学習である。

4.4.「批判的価値受容学習」の社会科

　次に，樋口（2013）の批判的価値受容学習に関する論考の概要を述べる。樋口（2013）を分析の対象とした理由は，子どもへの価値教育をより実効性

のあるものにすることを目的とした学習が示されているからである。

　樋口は，高等学校の「政治・経済」において「多元的価値調停学習」を提案した（樋口2009）。その構成は，「現状把握→対立構造の背景理解→暫定的合意案提示→合意可能な対立項目抽出→暫定的合意案絞り込み→暫定的合意案の実行可能性検証→他事例への適用可能性考察」である。そこで提示した単元の具体的内容は，パレスチナ問題である。しかし，パレスチナ問題には宗教的な価値観対立や，そこから導出される自由，平等，正義の捉えの相違が存在する。樋口（2013）は，そのような価値に関する学習は公民科「倫理」の範囲であるとした。そこで「政治・経済」の「多元的価値調停学習」の前提として，「倫理」で「批判的価値受容学習」を展開することを提案した。その構成は「価値概念の批判的理解→理解した価値概念の含意の説明→諸課題への適用可能性検証」である。用語として理解しがちな価値概念を批判的に吟味し，それを「多元的価値調停学習」へと接続することで，より実効性のある暫定的合意案を導き出す価値学習において，子どもの判断の根拠を形成するものである。

　「批判的価値受容学習」の具体的な教育内容と方法の事例は，「天賦人権」という価値概念の吟味である。まず，これまでの人権に関する学習を振り返えらせる。そして，「天賦人権」について，近代西洋社会と明治初期の日本における人権概念の捉え方の相違を批判的に吟味させる。次に，西洋の自然権思想に対する福沢諭吉らの考え方を紹介しながら，明治初期の日本の政治において「天賦人権」がどのように展開されていったのかを探求させる。最後に，自然権思想が「天賦人権」として日本社会に根づいたのかを考えさせる。さらに，外来思想が日本に入ってくる際に異なる解釈がなされた事例などを考えさせることにより子どもに判断の根拠を形成させるものである。

4.5.「交渉教育」による社会科

　次に，小貫（2016）の交渉教育に関する論考の概要を述べる。小貫（2016）

を分析の対象とした理由は，これまでの論者のように直接的に子どもの価値観形成には言及していないが，示された教育方法は価値教育に大きく関わるからである。つまり，教える側が意図していなくても子どもの価値観形成に関わっている教育となっているからである。なお，提示された教育方法は，交渉教育の中でも「原則立脚型交渉」である。

　小貫は交渉教育の必要性について，次のように述べた。第1に，法化社会では，私的自治の原則にもとづいて身近な紛争は話し合いの技能を用いて自分たちで解決することが重要であること。第2に，いわゆるDeSeCoのキー・コンピテンシーなどで求められている技能であること。第3に，交渉教育によって高等学校の「倫理」と「政治・経済」が結びつけられ，公民科の目標が達成できることである。小貫が示した「原則立脚型交渉」には，7つの交渉の技能がある。すなわち，「人と問題の分離（問題自体の解決を目的とする）」，「利害の焦点化（相手の言い分の背後にある真意を探る）」，「双方にとって有利な選択肢を指向（新しい資源を創出する）」，「客観的基準を強調（提案された基準が攻勢で各自の恣意から独立したもの）」，「BATANA（Best Alternative To a Negotiated Agreement）を用意（現在の交渉による合意がないと仮定した場合に最善の代替案を示す）」，「確約の仕方の工夫（残ったひとつの選択肢に自分を拘束する）」，「伝え方を工夫（相手に誤解されないように伝える）」である。

　小貫はこの技能を用いた実践を，高等学校の「現代社会」，「倫理」，「政治・経済」でそれぞれに示した。ここでは，「倫理」の具体的な教育内容と方法の概要を述べる。単元構成は3時間である。第1時では，模擬交渉を行い交渉の技能を身につけさせる。第2時では，具体的事例をもとに自分の重視する価値観を明らかにして解決策を考えさせる。第3時では，全員で意見を共有後，子どもたちに各自の意見を振り返らせ，もう一度議論を行わせるものである。第2時について，少しだけ詳しく説明する。まず，「ある大学が，大学入学条件に禁煙を加えた。」ことの是非に対して，子どもに意見を提示させる。その意見を整理して提示させるために，トゥールミン図式を活

用させる。その際，先哲の思想を教師から説明する。ここでの先哲の思想とは，「功利主義，他者危害原理，パターナリズム，リバタリアニズム，共同体主義，目的論」である。そして，子どもに自身の意見がどの価値にもとづくのかを明らかにさせる。そのうえで，それぞれの子どもの重視する価値をお互いに尊重させあいながら，交渉の技能などを用いて解決策を考えさせるというものである。

4.6. 価値教育の分析

以上，近年の4人の価値教育の概要を示した。これを，中西の価値教育に関する指摘をもとにして導き出した本稿の分析の視点（ⅰ），（ⅱ），（ⅲ）を用いて考察する。なお，「開かれた価値観形成」の社会科を(A)，「倫理的価値を吟味」する社会科を(B)，「批判的価値受容学習」の社会科を(C)，「交渉教育」による社会科を(D)として縦軸におき，分析の視点（ⅰ）～（ⅲ）を横軸において分類をした（表1）。

（ⅰ）の価値教育の内容に関しては，対立軸が比較的明確な社会問題を取り上げていることから共通性が見られる。なお，(A)が「政治・経済」，(B)，(C)，(D)は「倫理」の授業を想定している。また，(C)に関しては「倫理」において事前に基準を理解させたうえで，「政治・経済」で社会問題を扱う構造である。

（ⅱ）の価値教育の方法に関しては，(B)，(C)，(D)と(A)には違いがある。前者が先哲の思想などの価値を踏まえて社会問題を検証させることにより子どもの価値観形成を目指しているのに対して，後者は社会的判断（裁判事例などの法的判断）を吟味させることにより子どもの判断基準の確立（価値観形成）を目指している。なお，この相違については，（ⅲ）の子どもの価値観形成をどのように捉えているのかとの関連がある。（ⅲ）は，どれもが社会問題に対する解決策を導くことを主眼としているのではない。解決策を導く過程の中で，子どもの価値観の形成を目指しているのである。ただし，その子ど

表1　価値教育の分析

	（ⅰ）価値教育の内容	（ⅱ）価値教育の方法	（ⅲ）子どもの価値観形成
A	「論争のある社会問題」（授業例）・喫煙をめぐる社会状況と国内外の裁判事例。なお，裁判事例は，喫煙の内容であっても，時代により変容していく様子を踏まえさせる内容。	①社会問題に対して判断させる。②社会問題に対する社会的判断基準（複数の裁判事例，法的判断）を吟味させて子どもに判断の基準を形成させる。③②の判断基準をもとに①の判断を再検討させ，自分なりの判断基準を確立させる。	・子どもが選択判断できるように，自主的自律的な判断力を形成させる。
B	「自明な社会制度と，他の倫理的価値にもとづく異なる制度との比較」（授業例）・2010年以前のアメリカの医療保険制度と日本の公的医療保険制度を，倫理的価値をもつ思想（自由至上主義と社会契約主義）をもとに吟味させる内容。	①社会制度（医療保険制度）の概要を知らせる。②2010年以前のアメリカの社会制度を説明し，自由至上主義の思想から理解させる。③日本の社会制度を説明し，社会契約主義の思想から理解させる。④2つの社会制度の課題を整理させる。そして，どのような制度が適切かを理由とともに考えをまとめさせる。	・倫理的価値に関わる4つの思想（功利主義，社会契約主義，自由至上主義，共同体主義）を根拠に，具体的な社会制度を吟味させ，子どもの自主的自律的な価値観を成長させる。
C	「価値概念に対する，日本と西洋の価値観に相違がある内容」（授業例）・「天賦人権」という言葉の概念を西洋からどのように受容したのかを探求することにより批判的に理解させる。さらに他の課題への適用可能性を検証させる内容。	①価値概念を探求させ，批判的に理解させる。②理解した価値概念の含意を説明させる。③②で理解した価値概念を他の課題へと適用できないかその可能性を検証させる。	・「倫理」において「批判的価値受容学習」を行い，その成果をもとに「政治・経済」で，「多元的価値調停学習」を行う。両者の接続により，現代社会の諸事象の本質を認識できる手立てを子どもにそれぞれ育成させる。
D	「論争のある社会問題」（授業例）・交渉についての技能や考え方を学び身につけさせ，それを活用して，「大学入学条件に禁煙を加えたこと」への是非を考えさせる内容。	①模擬交渉を行い「原則立脚型交渉」の技能と考え方を理解させる。②①を用いて，ある社会問題の是非を考えさせる。③トゥールミン図式［ママ］により，重視する価値（功利主義やパターナリズムなど）を明確にさせる。④③をもとに①の技能や考え方を用いて交渉させて，解決策を考えさせる。	・社会問題に対する自分の考えを，先哲の思想をもとに価値づけさせる。それを，他者と交渉の技能を活用し解決を目指して議論させる。

（4人の価値教育の概要を参考に，著者作成）

もの価値観形成を先哲の思想などの価値にもとづかせるのか，裁判事例つまり法的判断などの社会的判断にもとづかせるのかにおいて違いが存在する。前者は先哲の思想などの現代社会を構成する源流にあたる価値を，後者は現代社会を構成する社会的な価値をそれぞれ子どもの価値観形成に反映させることを目指しているという違いが存在する。確かに，（B），（C），（D）は，「倫理」だからこそ先哲の思想などの価値を子どもの判断のよりどころにさせることは理解できる。しかし，それらの思想をもとにして社会問題を考察させているが，さまざまな先哲の思想を並列に扱ってもよいのだろうかという疑問が生じる。もちろん，さまざまな先哲の思想は，現代社会を構成する価値の源流でもあるが，その形成過程や適用過程などの発展形態は歴史的，社会的，政治的，経済的過程などにおいて相違が存在する。そのような異なる背景や歴史をもつ思想を現在の社会問題を読み解く視点として活用することは，それぞれの思想のもつ発展形態を見えにくいものにしてしまうという課題が生じる。しかし，先哲の思想などを学ぶためという目的で，現在の社会問題に対する子どもの価値観を，その思想のどれに近接するのかを分類するという目的をもつ学習であるならば有効であるだろう。さらに言えば，教育内容や方法の価値中立性については，先哲の思想などを活用することにより担保することができるだろう。また，子どもから意見が出にくい時に先哲の思想などを参考にするという方法もあるだろう。しかし，社会問題に対する子どもの判断は，「倫理」や「政治・経済」で分かれるものではない。子どもの中で統一的に成り立つものである。社会問題を子どもの価値観形成のための教育内容とするのであれば，その価値観形成のためには現在の社会を形成している基準を，まずは子どもの判断基準として採用することが有効なのではないか。つまり，はじめに（A）のように現在の社会的判断（価値）を子どもに理解させることにより，現代の社会がどのような価値にもとづいて構成されているのかその基準を掴み取らせる。そしてその判断（価値）を批判的に吟味させることにより，子どもの価値観を形成させる。さらに，その

価値観をもとに，将来をどうしていくのかを考えさせる契機とする。これは既存の社会を形成している価値を教えることにより子どもを社会化させるだけでなく，将来の在り方を考える主体化を指向させることにもなる。

このような現在の社会的判断を教育することにより，子どもの価値観形成を行う教育内容としては（A）のような法的判断が有効性を持つだろう。なぜなら法は，社会の誰しもに基本的には共通して適用されるものだからである。保護法益の側面をもつ法を，価値教育で扱うことに対する課題も指摘された。しかし，その側面こそが現在の社会的判断，つまり，過去からの積み重ねの上に現在の社会の総体的な価値としてあらわれたものと考えられるからである。いわば，法は先哲の思想や，その他の様々な概念や科学等をもとに積み重ねられた現在の人類の英知が集約され，吟味され，顕在化したもののひとつなのである。

しかし，価値観形成について法的判断を教育することの有効性に言及したが，子どもの精神的自由の保障と価値中立性の課題から法のどのような内容を，どのような方法で教えるのかについてはその根拠とともに明らかになっていない。そこで，価値教育の規範的要請について法に関する教育の中でも憲法教育に対する論考を参考にして論じる。

5．憲法教育の規範的要請と価値教育

ここでは，成嶋（2017）の憲法教育の法的規範性に対する論考を参考にする。成嶋は，憲法教育の規範性について次のように述べた。憲法価値[7]は公教育が扱うべき教育価値のうちでも枢要なものであり積極的にされるべきである。この場合の憲法価値は所与の実定憲法が内包する諸価値ではなく，いわゆる「立憲的意味の憲法」に内在する諸価値であると解される。

例えば，家庭などの私的な教育と学校などで行われる公教育を分離して考えると，前者が家庭内の躾や慣習を伝えるものであるとすれば，後者は社会において誰しもが共に生きていくために必要であるとされる内容を公共の空

間である学校において誰しもに共通して伝達するものである。成嶋は，公教育だからこそ教育しなければならない内容があるとした。その内容は，現代の国家が近代立憲主義の系譜にもとづくのであるならば，憲法教育の教育内容は「立憲的意味の憲法」に内在する諸価値ということになる。

では，そのような憲法に内在する諸価値とは何か。北川（2012）は，憲法に内在する諸価値を憲法的価値・原理としてその内容を示した。それは，（a）近代憲法・現代憲法の基本的価値である「個人の尊厳」ないし「個人の尊重」（憲法13条），（b）その具体化としての基本的人権，（c）以上を保障するシステムである統治機構に関する諸原理・原則というダイナミズムをもつ三層構造において捉えられるとした[8]。つまり，憲法に内在する価値内容は，人間の主体的な役割を媒介として発展・深化してきた近代憲法の現代的修正としての現代憲法という動態的な視点の下で捉えられるものである。具体的に言えば，（a）〜（c）の相互に関連性をもつ動態的な構造をもつ内容である。

一方で，教育方法について成嶋（2017）は次のように述べた。教育や学問には既存の体制価値を疑うという意味での体制超越的機能があることから，憲法に内在する諸価値であっても教条的に教えるのではなく次世代の自由な検証に委ねられるものとして提示される必要性がある。さらに，憲法19条は国家の価値中立性を要請しているものであるとともに，憲法そのものが国民への憲法尊重擁護義務を規定していない。よって，憲法下での憲法教育には憲法価値の擁護ないし憲法秩序の保障としての役割は期待されてなく，憲法教育は規範としては要請されていない。

つまり，公教育において現在の社会の価値を子どもに理解させるために，憲法に内在する諸価値が教育内容として必要であることは確認した通りであるが，その教育方法は，憲法教育が現憲法秩序だけを守らせるための教育であってはならない。あくまで，憲法に内在する価値に対する教育なのである。もちろん，憲法に内在する価値を理解させることは，憲法そのものを学習させることにもなる。しかしその学習は，子どもが現在の憲法に内在する価値

を理解し，再確認することにより現憲法秩序をも自由な検証の対象とし将来の社会に必要な価値を創出するためのプロセスのひとつなのである。よって，教育方法もまた，（a）〜（c）の相互関連をもつ動態的な構造をもつ。

このような教育内容と方法により現在の憲法に内在する価値をもつ裁判の判例や法律そのものなどの法的判断を，まずは理解させることにより子どもを社会化し，さらにそれを法の動態的な構造をもとに批判的に吟味させることにより自らの価値観を創出させ，さらに将来を創造するという主体化へと促すことができる。それは，子どもの精神的な自由を保障するためには，中立性に過度に配慮して相対的に価値を扱うのではなく，これまでの人類の英知の到達点として現在の価値を教える必要があることを示しているのであり，立憲的意味の憲法に内在する諸価値を使った法的判断を行う価値教育ではそれが可能なのである[9]。

6．まとめ

本稿では，子どもの価値観形成，及び精神的自由の保障のためには積極的に価値を教育する必要があることを前提として，社会科教育の中でも公民教育における価値教育の現状と課題を明らかにしてきた。見出された課題に対して，現在の社会的判断のひとつである法的判断をもとにした価値教育の在り方とその有効性について論じた。特に憲法教育を例に，憲法（法）そのものだけでなく，そこに内在する価値を教育内容とすることを述べた。また，その価値を実体化するダイナミズムをもつプロセスを示し，それが価値教育の内容と方法になりえることを示した。

ここで，社会的判断としての立憲的意味の憲法に内在する諸価値をもとにして展開されることを想定した社会科教育における価値教育の課題を示したい。それは，公民教育にとどまらず，歴史的な視点を加味した価値教育の展開である。本稿で示した憲法に内在する諸価値の教育では，現在の法的判断だけでなく，ダイナミズムをもつプロセスを学習させることになる。そのた

め，その法的判断が形成されてきた要因（社会情勢など）が重要になる。そのような時間軸においての価値の変化を学ぶことができるように，歴史教育と公民教育を接続した内容が必要である。同様に，空間的な軸において価値の相違を比較吟味するような地理教育と公民教育を接続した内容も必要である。つまり，現在の社会的判断である法的判断をもとにした価値教育は，社会科教育の総体として展開される可能性をもつものなのである。

注

1) 本稿における公民教育は，高等学校の公民科（現代社会，倫理，政治・経済），中学校社会科公民的分野，及び，小学校社会科の政治や国際理解等の関係する教育を示す。なお，分析した事例は高等学校を想定したものであるが，そこで見いだされる課題等は，高等学校にとどまらず社会科教育における価値教育全体に関わるものである。
2) 本稿では，価値と価値観，価値教育を以下の通り分類して使用する。まず，価値は教育内容や教材にそれぞれ内包された価値とする。一方で価値観とは，教育内容や教材に内包された価値を子どもが学び取ることにより諸個人に形成されるものの見方・考え方とする。そして，そのような子どもの価値観形成に関わる教育を価値教育とする。
3) 中西（2008）の示した価値教育の視点は，西原（2006）の分析をもとにして，「価値形成の自由を保障する原理」と「価値をつたえる教育」の関係について論じたものである。
4) 本稿は，近年の社会科教育における価値教育について分析するものである。しかし，社会科教育における価値に関する研究は，これまでにも特に1970年代のアメリカの社会科教育の分析が行われてきた。詳細な分析は別稿で行うことにするが，代表的な研究としてTABA社会科の分析などを行った今谷（1975，1986）や，法的な内容をもとに分析をした森本（1984）らの研究がある。なお社会科教育研究の目的として，理解と態度の統一的な育成の研究をふまえると，意思決定学習についての丁寧な分析が必要になるが，別稿にて論じることにする。さしあたり，アメリカにおける意思決定学習の潮流と日本への影響については小原（1983）を参照。
5)「意思決定」主義の社会科については，他にも片上（2006）の批判がある。すなわち，第1に，子どもが合理的に意思決定できる力は，予定調和的に「あるべき解

決策」しか考えられない力に陥る可能性がある。第 2 に，すでに論題化されている問題を学習対象とするということは，子どもがそれを所与のものと考え，その問題の枠組みの中でしか判断できなくなる。第 3 に，意思決定学習論の学習過程や学習方法が単線的になりがちである。片上は，価値多元化している社会において何を問題と捉えるのか，どのような解決があるのかという判断は多様なものになるとし，それに対応した学習過程や学習方法が必要であると指摘した。そして，そのための学習方法として社会問題に対する判断を単線的に行うのではなく漸進的で繰り返し的に行うことで質が保障されることを述べた。

6）本稿においては，法と法律を特に区分しないで使用した。
7）成嶋（2017）の示した憲法価値は，北川（2012），中平（2011）が示した憲法的価値・原理と基本的には同様のものとして使用した。なお，その内実は「立憲的意味の憲法」に内在する諸価値を中心としている。
8）北川（2012）及び，中平（2011）を参照。なお北川は，法に関する価値教育内容に関わり，法と道徳の相違と関連，法の精神であるといわれる正義についての考察が必要であるとした。特に後者については，正義は，普遍的・公共性，複数性（価値判断であることに由来），相対性（時間的＝歴史的，空間的＝地域・国）といった属性によって規定されるものであって，特定の固定化した実体として理解すべきではないとした。これは，本稿で指摘した倫理的価値（先哲の思想）を参考にすることと同様の課題をもつものであると解される。
9）成嶋の論考に対して，憲法教育の規範的要請から否定的に教えられる価値も存在するという指摘がある。戸波（2001）は，戦争を美化・肯定したり，思想・表現を抑圧し，差別を助長したり，非民主的な決定を推奨する教育を否定している。さらに，そのような教育をする教師は処分されるべきであるとした。それに対して成嶋（2017）は，特定の教育内容の違憲性を誰がどのような基準で認定するのかに疑問があるとした。その内容の重点が恣意的になされることにより，新たな問題が発生する可能性が否定できないからである。成嶋は，あくまで立憲的意味の憲法に内在する価値が次世代の自由な検証にさらされるように教育が行われる必要性を指摘している。

参考文献

石井英真（2015）：『今求められる学力と学びとは－コンピテンシー・ベースのカリキュラムの光と影－』，日本標準。
今谷順重（1975）：「概念探究法にもとづく新しい単元構成のあり方－TABA 社会科

における Idea-Oriented Unit をてがかりとして」,『島根大学教育学部紀要（教育科学）』第 9 巻，pp. 11-26。

今谷順重（1986）:「公民的資質のとらえ直しと道徳教育－アメリカにおける新しい価値教育論から－」, 全国社会科教育学会『社会科教育論叢』Vol. 34, pp. 114-127。

大杉昭英（2011）:「社会科における価値学習の可能性」, 全国社会科教育学会『社会科研究』第75号，pp. 1-10。

小貫篤（2016）:「交渉教育の有効性と課題－法社会学の成果を取り入れた公民科の授業－」, 日本社会科教育学会『社会科教育研究』No. 129, pp. 28-39。

片上宗二（2006）:「調停としての社会科授業構成の理論と方法－意思決定学習の革新－」, 全国社会科教育学会『社会科研究』第65号, pp. 1-10。

ガート・ビースタ（Gert J.J. BIESTA）, 藤井啓之・玉木博章訳（2016）:『よい教育とは何か－倫理・政治・民主主義』, 白澤社。

北川善英（2012）:「公教育と法教育－現状と課題」, 日本教育法学会年報第41号『教育の国家責任とナショナル・ミニマム』, 有斐閣, pp. 42-51。

教育再生実行会議（2015）:『これからの時代に求められる資質・能力と，それを培う教育，教師の在り方について（第七次提言）』（平成27年 5 月14日）。
http://www.kantei.go.jp/jp/singi/kyouikusaisei/pdf/dai7_1.pdf（最終閲覧日，2017年 9 月 1 日）。

小原友行（1983）:「小学校社会科における市民的資質育成の理論と授業構成－B. G. マシャラス，T. カルトソーニス，J.L. バースの場合－」, 高知大学教育学部『高知大学教育学部研究報告』第 1 部，第35号, pp. 129-160。

戸波江二（2001）:「国民教育権論の展開」, 日本教育法学会編『講座現代教育法 1 教育法学の展開と21世紀の展望』, 三省堂，pp. 107-125。

中平一義（2011）:「法とルールの基本的価値を扱う法教育授業研究：私的自治の原則の現代的修正を題材にして」, 日本社会科教育学会『社会科教育研究』No. 114, pp. 41-52。

中西新太郎（2008）:「価値形成の自由と公教育の役割－価値の教育をめぐっての一試論」, 全国民主主義教育研究会『民主主義教育21　Vol. 2　立憲主義と法教育』, pp. 144-148。

成嶋隆（2017）:「教育を受ける権利」, 法律時報編集部編『戦後日本憲法学70年の軌跡（法律時報増刊）』, 日本評論社，pp. 141-149。

西原博史（2006）:『良心の自由と子どもたち』, 岩波書店。

樋口雅夫（2009）:「価値多元モデルに基づく国際政治学習の単元開発－高等学校政

治・経済単元「パレスチナ和平交渉」の場合―」,社会系教科教育学会編『社会系教科教育学研究』第21号,pp. 21-30。

樋口雅夫（2013）:「「批判的価値受容学習」としての公民科「倫理」の授業構成―単元「"天賦人権"は外来思想か？」の場合―」,全国社会科教育学会『社会科研究』第78号,pp. 25-36。

松下佳代（2010）:『〈新しい能力〉は教育を変えるか―学力・リテラシー・コンピテンシー』,ミネルヴァ書房。

溝口和宏（2002）:「開かれた価値観形成をめざす社会科教育―「意思決定」主義社会科の継承と革新―」,全国社会科教育学会『社会科研究』第56号,pp. 31-40。

森本直人（1984）:「合衆国における市民的資質教育改革の方向性（Ⅰ）」,『島根大学教育学部紀要（教育科学編）』17,pp. 41-48。

森分孝治（2001）:「市民的資質育成における社会科教育―合理的意思決定―」,社会系教科教育学会『社会系教科教育学研究』13号,pp. 43-50。

文部科学省（2017）:『学習指導要領「生きる力」』,
http://www.mext.go.jp/a_menu/shotou/new-cs/1384661.htm（最終閲覧日,2017年9月1日）。

山田勉（1971）:「教育的系統を求めて―社会科の初志をつらぬく会の歩み,第一期―」,東京教育大学社会科教育研究会編『社会科教育の本質』,明治図書,pp. 68-86。

あ と が き

　本書を編集することになった社会的背景について以下のことを指摘しておきたい。日本の教育の在り方を再考するうえで，現代社会におけるグローバル化の進展と，それに対応する知識基盤社会の形成という現代的課題に対応するかたちで日本の学校教育の在り方の見直しの必要性が指摘されて久しい（加藤2000）。その際，特に強調されてきたのが，次世代をになう子どもの「学力」の育成に直接的にかかわっているそれぞれの「教科の内容」の在り方を再検討するという課題であり，具体的には，教員養成大学・学部での「教科専門」科目の教育内容を再吟味・再構築するという課題である（西園・増井2009）。このような課題が提起された背景として指摘されてきたのが，教員養成課程での教科専門教員による授業内容が，一般大学の専門諸学部・諸学科での学術的分類によって細分化された個別諸科学の専門性に依拠してきたために，教科専門の授業内容が小中高の学校現場での児童・生徒の基礎的学力および理解能力の育成という課題に応えるものであるのかどうかという点である。具体的にいえば，教員養成系ではない一般大学の大学院で「宗教学」を専攻してきた教科専門の教員の教員養成課程における授業内容が，学校での社会科で求められる「宗教にかかわる教科内容」を教えることになる教員志望者たちの養成に応えるものになってきたのかどうか，という問題が問われてきたのである。この点について，すでに文部科学省は，教員養成大学・学部において「一般学部とは異なる教科専門科目の在り方についての研究が，より推進されること」が期待されており，「子どもたちの発達段階に応じ，興味や関心を引き出す授業を展開していく能力の育成」としての「教科専門の専門性」の解明が課題であると指摘している（文部科学省高等教育局裁定2001）。この論点は，教員養成課程における教科専門の教員の存在意義，いいかえれば，教科専門教員の必要性の有無に直結しているだけでなく，

教科専門教員の多くを一般大学の大学院で養成している現行の教員免許の在り方の見直しという論点，さらには教職大学院の在り方という論点にもかかわっており，わが国の教員養成課程の根幹にかかわっている。

　これらの課題を真摯に受けとめるかたちで，これまでいくつかの教員養成大学・学部では，さまざまな調査・開発研究が展開されてきた。この課題に先導的に取り組んできた研究者のひとりである西園芳信は，「教科専門と教職専門とを架橋する新たな領域をつくることではなく，現在の教科専門の科目を教育実践の観点から捉え教員養成の『教科内容学』として構築すること」が重要であるという立場を打ち出した。具体的には，「教科専門の教科内容を教育実践との関連で研究すること」，つまり，教科専門の研究者が従来の個別専門研究に立脚しつつ，新たに教育実践の観点から「教科内容学」を構築するという課題を提起した（西園2013）。こうした方向性に立脚して，「日本教科内容学会」が発足し，現在にいたるまで活発な研究を展開し，各教科の教科内容の「体系性」が焦点化されている（西園2016）。

　他方，こうした教科専門の在り方の見直しという取り組みと並んで，大きな課題として浮上してきたのが，教科専門の研究者と教科教育の研究者との協働の在り方の明確化であり，既存の教科専門における最新の研究成果に立脚したかたちで教科教育との架橋（協働関係）を構築するための設計理念の必要性という問題意識の共有化であった。いいかえれば，教員養成課程におけるそれぞれの教科に関してカリキュラムの内容を担っている教科専門と教科教員の教員同士の相互関係の再構築という課題，お互いがどのような協力関係を取り結ぶべきなのかという課題が切実な問題となってきたのである。

　こうした諸課題に応えるかたちで，上越教育大学の社会科研究グループでは，教科専門と教科教育の双方の研究者が緊密に連携するなかで，これまで個別分野における両者の協働の在り方を模索してきた（浅倉2002；小島2012；志村・堀2017）。さらにその一環として，上越教育大学の研究グループは，鳴門教育大学，兵庫教育大学の研究者とともに教科専門と教科教育を架橋する

あとがき　285

　新しい教育研究領域としての「教科内容学」の構築という課題設定のもとで，シラバス案を含む具体的な「社会科内容学」構成案を提案した（下里ほか2011）。その際，重視されたのは，従来の教科専門を人文・社会系専門諸科学の最新の成果と方法に立脚することで，「社会科」の教科専門の在り方を統合的に再構成するという課題，いいかえれば，個々の教科専門に対するメタ次元における新たな教育研究領域として「社会科内容学」を固有の認識論に立脚して理論的に開発するという課題であった。その後，上越教育大学の社会科研究グループは，平成25年度・上越教育大学特別プロジェクト経費（教員養成）「教科内容構成に関する科目の実質化に向けたテキスト作成」事業による助成をうけて，人文・社会系個別科学の専門性に立脚した社会科の「教科専門」科目群と，社会科教育学の専門性に立脚した「教科教育」科目群とを媒介する「架橋型」の新たな教科専門科目を開発するという課題に取り組んできた。具体的には，個別専門諸科学の側の内在的論理にもとづいて，①各教科専門科目の諸学科（ディシプリン）の相互関係とそれらの統合原理を解明し，②各教科専門科目が依拠する人文・社会系の個別諸科学の成果と方法を用いて，③社会的現実を総体的・多元的に理解させるための社会科の内容を体系的に再構成するという課題に取り組んできた。このことは，教員養成課程における教科専門の研究者が，学術的（アカデミック）な分類にもとづく教科専門に固有の内在的論理を発展させるかたちで，自己の教育研究内容を子どもの現実と現代的課題に対して積極的に対応させることによって，自律的に自己改革・自己改造することを意味している。いいかえれば，個別諸科学の専門的研究者が，教科教育の専門家との協働作業のなかで，グローバル化時代の知識基盤社会の構築という新たな国民的要請に応えることができるような，子どもたちのより総体的で実際的な学力の育成という高次の目的の観点から，自己の個別の専門性をメタ次元で再定義し，自ら「社会科」という総合的な知識の学問的統合（構造化・体系化）の課題を担うことを意味している。このような課題意識にもとづいて，この研究グループは，「社会

科」の理論的内容を構成するべき，①過去と現在の「社会的現実」を認識するための中心概念，②未来において構想・実現されるべき「社会的価値・理念・規範」（子どもの関心・意欲・態度における志向対象としての）にかかわる中心概念，そして，③これら現実認識と理念的志向との相互関係と両者の統合（すなわち生活実践）のあり方を「社会科内容の構成原理」の問題として解明し，それらに立脚して教員養成大学における新設科目「教科内容構成（社会）」の授業内容を開発するという研究課題を設定することになり，2014年度から4年間にわたって科学研究費補助金・基盤研究（B）「教科教育と教科専門を架橋する社会科内容構成に関する基礎的研究」（研究代表者・松田愼也）の枠組みで，ひろく国内外の社会科および社会科的諸教科の内容と構成の在り方を調査・分析し，そのあるべき姿について検討してきた。

　そして，現在，「よりよい社会」の形成を担う主体性や課題探究の姿勢を重視する新学習指導要領が発表され，そのなかで，高等学校での「地理総合」，「歴史総合」，「公共」などの新しい教科が設定されることになり，従来の教科の枠組みを横断・統合するような総合性や探究性が求められている。本書は，このような新学習指導要領の新たな方向性を包摂するかたちで，さらに「国立教員養成大学・学部，大学院，附属学校の改革に関する有識者会議報告書」（2017）で指摘されている「教科内容構成学」の構築という課題に対しても先端的に応えることを念頭におきつつ，これまでの上越教育大学を中心とする教育・研究者グループの研究成果に立脚して，戦後日本の学校教育制度に固有の「社会科」という教科のもつ総合性・全体性・一体性を，個別専門諸科学の見地から再検討したうえで再構築・発展させるという課題に応えようとする「試み」である。

　とりわけ，本書は，究極的には，総合性・全体性・一体性を，多元的で開放的で動態的な内容の在り方を通して探究することを重視している。なぜなら，私たちの「生」が実際にそうであるように，「生」の集合体を対象とする社会科の内容の在り方も，多元的で開放的で動態的なかたちで，総合性・

あとがき

　全体性・一体性が持続的に追求されるべきであると考えるからである。

　その意味で、本書は、それぞれの専門分野の多様性を尊重した構成をこころがけた。社会科の教科内容をどう構成するべきかという共通のテーマに対して、教科専門と教科教育の研究者たちが、それぞれの学術的背景だけでなく、それぞれの研究者としての自己形成史という個別具体性を最大限に活かしながらアプローチしている。例えば、注や文献表記の仕方ひとつとっても、それぞれの専門分野の伝統・慣習があり、編集にあたっては、何か特定の表記法に統一することなく、それぞれの専門分野の伝統・慣習を尊重するかたちで全体構成を整えた。それぞれの学問分野は、長い歴史的な形成過程のなかで、人類史におけるひとつの文化様式として、独自の認識体系・方法・表現を発展させて、今日にいたっている。そもそも、体系性とは、画一性とは異なり、多様性を媒介にした一元性のことであり、多様性の広がりこそが一つの体系における内容の豊穣さをもたらしてくれるはずである。社会事象自体もますます多様化しているなかで、日本の「社会科」という教科は、「平和で民主的な国家・社会」の形成者を育成するという一貫した目標をもって、これらの多様化に対応しつつ、教科の内容をたえず再編成してきたといえよう。本書も、こうした「社会科」の過去と現在を発展的に継承しようとするものである。

　本書は、JSPS科研費26285199（基盤研究(B)）「教科教育と教科専門を架橋する社会科内容構成に関する基礎的研究」（研究代表者：松田愼也）よる研究助成の成果である。また、本書の刊行にあたっては、本書執筆者のひとり志村喬さんから紹介していただいた風間書房の風間敬子さん、そして編集担当を引き受けていただいた斉藤宗親さんには、執筆者からのさまざまな無理をご寛容いただいただけでなく、本書の全体的な基調への的確な助言をいただき、大変お世話になった。ここに記して感謝申しあげたい。

2018年3月　　　　　　　　　　　　　　　　　　　編集者一同

参考文献

浅倉有子編（2002）『歴史表象としての東アジア——歴史研究と歴史教育との対話』清文堂。

加藤章編（2000）『21世紀地球社会と教師教育ビジョン』教育開発研究所。

国立教員養成大学・学部，大学院，附属学校の改革に関する有識者会議（2017）「教員需要の減少期における教員養成・研修機能の強化に向けて－国立教員養成大学・学部，大学院，附属学校の改革に関する有識者会議報告書－」http://www.mext.go.jp/b_menu/shingi/chousa/koutou/077/gaiyou/_icsFiles/afieldfile/2017/08/30/1394996_001_1.pdf（2017年9月30日閲覧）

小島伸之編（2012）『平成22-23年度上越教育大学研究プロジェクト「近現代社会の基本的価値に関する社会科教材開発」報告書』上越教育大学。

志村喬・堀健志編（2017）『教科内容・教科教育・教育実践を横断したPCK（Pedagogical Content Knowledge）研究による教師の専門職的力量の構造解明：平成27〜28（2015〜2016）年度上越教育大学研究プロジェクト報告書』上越教育大学。

下里俊行・梅津正美・中村哲・志村喬（2011）「『社会科内容学』構成案」『平成22-23年度文部科学省先導的大学改革委託事業研究成果報告書—教科専門と教科教育を架橋する教育研究領域に関する調査研究』上越教育大学。

西園芳信・増井三夫編（2009）『教育実践から捉える教員養成のための教科内容学研究』風間書房。

西園芳信（2013）「教育実践の観点から捉える教員養成としての『教科内容学』の考え方」『Synapse』24。

西園芳信（2016）「各教科の教科内容の体系性の提案を」『日本教科内容学会誌』2-1, 2016。

文部科学省高等教育局裁定（2001）「今後の国立の教員養成大学・学部の在り方について」。

執筆者紹介　担当執筆箇所
所属・職位，学位，専門，研究分野，主な業績

監修・執筆

松田愼也（まつだ　しんや）　はじめに，第4章第1節
　　上越教育大学大学院・名誉教授，文学修士，宗教学，仏教学，
　　共訳『原始仏典第7巻中部経典Ⅳ』（春秋社），『ダンマパダ』（NHK出版）

編集・執筆

畔上直樹（あぜがみ　なおき）　第3章第2節
　　上越教育大学大学院・教授，博士（史学），日本近現代史，地域社会史，『「村の鎮守」と戦前日本』（有志舎），共編『明治神宮以前・以後』（鹿島出版会），共著『昭和前期の神道と社会』（弘文堂）

小島伸之（こじま　のぶゆき）　第4章第3節
　　上越教育大学大学院・准教授，博士（社会学），憲法，日本近代法史，宗教社会学，共著『井上毅とその周辺』（木鐸社），共編著『近現代日本の宗教変動―実証的宗教社会学の視座から―』（ハーベスト社），共著『昭和前期の神道と社会』（弘文堂）

中平一義（なかだいら　かずよし）　第5章第3節
　　上越教育大学大学院・准教授，修士（教育学），社会科教育学，公民教育，法教育，「法とルールの基本的価値を扱う法教育授業研究」（『社会科授業研究』114）

橋本暁子（はしもと　あきこ）　第2章第3節
　　上越教育大学大学院・准教授，博士（理学），地誌学，文化地理，農業地理，「京都近郊農山村における柴・薪の行商活動」（『歴史地理学』53(4)）

吉田昌幸（よしだ　まさゆき）　第4章第2節
　　上越教育大学大学院・准教授，博士（経済学），経済学，経済思想，地域通貨論，共著『現代の経済思想』（勁草書房），共著 Using Simulation and Gaming to Design a Community Currency System, (*IJCCR* 22)

執筆

矢部直人（やべ　なおと）　第2章第1節
　　首都大学東京・准教授，博士（理学），人文地理学，計量地理学，都市地理学，

共著『変わりゆく日本の大都市圏』(ナカニシヤ出版)

山縣耕太郎(やまがた　こうたろう)　第2章第2節

　　上越教育大学大学院・教授，博士(理学)，自然地理学，第四紀学，地形学，環境変遷史，共著『シリーズ大地の公園　中部・近畿・中国・四国のジオパーク』(古今書院)，共著『アンデス自然学』(古今書院)

浅倉有子(あさくら　ゆうこ)　第3章第1節

　　上越教育大学大学院・教授，博士(人文科学)，日本近世史，北方史，『北方史と近世社会』(清文堂)，編著『歴史表象としての東アジア』(清文堂)

下里俊行(しもさと　としゆき)　第1章，第3章第3節

　　上越教育大学大学院・教授，博士(社会学)，社会思想史，ユーラシア文化史，共著『越境する歴史教育』(教育史料出版会)，共著『歴史表象としての東アジア』(清文堂)

志村　喬(しむら　たかし)　第5章第1節

　　上越教育大学大学院・教授，博士(学校教育学)，社会科教育学，地理教育学，『現代イギリス地理教育の展開』(風間書房)，共編 Geography Education in Japan (Springer Japan)

茨木智志(いばらき　さとし)　第5章第2節

　　上越教育大学大学院・教授，教育学修士，社会科教育学，歴史教育学，「『世界史』成立史研究の課題」(『歴史学研究』933)，「『歴史』教育における自国史と世界史の課題」(『歴史教育論集』53)

社会科教科内容構成学の探求
――教科専門からの発信――

2018年3月31日　初版第1刷発行

監修者　松　田　愼　也

編著者　畔　上　直　樹
　　　　小　島　伸　之
　　　　中　平　一　義
　　　　橋　本　暁　子
　　　　吉　田　昌　幸

発行者　風　間　敬　子

発行所　株式会社　風　間　書　房
〒101-0051　東京都千代田区神田神保町 1-34
電話 03(3291)5729　FAX 03(3291)5757
振替 00110-5-1853

装丁　鈴木弘（B.S.L.）
印刷　太平印刷社　製本　井上製本所

©2018　　　　　　　　　　　NDC 分類：375
ISBN978-4-7599-2219-6　Printed in Japan

[JCOPY]〈(社)出版者著作権管理機構　委託出版物〉

本書の無断複製は、著作権法上での例外を除き禁じられています。複製される場合はそのつど事前に(社)出版者著作権管理機構（電話 03-3513-6969、FAX 03-3513-6979、e-mail: info@jcopy.or.jp）の許諾を得てください。